# 风险灾害危机研究

（第十四辑）

Journal of Risk, Disaster & Crisis Research (No.14)

童　星　张海波　主编

社会科学文献出版社
SOCIAL SCIENCES ACADEMIC PRESS (CHINA)

郭春甫　西南交通大学
郭雪松　西安交通大学
韩自强　山东大学
胡　倩　美国中佛罗里达大学
雷尚清　四川大学
李华强　西南交通大学
李　杰　辽宁工程技术大学
李瑞昌　复旦大学
李伟权　暨南大学
李宇环　中央财经大学
林鸿潮　中国政法大学
林　雪　南京大学
刘　冰　北京师范大学
刘一弘　中国人民大学
刘智勇　电子科技大学
吕孝礼　清华大学
牛春华　兰州大学
唐桂娟　上海财经大学
王宏伟　中国人民大学
王　林　重庆大学
文　宏　华南理工大学
吴晓林　南开大学
吴晓涛　河南理工大学
徐建华　北京大学
钟开斌　国家行政学院
周利敏　广州大学

周　玲　北京师范大学

詹承豫　中国政法大学

张　炳　南京大学

张桂蓉　中南大学

张　惠　广州大学

朱　伟　北京城市系统工程研究中心

# 前　言

在今天的全球风险社会和中国高风险社会中，风险、灾害、危机管理的重要性已毋庸多言。如果说进入风险社会意味着一个时代性的转变，那么人类如何与风险、灾害、危机共生，就是我们这个时代最为重要、紧迫的研究主题。

南京大学社会风险与公共危机管理研究中心一直致力于风险、灾害、危机的跨学科研究，至今已有十余年的时间。在这十余年中，中国先后经历了南方雪灾（2008）、汶川地震（2008）、玉树地震（2010）、舟曲泥石流（2010）、温州动车事故（2011）、芦山地震（2013）、鲁甸地震（2014）、东方之星沉船（2015）、天津滨海新区危化品仓库爆炸（2015）、阜宁龙卷风（2016）、山竹台风（2018）、江苏盐城响水化工园爆炸（2019）等重大突发事件，可谓在灾难中前行。在这十余年中，伴随着管理实践的进步，我们的研究也在不断发展，从最初的理论引介到跨学科理论框架的构建，再到规范的实证研究与积极的政策建言，在探索中发展。目前，南京大学社会风险与公共危机管理研究中心已经是江苏省和南京大学哲学社会科学重点研究基地，也设有社会风险与公共危机管理的二级学科博士点，形成了稳定的研究队伍，承接了一批国家重大、重点研究项目。这些都为我们进一步推动风险、灾害、危机的跨学科研究奠定了基础。

在我们构建的跨学科理论框架中，风险、灾害、危机既代表了不同的学科传统、研究范式，也代表了从风险到危机转化过程中的重要节点。因此，我们将刊物取名为《风险灾害危机研究》。这既代表了我们倡导跨学科研究的学术理想，也表明了我们兼容并包、博采众长的办刊理念。因此，只要符合社会科学的学术规范，我们欢迎任何学科关于风险、灾害、危机的研究。

2014 年，我们有幸获得了美国唐仲英基金会的慷慨资助，开始以南京大学社会风险与公共危机管理研究中心为基础建设多学科研究平台，出版《风险灾害危机研究》便是其中的任务之一。我们希望通过五年左右的时间，将《风险灾害危机研究》办成一份高质量的学术刊物，推动国内风险、灾害、危机的多学科研究。

2015 年，借美国唐仲英基金会资助建设南京大学社会风险与公共危机管理研究中心的契机，我们正式将曾出版十年的《公共管理高层论坛》更名为《风险灾害危机研究》，交由社会科学文献出版社出版。除此之外，我们基本保持了与《公共管理高层论坛》一致的风格。

我们希望这份刊物能够为国内的风险、灾害、危机研究提供一个跨学科的平台，也希望《风险灾害危机研究》能够得到国内外同行的支持与帮助。

南京大学社会风险与公共危机管理研究中心

2020 年 10 月

# 目 录
CONTENTS

## 风险灾害危机多学科交叉研究



## 综合应急管理制度研究

## 社会风险治理研究



## 社交媒体与危机沟通研究

# 风险灾害危机
# 多学科交叉研究

风险灾害危机研究第十四辑
第 3—18 页


# 论安全生产行政公益诉讼的启动*

赵艺绚　林鸿潮**

**摘　要**：安全生产行政公益诉讼可以有效解决安全生产领域行政监管的短板，目前检察机关已开展大量安全生产行政公益诉讼的实践，但出现了“野蛮生长”的趋势。结合检察机关介入安全生产领域的优势和劣势，可以总结出安全生产行政公益诉讼的启动目的、判断标准等具有特殊性。检察机关启动安全生产行政公益诉讼时必须尊重行政机关的首次处理权、明晰安全生产公共利益的范围，建立科学合理的案件筛选机制。在具体制度构建上，应当根据安全生产行政公益诉讼两个不同阶段的特征设置相应的启动条件。

**关键词**：安全生产；行政公益诉讼；检察机关

## 一　引言

2016 年 12 月 18 日，党中央和国务院联合印发《关于推进安全生产领

* 基金项目：本文系国家社科基金重大项目“我国集中力量战胜重大突发事件的制度优势及其法治化研究”（项目编号：20ZDA008）阶段性研究成果；最高人民检察院理论研究重点课题“安全生产行政公益诉讼诉前程序研究”（项目编号：GJ2020B10）的阶段性研究成果。

** 作者简介：赵艺绚，中国政法大学博士研究生，主要研究方向为行政法学、应急法学；林鸿潮，中国政法大学应急管理法律与政策研究基地主任，教授，法学博士，主要研究方向为行政法学、应急法学。

域改革发展的意见》(以下简称《意见》),《意见》中明确提出要“研究建立安全生产民事和行政公益诉讼制度”。2017 年 6 月 27 日,十二届全国人民代表大会常务委员会第二十八次会议通过了《关于修改〈中华人民共和国民事诉讼法〉和〈中华人民共和国行政诉讼法〉的决定》,在《行政诉讼法》第 25 条后增加一款作为第 4 款,正式将行政公益诉讼纳入行政诉讼法的规范体系。该条款虽规定检察机关提起行政公益诉讼的领域为生态环境和资源保护、食品药品安全、国有财产保护和国有土地使用权出让,但在具体表述中增加了“等领域”三字,为以安全生产为代表的“等”外领域行政公益诉讼保留了法律空间。[1] 在“3·21”江苏响水特别重大爆炸事故、“12·4”湖南浏阳重大爆炸事故等重特大生产安全事故的影响下,安全生产行政公益诉讼逐渐成为当前行政公益诉讼司法实践中的一大热点。目前,“全国已有 16 个省级人大常委会出台了关于支持检察机关开展公益诉讼工作的决定,其中河北、内蒙古、辽宁、山东、浙江、河南、湖北、广西、云南、陕西、青海、新疆等 12 个省份明确授权检察机关在安全生产领域拓展公益诉讼案件办理”。[2]2021 年 6 月 29 日,全国人民代表大会常务委员会第二十九次会议通过《关于修改〈中华人民共和国安全生产法〉的决定》,此次修法的亮点之一是在第 74 条之后增加一款作为第 2 款,规定“因安全生产违法行为导致重大事故隐患或者导致重大事故,致使国家利益或者公共利益受到侵害的,人民检察院可以根据民事诉讼法、行政诉讼法的相关规定提起公益诉讼。”此举使安全生产行政公益诉讼制度有了明确的法律依据。

值得关注的是,由于目前仍缺乏“等外”领域行政公益诉讼的可操作的制度性规范,安全生产行政公益诉讼已经出现“野蛮生长”的趋势。其一,个别地方的检察院对自身的职能定位及启动安全生产行政公益诉讼的目的认识不清。例如,在安全生产行政公益诉讼推行之初,山西省某县检察院提出“与应急管理局共同配合开展行政公益诉讼”的口号;① 此外,“职能

---

① 参见:曲沃检察院召开公益诉讼安全生产领域座谈会 [EB/OL]. https://www.sohu.com/a/340071717_443468, 2019-9-10/2021-8-15.

定位不清”还表现为个别地方检察院将安全生产行政公益诉讼的客观诉讼属性误读为由检察机关在安全生产领域中实施的特殊行政管理手段，以启动行政公益诉讼作为“外壳”，实则代替行政机关实施行政行为。其二，个别地方将安全生产公益诉讼的数量作为衡量检察机关工作绩效的一项指标，在“重数量而不重质量”的思路下，为了拓展案源，或将非安全生产领域事项也纳入安全生产公益诉讼中；或在其诉讼目的已然不能实现的情况下仍然启动安全生产公益诉讼。例如内蒙古某市检察院针对辖区内某小区居民私拉电线给电动车充电的情况启动了“安全生产行政公益诉讼”。[①] 尽管其初衷是排除该小区的安全隐患，但根据《安全生产法》第二条的规定，小区居民并非该法所规定的“从事生产经营活动的单位”，“飞线充电”也难以解释为生产经营活动，该检察院如此做法有“凑数”之嫌。可见，我们有必要在厘清安全生产行政公益诉讼特殊性的基础上探索一套有针对性的启动机制，明确安全生产行政公益诉讼的启动条件，确保检察机关在严守检察权边界的基础上，实现维护公共利益的最终目的。

## 二 检察机关介入安全生产的优势和劣势

### （一）检察机关介入安全生产的优势

第一，相比于上级人民政府或上级主管部门而言，检察机关，特别是基层检察机关更熟悉当地情况，了解当地安全生产重大风险的分布，并且有更多获取案件线索的渠道。而检察机关的这一优势又恰好与行政公益诉讼司法实践的特点相契合。由于《行政诉讼法》并没有对检察机关办理行政公益诉讼案件的管辖进行特殊规定，因此通常情况下行政公益诉讼都是由基层检察院办理，市（分、州）检察院和省级检察院扮演支持起诉的角色。以

① 参见：公益诉讼在行动：多部门联动共治居民小区安全隐患［EB/OL］. http://www.wuhai.jcy.gov.cn/wjxw/202004/t20200402_2806177.shtml，2020-4-2/2021-8-15.

2019年为例，据统计，在诉前阶段，基层检察院办理的行政公益诉讼案件量占比99.1%，市（分、州）级检察院办案占比0.85%，省级检察院办理了1件诉前行政公益诉讼案件；在起诉阶段，100%起诉案件由基层检察院办理。[3]

第二，相比于同级人民政府和负有安全生产监督管理职责的有关部门而言，检察机关的利益格局较为超脱，其绩效目标不与地方GDP、地方税收、居民就业以及部门利益等因素挂钩，能够更有针对性地解决安全生产领域中出现的监管意愿缺失的问题。从实践效果来看，相比安全生产领域中常用的上级机关定期巡视、权力和责任清单制度、事故调查组事后追责等传统“科层制”监督方式，由检察机关提起安全生产行政公益诉讼的外部监督方式可以有效解决安全生产领域中上下分工不清、责任主体不明、监管意愿不强、不作为、假作为等问题，并对隐瞒、掩饰违法违规行为的安全生产责任主体起到震慑作用。[4]其中，安全生产领域中常见的由于行政主体监管意愿缺失而“假作为”的现象在传统主观诉讼的框架下并不属于行政诉讼的受案范围，法院即使受理也很可能得出“被诉行政行为合法”的结论。但在行政公益诉讼“客观诉讼”的框架下，作为提起行政公益诉讼的先决条件，检察机关可以就行政机关是否实质性履职进行判断，只要其未实质达成行政目的，都可以认定为“不作为”而提起行政公益诉讼。[5]

### （二）检察机关介入安全生产的劣势

第一，安全生产行政公益诉讼是建立在安全生产行政监管体系之上的外部法律监督手段，与安全生产行政监管体制关系密切。但是，安全生产行政管理体制比较复杂，还存在一些职能交叉、职责不明的“灰色地带”，使检察机关可能难以找准安全生产行政公益诉讼的“被告”。根据《安全生产法》第十条的规定，安全生产领域采取“综合监管”和“专业监管”相结合的行政管理体制。应急管理部门对本行政区域内的安全生产工作实施综合监管，交通运输、住房和城乡建设、水利、民航等有关部门在各自职责范围内对有关行业、领域实施专业监管。但《安全生产法》并未明确规定“综合监管”“行业监管”的定义和范围，导致二者的界限一直比较模糊。再加上个别领域，如煤炭领域实施“国家监管”和“地方监管”相结合的特殊管理体制，使其安全生产行政管理体制更加复杂。由于政府部门间横向分工不明、上下级政府间纵向权责不清等问题交织，在矿山、危化品、建筑施工等高危领域中，安全生产行政管理体制呈现“碎片化”特征，给检察机关启动安全生产行政公益诉讼带来了现实困难。

第二，安全生产领域的行政监管存在专业性强、信息封闭程度高、风险分布广、自由裁量空间大等特点，而在辨识和评估风险的过程中必然涉及专业判断，但与行政机关相比，检察机关并不具备专业优势。此外，安全生产领域的风险分布十分广泛，在安全生产的各个环节都可能存在风险，但检察机关的办案资源十分有限，特别是基层检察机关力量不足，却是办案的主力军。这种内在的矛盾使检察机关在启动安全生产行政公益诉讼时必须有所取舍。具体而言，检察机关在启动安全生产行政公益诉讼时必须考虑个案的示范效应，在案件“大”与“小”的选择上，检察机关应当重点关注高危行业、重点环节中的重大事故隐患；在案件“质”与“量”的选择上，检察机关必须摒弃“唯数量论”，围绕有效干预风险这一核心目标来筛选案件；在案件“难”与“易”的选择上，检察机关应当放弃一些容易入手、实则价值低微的案件线索，聚焦于安全生产领域普遍存在的“痼疾”上。

## 三　启动安全生产行政公益诉讼的特殊性

由于我国对行政诉讼制度的功能定位一直有“抑客扬主”的倾向，在具体诉讼制度构建上注重主观诉讼的维度扩展而忽略客观诉讼的维度扩展，导致我国行政公益诉讼制度曾长期处于缺位的状态。[6] 2017 年《行政诉讼法》修订时虽然确立了行政公益诉讼的模糊框架，但由于此次修法只是一次“局部小改”，并未对行政诉讼法的功能定位做出实质性的变更，所以现有的行政诉讼规则并不能为行政公益诉讼提供充分的支持。为解决行政公益诉讼实践中的具体操作问题，最高人民法院、最高人民检察院于 2018 年 3

月颁布了《关于检察公益诉讼案件适用法律若干问题的解释》（以下简称《若干解释》）。可以认为，《若干解释》是对行政公益诉讼制度两年试点经验的总结，也是对生态环境和资源保护、食品药品安全、国有财产保护和国有土地使用权出让四个“等内”领域行政公益诉讼“最大公约数”的提取。但是，安全生产领域行政公益诉讼的加入会使“最大公约数”有所变动。

### （一）启动目的特殊

启动安全生产行政公益诉讼的目的是干预“明显”或“重大”风险。根据《行政诉讼法》第 25 条、《若干解释》第 21 条的规定，在四个“等内”领域的行政公益诉讼中，只有“行政机关违法行使职权或者不作为”致使“国家利益或者社会公共利益受到侵害的”，才能够启动行政公益诉讼诉前程序，即行政公益诉讼和普通主观行政诉讼一样，也要遵循成熟性原则，在行政行为发展到某种阶段且导致公共利益受到损害的前提下才能够启动司法监督程序——“行政程序必须发展到适宜由法院处理的阶段，即已经达到成熟的程序，才能允许进行司法审查”。[7]这样设计虽然有利于保证检察机关最大限度地尊重行政程序的独立性、恪守检察权的边界，但并不适用于安全生产行政公益诉讼。其一，安全生产行政公益诉讼目的是干预事故风险而非对公共利益进行事后救济。根据《安全生产法》第一条的规定，安全生产工作的首要目的是“防止和减少生产安全事故，保障人民群众生命财产安全”，《安全生产法》的主要制度设计也围绕着“安全第一、预防为主、综合治理”的方针，可见安全生产行政公益诉讼应当与《安全生产法》“以防为主”理念相一致，其出发点是控制生产安全事故风险，预防生产安全事故发生。由于安全生产领域的公共利益一旦发生损害则不能补救，所以安全生产行政公益诉讼只有在生产安全事故尚未发生、公共利益尚未受到实质性损害时提出才有意义。其二，检察机关不对所有事故风险进行干预。由于安全生产监管具有信息封闭性、高度专业性等特征，作为司法机关的检察机关对所有生产安全事故风险进行干预既不现实也无必要，只有当生产安全事故风险“明显”且“重大”时才适宜启动安全生产行政公益诉讼。

具体而言，“明显”是指从外观上看，事故隐患与生产安全事故发生的结果之间存在必然的联系，其因果关系一目了然，一般人不需要运用专业知识也能够很容易分辨；“重大”是指从起因和后果来看，生产安全事故风险并非仅由个体行为所引起，行政机关的“违法”或者“不作为”也是导致事故风险的重要原因之一，并且该风险一旦转化为现实则后果将殃及相当范围内的不确定人群。例如，在河南省三门峡市违建塘坝危害高铁运营安全公益诉讼一案中，河南省检察院郑州铁路运输分院发现郑州到西安高速铁路南交口大桥桥梁南北两侧距桥墩不足100米处，当地修路筑坝、填土造田，造成桥梁南侧（上游）塘坝内蓄水约1万立方米，存在汛期溃坝冲击桥梁的风险；北侧（下游）形成堰塞湖，高铁2号桥墩（旱桥）直接浸泡在水中，经当地有关行政机关处置后仍然无法排除郑西铁路桥的安全隐患，于是检察院向三门峡市人民政府发出行政公益诉讼诉前检察建议。[8]本案例被评选为检察公益诉讼全面实施两周年典型案例。在本案中，不需要运用任何专业知识也可以判断“上游蓄水”“堰塞湖”“旱桥泡水”等现实情况的潜在危险性，风险和风险向事故转化的因果关系链条和进程十分清晰、后果之严重性可以预判，因此符合风险“明显”且“重大”的特征。

### （二）判断标准特殊

检察机关对行政机关履职情况进行判断时应当采用“实质性合法”标准。目前，我国安全生产领域存在监管能力不足和监管意愿缺失两大短板，尤其是在一些危险物品生产、储存、装卸以及矿山、金属冶炼等“边际产业”较为集中的二三线城市或一线城市的边缘地带，出于地方经济发展等因素的考量，普遍存在安全生产监管需求、监管能力和监管意愿的结构性失衡。[1]在实践中，这种结构性失衡可能体现为行政机关违法行使职权、不作为、假作为、不充分作为等多种情况，特别是后两种情况，由于《行政诉讼法》第25条没有明确规定，在行政自由裁量权较大且多机关职能交叉的安全生产领域逐渐形成了一个行政监管的“灰色地带”。例如，在“3·21”江苏响水特别重大爆炸事故中，事故责任单位天嘉宜公司曾经六次受到行政处罚，但每次都是罚款了之，而罚款对于曾被当地政府列为上市后备企业的天嘉宜公司而言，“威慑力”微乎其微；又如天嘉宜公司曾因危固废物处理的问题被责令暂时停产停业，但是在该问题没有实质性解决的情况下又取得了复产许可并迅速恢复生产，最终酿成了惨痛的“3·21”爆炸事故。此次事故集中体现了安全生产领域中行政机关“假作为”“不充分作为”的问题十分突出，从表面上看行政机关已经履行监管职责并采取了一定的措施，但这些措施并没有充分落实“防止和减少生产安全事故”的行政目的。在这种情况下，同级人民政府及上级主管部门常因地方经济发展等不相关因素的考量而采取“纵容”的态度，或为地缘所限无法深入了解其中情况，致使行政系统内部自上而下的“科层制”监管出现了“暂时失灵”。相比之下，检察机关的独立性较强，是破解安全生产监管困境的一剂良药。具体而言，在安全生产行政公益诉讼中，因为检察机关维护的是安全生产领域的公共利益以及更高维度的客观法秩序，[9]所以检察机关可以适当突破主观诉讼框架下行政诉讼受案范围的限制，在对行政机关履职情况进行审查时采取“实质性合法”的判断标准，将形式上符合法律规定但实质上违反立法目的或者不利于立法目的实现的假作为、不充分作为也纳入司法监督的范围中。

## 四　启动安全生产行政公益诉讼的原则

### （一）尊重行政机关的首次处理权

安全生产行政公益诉讼虽以干预明显、重大的事故风险为诉讼目的，但风险向事故的转化具有突然性、迅速性，因此在具体制度设计中应当优先考虑保证风险干预的及时性和有效性。换言之，启动安全生产公益诉讼必须以尊重行政机关的首次处理权为原则。其原因在于检察机关的定位是法律监督机关，本身并不具备执法权限和执法能力，以提起行政公益诉讼的方式维护公共利益无法避免程序冗长、沟通成本高等弊端。[10]检察机关提起安全生产行政公益诉讼虽然也是干预事故风险的一种方式，但仅起到次要、补充的作用，行政机关才是实现安全生产公共利益的主导力量。具体而言，首先，检察机关应当把握好启动安全生产行政公益诉讼的时机，尽量避免过早地介入行政程序，即使为了发现案件的线索确实需要提前介入行政程序的，也应当主要发挥监督作用。检察机关既不能代替行政机关决策，也不能将提起行政公益诉讼作为一种特殊的手段绕过行政机关直接对生产经营单位做出影响其权利义务的决定。其次，检察机关发现案件线索后，应当进行审慎、谦抑的判断，同时考虑诉讼的实际效果。[11]安全生产领域中，即使是执法资源相对比较丰富的行政机关也不可能达到“完全执法”的状态。对于一些行政机关尚未采取措施进行干预的风险事项，应当根据行政机关的实际执法能力、执法意愿等因素进行综合判断。一方面，如果一些风险的存在并非行政机关“主观不愿”干预，而系“客观不能”干预，即使启动行政公益诉讼也不会有太大的效果，应当根据“成本－效益”的一般原理放弃诉讼；另一方面，如果是行政机关尚未发现的事故风险，经过沟通后行政机关能够及时采取必要措施的，则说明检察机关和行政机关之间没有形成具体的法律争议，那么没有必要“为了诉讼而诉讼”。最后，如果行政机关有关人员渎职、贪腐等导致行政机关未能实质性履行法定职责的，检察机关应当及时将案件线索移送到公安机关和监察机关，再视行政机关的后续履职情况决定启动行政公益诉讼。如果检察机关进入诉前程序后才发现相关线索，也应在移送案件线索后给予行政机关纠错机会，如果行政机关能够及时消除风险则没有必要进入起诉阶段。

### （二）严格界定“安全生产公共利益”

在我国，保护公共利益是一种公法责任，但公法中的“公共利益”却仍然是一个不确定概念。[3]尽管学界对于公共利益的解释尚未形成统一的共识，但是对于公共利益的基本特征，如社会性、非特定性等，认知已经趋于一致。从客观诉讼的原理出发，虽然检察机关与安全生产并无直接的“诉的利益”，[12]但检察机关基于法律的规定享有原告的资格，目的是借助检察机关的力量实现公法上的“客观法秩序”，可见要界定某个具体领域的“公共利益”，应当首先关注该领域的法律所欲实现的“客观法秩序”。具体到安全生产领域，在界定何为安全生产公共利益时，应当将安全生产公共利益与《安全生产法》所维护的“客观法秩序”挂钩，即将“安全生产”与《安全生产法》的适用范围相对应，将“安全生产公共利益”与《安全生产法》所保护的“法秩序”相对应。首先，“安全生产”是指在生产经营活动中，为了防范各类事故而采取控制措施，使生产经营过程在符合规定的条件下进行。对于检察机关而言，对“安全生产”的理解不宜超出《安全生产法》的效力范围而将其理解为“社会生活中的安全隐患”，因为“社会生活中的安全隐患”分布十分广泛且公众对于日常安全隐患的容忍度较高，监管难度较大，检察机关一旦陷入此类琐碎的案件中不仅会招致检察权突破《安全生产法》框架的非议，还可能导致行政公益诉讼的“成本－收益”严重失衡。其次，所谓“安全生产公共利益”，是指人民群众的生命财产安全以及经济社会的持续健康发展。以维护特定群体甚至特定个体的安全利益为出发点而提起的公益诉讼案件虽然有一定的实际意义，但并不是最直接和高效的手段，还可能会模糊检察机关作为法律监督机关的定位。

### （三）注重个案的示范效应

《行政诉讼法》对于行政公益诉讼案件线索的来源采取了较为开放的态度，实践中，检察机关案件线索来源十分广泛，不应该仅局限于检察机关在履行职务的过程中发现的线索，当检察机关与社会各方主体发生联系时，就可以吸收公益诉讼的案件线索。[13]但是，检察机关的办案资源毕竟有限，不可能对每一个案件线索都启动行政公益诉讼，因此典型个案的选择十分重要，对个案的选取必须起到“以点带面”的引领、示范作用，从而建立起督促行政机关依法履职的司法监督通道。检察机关在对某个案件线索启动安全生产行政公益诉讼时，应当综合考虑风险的危害程度、公益诉讼手段是否可替代、案件的整体效果等多个因素后再决定启动安全生产行政公益诉讼。具体而言，首先，在案件“大”与“小”的选择上，检察机关应当重点关注特殊行业的重点环节当中存在的重大风险，例如矿山，金属冶炼，危险物品的生产、储存、装卸环节等，因为这些领域和环节存在发生重特大生产安全事故的风险，一旦发生将严重危及企业职工和周围群众的生命财产安全以及地区经济秩序，且这些行业往往与地区经济指标挂钩，十分容易“藏污纳垢”。检察机关可以考虑通过建立内部举报人制度、建立与工会及安全生产领域的中介机构之间的沟通合作机制等方式发现线索，从而“对症下药”，对行政机关起到警示作用。其次，在办案手段“刚”与“柔”的选择上，如前文所述，检察机关应当充分尊重行政机关的首次处理权，首选与行政机关协商、向行政机关发警示函或提示函等较为柔性的手段。当遇到多机关职能交叉、相互配合不充分又互相推诿的情况时，检察机关应当积极协调有关机关及其共同的上级机关通过内部沟通机制划分主次责任、协调解决问题，当问题确实无法得到实质性解决时，再考虑启动比较刚性的诉讼手段，将多个行政机关列为共同被告。最后，在案件“质”与“量”的选择上，检察机关必须摒弃“唯数量论”，必须围绕有效干预事故风险这一核心目标来筛选案件。目前，在《中共中央国务院关于推进安全生产领域改革发展的意见》《全国安全生产专项整治三年行动计划》等一系列中央政策文件和行动计划的推动下，检察机关探索安全生产行政公益诉讼的热情高涨，个别地方在检察系统内部建立了以数量指标为核心的评价体系，甚至通过“数量竞赛”来推动安全生产行政公益诉讼的快速发展。这种急功近利的方式导致一些基层检察机关在案件的选取上倾向于选择容易入手、容易结案但价值低微的案件，造成司法资源的浪费。

## 五 检察机关安全生产行政公益诉讼的启动条件

如前文所述，安全生产行政公益诉讼在具体制度设计上应当贯彻“以防为主”的方针，不以安全生产公共利益受到实际损害为前提。对于此类特殊领域的行政公益诉讼，有学者将其概括为“预防性行政公益诉讼”，认为“预防性行政诉讼提起的重要条件之一必须是行政行为的实施可能造成的损害不可弥补，而行政公益诉讼所保护的客体是国家利益或者公共利益，就具备了这种一旦受损难以弥补的特点”。[14]由于实际的侵害尚未发生，无法根据公共利益受到损害的结果标准确定起诉的时机，只能以行政机关的行为表现作为判断的依据，因此启动条件设定尤为重要。笔者认为，安全生产行政公益诉讼的启动有两个阶段，应当分别适用不同的标准。

第一个阶段是检察机关决定是否启动诉前程序，即是否向有关行政机关发出正式的检察建议。这一阶段的启动条件有：其一，存在生产安全事故发生的风险并有向现实转化的可能性。其二，有关行政机关负有风险管理职责。对此，检察机关可以根据法律的规定以及三定方案、权责清单、行政执法计划等规范性文件进行综合判断，如果多个部门对安全生产都负有管理职责，则分别向各部门或向其共同的上级发出检察建议。其三，负有事故风险管理责任的行政机关明知风险的存在。这是一个比较容易被忽略的条件，由于风险管理是一种面向不确定事件的管理，不能直接推定行政机关掌握所有的不确定事件的动向，特别是对于一些新兴系统性风险，由于绝大多数情况下法律没有规定明确的责任主体，也无法准确地将风险归为某个领域或某个行业，需要给行政机关合理的时间逐渐认知此类风险，从而提出防范化解新兴风险的方案。[15]判断行政机关是否“明知”可以结合风险的类型及存在时间、是否属于社会生活常识、是否为目前科学技术所能探知、相对人是否曾向行政机关反映、检察机关是否曾向行政机关告知、行政机关是否曾进行处理以及是否在行政执法计划之外等多种因素进行综合判断。其四，行政机关违法行使职权或者不履行法定职责。在安全生产领域中，行政机关单纯地违法行使职权或不履行法定职责的情况比较好判断，在“实质性合法”的判断标准下，安全生产领域常见的“假作为”“不充分作为”也应当纳入司法监督的范畴中。安全生产领域中另一种常见的情况是行政机关“违法行使职权”与“不履行法定职责”竞合，此情况一般存在于多机关职能交叉领域。例如在“3·21”响水爆炸事故中，发生爆炸的地点位于天嘉宜公司厂区内的危险废物仓库，而天嘉宜公司曾因非法处理危险废物遭到环保部门的多次行政处罚，但每次行政处罚都是罚款。依据“实质性合法”的标准，尽管环保局行政处罚的种类和幅度都在法定的自由裁量权范围之内，但环保局的行为违反行政处罚的目的，应当属于实质性违法行使职权，是一种“假作为”。此外，根据《安全生产法》及《危化品安全管理条例》等法律法规的规定，危险废物的处置也属于生产经营的过程，因此安全生产综合监管部门也存在“不履行法定职责”的情况。当两个异质的行政行为竞合导致安全生产公共利益有受到侵害的风险时，不管是做出“违法作为”的主体还是“不作为”主体都负有实质性作为的义务，检察机关应当在检察建议中要求有关行政机关不得互相推诿、充分配合履行法定职责。[16]

第二个阶段是检察机关决定是否启动诉讼程序，即是否向法院起诉。这一阶段的启动条件为有关行政机关未按照《若干解释》第21条①之规定在法定期限内“依法履行职责”。问题的关键在于如何认定行政机关在诉前程序中已经“依法履行职责”，对此学界曾提出两种判断标准，第一种标准为行为标准，即仅考虑行政机关是否已经穷尽行政行为的手段和过程，而不考虑对公共利益的损害是否已经排除；[17]第二种标准为结果标准，即在认定行政机关是否已经依法履职的时候，不仅要考察行政机关履职充分与否，还要认定其行为后的实际效果，即公共利益是否已经得到实质性保护。[18]从司法机关的态度来看，在“等内”领域的行政公益诉讼中主要采取“结果标准”，例如《最高人民法院关于审理环境公益诉讼案件的工作规范》规定：“行政机关虽已做出足以保护社会公共利益的行政行为，但社会公共利益仍处于受侵害状态，检察机关提起环境公益诉讼的，应予受理”。笔者认为，从安全生产领域的特殊性出发，在安全生产行政公益诉讼的诉前程序中采取实质性履职的行为标准较妥。所谓实质性履职的标准，是指行政机关已穷尽现有条件下所能采取的措施，采取了法律框架内必要的行政手段，且行政机

---

① 《若干解释》第21条规定，人民检察院在履行职责中发现生态环境和资源保护、食品药品安全、国有财产保护、国有土地使用权出让等领域负有监督管理职责的行政机关违法行使职权或者不作为，致使国家利益或者社会公共利益受到侵害的，应当向行政机关提出检察建议，督促其依法履行职责。行政机关应当在收到检察建议书之日起两个月内依法履行职责，并书面回复人民检察院。出现国家利益或者社会公共利益损害继续扩大等紧急情形的，行政机关应当在十五日内书面回复。行政机关不依法履行职责的，人民检察院依法向人民法院提起诉讼。

关所采取的措施或手段有利于行政目标的达成，符合比例原则的要求。原因有二：其一，安全生产行政公益诉讼目的是干预风险，不以对国家利益和公共利益造成实际损害为要件，而风险管理本身就是面向不确定事件的管理，特别是在风险社会中，事故风险在客观上不可能被完全排除。其二，在安全生产领域中，风险管理行政行为的实际效果受到生产经营主体的配合程度、行政机关的职权范围以及生产经营过程的客观难度等多种因素的制约，很多情况下对一些系统性的事故风险的控制不能“一蹴而就”，需要从安全生产管理的结构、客观的科学技术水平等多个方面进行优化。而《若干解释》除了设定了“依法履职”标准外，还对“依法履职”的期限做出了规定，不符合安全生产风险管理的客观实际。基于上述两个原因，笔者认为在安全生产领域中行政机关履职期限的设定不宜过于死板，应当由检察机关根据风险的大小和紧迫程度具体情况具体分析，灵活设定履职期限。

## 六 结束语

2020 年 4 月，国务院印发《全国安全生产专项整治三年行动计划》，在全国部署开展安全生产专项整治三年行动，在煤矿、非煤矿山、危险化学品、消防、道路运输、民航铁路等交通运输、工业园区、城市建设、危险废物等行业领域，组织开展安全整治。检察机关也应将启动安全生产公益诉讼的重点放在这 9 项重点领域的重大风险治理上，摒弃“唯数量论”，追求防范和化解重大风险的整体效果。这既是在检察机关资源有限的客观条件下的最优选择，也是安全生产领域发展趋势的客观要求。当然，检察机关在办理此类案件时可能会遇到很多“堵点”，例如线索来源狭窄、调查取证难、职责划分难、缺乏行业标准、相关法律法规存在空白等，为了化解这些难题，检察机关除了做好前期准备、提升自身办案能力以外，还应当加强同工会和专业机构的合作，借助社会力量的内部优势和专业优势打通“堵点”，疏解“痛点”。

## 参考文献

[1] 林鸿潮，赵艺绚．论安全生产行政公益诉讼——从“3·21”响水爆炸事故暴露的监管短板说起［J］．西南民族大学学报（人文社会科学版），2020（1）：44－50.

[2] 王晓晔．代表访谈录：为安全生产引入公益诉讼监督视角［N］．中国应急管理报，2020－05－22.

[3] 刘艺．我国检察公益诉讼制度的发展态势与制度完善——基于2017—2019年数据的实证分析［J］．重庆大学学报（社会科学版），2020（4）：173－183.

[4] 代海军．检察机关提起安全生产行政公益诉讼的现实困境与制度建构［J］．河南财经政法大学学报，2020（2）：10－19.

[5] 刘艺．检察公益诉讼败诉案件中的客观诉讼法理［J］．行政法学研究，2020（6）：37－50.

[6] 刘艺．构建行政公益诉讼的客观诉讼机制［J］．法学研究，2018（3）：39－50.

[7] 王名扬．美国行政法（上下）［M］．北京：中国法制出版社，1999：57.

[8] 王跃．河南省三门峡市违建塘坝危害高铁运营安全公益诉讼案［N］．检察日报，2020－03－30.

[9] 刘艺．论国家治理体系下的检察公益诉讼［J］．中国法学，2020（2）：149－167.

[10] 高家伟．检察行政公益诉讼的理论基础［J］．国家检察官学院学报，2017（2）：19－29＋170.

[11] 邢昕．行政公益诉讼启动标准：基于74份裁判文书的省思［J］．行政法学研究，2018（6）：136－144.

[12] 王天华．行政诉讼的构造：日本行政诉讼法研究［M］．北京：法律出版社，2010：28.

[13] 田凯等．人民检察院提起行政公益诉讼的立法研究［M］．北京：中国检察出版社，2017：29.

[14] 王春业．论检察机关提起“预防性”行政公益诉讼制度［J］．浙江社会科学，2018（11）：51－58＋157.

[15] 丁辉．新兴风险社会治理的思考［J］．劳动保护，2020（4）：13－15.

[16] 王清军．环境行政公益诉讼中行政不作为的审查基准［J］．清华法学，2020（2）：129－142.

[17] 张旭勇．行政公益诉讼中“不依法履行职责”的认定［J］．浙江社会科学，2020（1）：67－76＋157－158.

[18] 王春业．行政公益诉讼“诉前程序”检视［J］．社会科学，2018（6）：94－103.

# On the Initiation of Administrative Public Interest Litigation of Work Safety

Zhao Yixuan Lin Hongchao

**Abstract**: Work safety administrative public interest litigation can effectively solve the shortcomings of administrative supervision in the field of work safety. At present, procuratorial organs have carried out a large number of work safety administrative public interest litigation practice, but there is a trend of "barbaric growth". Combined with the advantages and disadvantages of procuratorial organs involved in the field of work safety, it can be concluded that the starting purpose and judgment criteria of work safety administrative public interest litigation have particularity. When starting work safety administrative public interest litigation, procuratorial organs must respect the first handling power of administrative organs, clarify the scope of work safety public interests, and establish a scientific and reasonable case screening mechanism. In the specific system construction, the corresponding starting conditions should be set according to the characteristics of the two different stages of work safety administrative public interest litigation.

**Keywords**: Work Safety; Administrative Public Interest Litigation; Procuratorial Organs

风险灾害危机研究第十四辑
第 19—43 页


# 社会工作参与危机管理的经验探索及本土化思考

刘　颖　钟金娴*

**摘　要**：处理风险和不确定性是危机管理和社会工作在当下需要共同回应的议题。本文通过分析香港地区“抗非典”的高校 - 社区伙伴关系模式、日本地震防灾救灾的全民互动模式、韩国 MERS 中呈现的边缘社群信息沟通需求、汶川地震灾后的社会工作自主介入、自然灾害应对的社会工作制度化嵌入、新冠肺炎疫情应对的社会工作社会化回归等国内外社会工作参与危机管理的实践，探讨社会工作参与危机管理的介入思路和现实困境。本文进一步提出在实践层面将社会工作全人视角引入危机管理思路，增强社会工作在危机管理中的服务在地化，探索专业职责与边界，将社会工作纳入危机管理社会治理体系的思考，以及在社会工作教育层面将危机管理模块引入社会工作教学，借由危机情境激发社会工作专业学生专业价值审问，协助学生掌握危机情境中自我关怀的思考。最后，本文提出了加强公共危机事件中社会工作行动研究的一些建议。

**关键词**：社会工作；危机管理；公共卫生危机；灾害社会工作

* 作者简介：刘颖，广州大学公共管理学院社会学系讲师、硕士研究生导师，主要研究方向为社会工作、社会福利；钟金娴，复旦大学社会发展与公共政策学院社会工作学系硕士研究生，主要研究方向为社会工作。

## 一 缘起：社会工作参与危机管理的契机

近几年，自然灾害、公共卫生事件等频繁发生，危机已成为社会发展的常态。从汶川地震、玉树地震，到舟曲山洪泥石流，再到芦山地震，社会工作逐渐显现其在灾害救助和危机管理中的重要作用。民政部 2013 年印发的《关于加快推进灾害社会工作服务的指导意见》，强调社会工作在灾前预防、灾中应急与灾后重建中的专业作用，建议“加快培养和使用灾害社会工作服务人才，加强灾害社会工作服务探索，着力提升灾害社会工作服务水平”。由此可见，社会工作在危机管理专业团队中的重要意义日益凸显。在参与危机管理的实践中，社会工作本身表现出其独特的优势，尤其在关注弱势群体、协助危机中个人和群体恢复社会功能与社区重建方面。因此，在应对具有高度衍生性、复杂性的社会风险时，社会工作是不可缺少的专业力量。然而，目前我国社会工作参与危机管理的实践主要局限于危机后的重建部分，且多为功能主义导向的灾后“应急式”参与，即以嵌入式的辅助角色参与危机干预工作，较缺乏具备专业自主性的对危机管理的全过程思考与实践。根据危机管理的“PPRR 模型”理论视角，危机管理包含预防、准备、反应、恢复四个阶段，如何使社会工作参与危机管理的全过程？其专业角色定位与主体性的发展仍需要进一步研究。

现有的关于社会工作介入危机管理的研究可分为五个方面：第一，功能主义介入说，从功能主义视角指出社会工作可在危机管理的各个阶段（包括防灾、减灾、救灾与灾后恢复重建等阶段）发挥专业优势[1]，为受影响的人群提供心理疏导和资源支持，协调志愿者和 NGO 资源，协助调节干群关系、技术专家与社会大众关系，着手受灾群众能力建设，促进新社区整合、情感治理等[2-4]。第二，反思社会行动说，从反思社会工作视角指出环境的过度开发是各种危机灾害频发的根源，社会工作不应局限于功能主义的修补逻辑，而应从社会政治根源角度出发，推动居民意识提升，打破恶性循环。[5]第三，微观危机干预说，从微观个案工作层面指出社会工作可借鉴危机管理模式制定危机管理计划（crisis management plans），以使社会工作者更好地应对儿童保护[6]、精神健康管理[7]、学校安全[8]中的突发事件（包括自然灾害、校园暴力、学生自杀、意外怀孕、家庭改变等等）。第四，协同组织说，通过“公私协力机制”模式，非营利组织督促和协助政府，能有效解决危机管理中“政府失灵”“市场失灵”和“志愿失灵”的问题。[9]第五，人才建设说，从价值、知识、技术三方面指出灾害社会工作者必备能力要素，包括社区为本的复原和能力建设、尊重地区差异性和多元文化、全人健康和结构分析的价值，多学科融合的灾后救助、多元重建、文化传承保护的知识，危机干预、赋权增能、生计扶持、社区营造的技术。[10]然而，现有研究尚缺乏对社会工作和危机管理两者契合点的系统提炼，缺乏对国内外实践经验的系统梳理。本文试图进一步厘清社会工作和危机管理的契合点，梳理归纳社会工作参与危机干预的国际经验与本土实践，探析社会工作在实践、教育、行动研究三方面介入危机管理的契机与空间。

## 二　社会工作和危机管理的契合点：处理风险和不确定性

处理风险和不确定性是危机管理和社会工作在当下需要共同回应的议题。危机与风险、不确定性相伴相生，而社会工作正是处理风险和不确定性的专业。它关注情境的复杂性与多变性，着力满足服务对象的独特需求，协助服务对象与多个社会系统达致良性互动。[11]社会工作长期以来致力于协助处于困境中的个人和社群应对各种危机，处理各种生活决策，克服与环境互动中的障碍，促进人的社会关系和社会功能修复，提升人的健康和社会福祉。[12]危机管理需要在时间压力和不确定性极高的情况下做出关键决策，社会工作在危机管理中存在较强的专业优势。

同时，风险社会和全球化带来的公共危机是全方位的，往往是自然属性和社会属性的叠加，甚至社会属性可能超越自然属性。[13]当公共危机爆发时，无论是自然灾害还是公共卫生事件，都无法与社会文化系统相脱离。公共危机恰恰是一种与“社会放大”（social amplification）机制相联系的危机事件，危机一旦发生，就会对心理、社会、制度和文化过程产生影响。[14]因此，危机管理需要处理公共安全和社会政策秩序及个人身体、心理、健康、社会等多个层面失调的状态。社会工作强调“全人视角”的概念，契合公共危机管理需要处理心理、社会关系和社会秩序的整合性个人及社会恢复的问题。

社会工作具有关怀弱势、需求评估、资源链接和建立社会资源网络的优势，能够在危机管理各阶段工作中发挥作用。在预防阶段，社会工作依托宣传教育促进民众危机预防意识和应对能力的提升。社会工作者通过了解民生需求、公民风险教育和构建社会预警机制，及时发现并化解矛盾，增强事前预防功能；开展风险意识与减灾教育；构建突发公共事件的长效预警机制。[15]在引导阶段，社会工作可通过传递有效信息、合理配置资源和协调处理事件实现事中引导作用。在与受影响案主建立专业关系时，针对他们通常会表现出来的恐惧、敏感、绝望等灾后心理特征，社会工作者可以鼓励案主表达，同理他们的感受，通过细致的沟通与受影响案主建立良好的专业关系，重树他们对生活的信心。[16]在干预阶段，在特殊的危机场景，在有限服务时间内，社会工作者需要积极评估服务对象的多重危机和创伤，以及因灾害而集中爆发和勾连的诸多复杂问题，有效回应服务对象的多重需求。社会工作可以在微观层面为个人和家庭提供精神慰藉和心理疏导，缓和当事人的紧张情绪，协助个人更好地认知和应对危机情境，重塑当事人的社会关系网络，协助服务对象挖掘自身潜能及链接外部资源；在社区层面，社会工作者应充当资源链接和协调者的角色，协调技术专家与社会大众关系，整合社区资源应对危机。在恢复阶段，社会工作更多地关注当事人的心理康复，积极促进社区居民的能力建设及社区关系的重建，着力居民生计发展，改善居民的生活品质，关注弱势群体的生活需要，促进社区减灾防灾。

社会工作强调“人在情境中”的核心逻辑，工作者需要将人的困扰与公共议题加以连接，不仅需要关注微观层面个人的困扰，也需要在宏观层面推动社会问题的解决，回应社会需求。危机背后的社会结构成因以及危机对弱势群体的冲击往往反映社会结构性问题。社会工作参与危机管理有助于了解危机中个人的情况与动态，发挥专业优势，通过社会倡导将微观问题上升到宏观层面，与公共危机中的受害群体一起争取合法权益并进行社会政策倡导，维护社会公平与正义，促进人类社会福祉，这是社会工作的基本价值观和伦理要求。社会学家米尔斯（C. W. Mills）曾经提出一种不断被人们援引的“心智品质”，即“社会学的想象力”。[17]其核心要义在于结构视角和历史视角，即将个人困扰与结构因素、历史进程有机地关联在一起加以考虑，为社会变迁的行动主体提供行动方案。[18]“私人困扰并不只是个人命运的问题，而是和全社会的结构性问题密不可分；社会结构若不发生根本性转变，他们的私人境遇就不可能真正改变。”[17]“社会学的想象力”为人们看待社会现象或理解自身问题提供了一种社会的、历史的视角，这与社会工作传统中强调“人在环境中”的核心理念是相通的。“社会工作的想象力”除了需要将个体、群体放置在特定的历史－社会时空下来理解，还需要通过各种“社会的”方式来促成这种个体困扰与公共议题的连接。若缺乏对个体困扰与公共议题的整合思考，即缺少了社会关怀和对公共议题与社会结构的关注，并不是真正意义的“社会工作”。[19]

由此可见，社会工作在应对个人危机和不确定性，以“全人视角”切入危机管理，在危机中链接与建立社会资源网络以及反思危机背后的社会结构根源方面有其独特的优势。在当下充满危机与不确定性的时代，无论处理个人问题还是公共危机事件，都需要社会工作与危机管理共同应对。

## 三　概念界定和研究方法

### （一）概念界定

罗森塔尔（U. Rosenthal）认为，“危机”是“对一个社会系统的基本价值和行为准则构架产生严重威胁，并在时间压力和不确定性极高的情况下必须对其做出关键决策的事件”。[20]危机事件具有突发性、紧急性、高度不确定性、影响的社会性、非程序化决策的特征。[21]

危机管理则是针对潜在或当前的危机，所做出的预防、处理和消弭危机的行动。[22]基于危机的生命周期，危机管理又可分为准备、预警、处理及恢复四阶段的相应战略。[21]

### （二）研究方法

为了更好地梳理社会工作参与危机管理的国内外经验，我们以“社会工作参与危机管理”“社会工作和危机干预”“社会工作应对公共卫生危机”“社会工作参与灾后救助”等为关键词，在知网数据库、百度学术数据库、新闻网站、微信等网络平台进行搜索。主要收集来自各地政府部门的重要文件、新闻稿、社会工作机构的服务资料、专家学者的言语及学术论文。基于典型性原则，我们选取了近年来国际以及国内社会工作参与应对突发公共卫生事件（包括非典、MERS、新冠肺炎疫情）和各类自然灾害（地震、泥石流、洪灾）的典型案例。

## 四　社会工作参与危机管理的国际经验

社会工作参与危机情况下的应急服务已有较长的历史。美国内战时期社会工作协助退伍老兵处理战争导致的身心创伤和1871年的芝加哥大火、1906年的旧金山地震及大火危机救助服务是社会工作参与危机管理的早期实例。本部分将介绍社会工作参与灾害危机管理的几个经典案例，表1体现了这几个案例的主要特征比较。

表1　社会工作参与危机管理的案例比较

| 模式 | 理念 | 优势 |
|---|---|---|
| 香港地区“抗非典”的高校-社区伙伴关系模式 | 由大学通过教育、研究和专业服务满足社区需求 | 提升学生和教师员工的公民责任感，增强专业实践的价值感和能力 |
| 日本地震防灾救灾的全民互动模式 | 鼓励社会福利组织参与 | 通过地区营造的方式，促进居民沟通和信赖，强化社区重建能力 |
| 韩国MERS中呈现的边缘社群信息沟通需求 | 多文化的信息沟通 | 关注到边缘化社群及信息沟通需求 |

### (一) 香港地区“抗非典”的高校－社区伙伴关系模式

高校－社区伙伴关系模式源于世界各地大学社区参与的传统。这一模式强调由大学通过教育、研究和专业服务满足社区需求，是大学主动承担社会责任的体现，有助于提升学生和教职员工的公民责任感，增强专业实践的价值感和能力。1889 年，芝加哥大学社会工作学院的简 · 亚当斯（Jane Addams）采用睦邻组织运动的理念在芝加哥创立了霍尔馆（Hull House），协助移民融入社会生活，促进社区发展和社会改革，并将相关的经验整合到高等教育课程中。

2003 年非典（SARS）期间，香港理工大学社工系组织招募了护理学院和应用社会科学系的 500 名学生、校友和教职员工，并与香港十个社区、玛嘉烈医院以及一些社会组织合作组建了跨学科的抗非典项目团队。在疫情初期，他们利用社工系社会调查中心的电话设施，组建了情绪支援热线，缓解病患、医务人员的焦虑和压力；在疫情中期，为非典患者的家属以及医务人员的家属提供儿童照顾、家政服务、家庭作业辅导、电话咨询、临时居所及紧急庇护所等服务，组织学生在公交车站宣传 SARS 的信息，由教职工和学生在各区收集市民祝福卡献给医务人员；在疫情后期，培训学生组建了儿童热线，为疫情期间不得返校的小学生提供情绪辅导和有趣的活动，减轻儿童焦虑感，为独居长者提供关怀电访。[23]这一实践一方面体现了社会工作“全人视角”在危机情境中的运用，使此类公共卫生危机的管理不停留于医护层面，更深入地关注到不同群体的社会心理需要；另一方面，也体现了社会工作对弱势社群的关怀，这些弱势社群由于较缺乏资源，更容易受到这些突如其来的危机冲击，而影响正常的生活。

非典疫情结束后，香港中文大学社会工作学系林静雯等学者从反思社会工作教育的角度研究社工学生在非典疫情期间参与专业服务对他们个人和专业价值的影响。该项研究表明，经历危机有助于提升学生对专业的投入、热情以及专业反思。[24]这也提示了危机情境可以激发社会工作学生专业价值审问和专业追求。这是危机管理与社会工作的又一个良好结合点。

### （二）日本地震防灾救灾的全民互动模式

日本的地震灾害管理采取全民互动模式，鼓励社会福利组织参与防灾救灾活动，通过地区营造的方式，促进居民沟通，建立社区居民之间的信赖关系，强化自身重建能力。1995 年阪神地震的救灾工作体现了政府与民间组织的共同参与。在灾害发生后，政府福利机构的社会工作者随工作团队进入灾区了解灾情，评估相关的社会问题的属性、范围和影响程度。社会福利协会的社会工作者承担协调组织志愿者及与民间协会沟通的工作，并前往学校、公园等避难所为儿童开展心理面谈和团体活动。民间组织方面，针对救灾志愿者的需求，Whole Earth 自然学校则为志愿者提供健康福利和卫生管理的服务。[25]日本长足育英会在震后筹建“彩虹之家”为地震中失去双亲的儿童提供心理安慰服务。[26]日本随后推行了“防灾福利社区事业计划”，由地区营造协会联合其他社区团体协助消防局推行灾害防救的宣传、教育与灾害应变演练，拟定防灾地图。[27]日本政府还鼓励各社区组织和居民自主成立防灾救灾市民团体，例如妇女少年或儿童防火俱乐部等[28]。这一措施体现了危机管理的“全过程”介入思路：在预防阶段，将社会服务团体纳入防灾救灾计划，社会团体参与防灾宣传预防工作；在准备阶段，社会工作参与需求评估，在短时间内从心理、社会、社区层面评估服务对象的独特需要。

2011 年东日本大地震后，日本社会福利士（社会工作者）协会在灾区设立“区域综合援助中心”，收集灾区需求，调度社会资源以应对灾区社会福利资源短缺、福利避难所过度入住的情况；日本精神保健福利协会以心理护理队或支援地方自治体的方式开展精神保健福利工作。然而，如何有效协助来自灾区以外地区的护理工作人员、志愿者了解灾区情况，为受灾者提供有效的生活援助仍有待研究。[29]这一实践也反映了关于危机管理中服务在地化的问题，心理支援服务队从各地到达灾区参与救灾服务，但如何使外来专业人员更好地融入社区、从在地的视角思考与满足居民的需要，仍是需要进一步研究的问题。

### （三）韩国MERS中呈现的边缘社群信息沟通需求

在韩国发生中东呼吸综合征（MERS）期间，朴宰弘（Hong-Jae Park）和李奉柱（Bong Joo Lee）两位社会工作学者从自身学科的角度关注到外国居民因语言和社会关系特征造成的边缘化及信息沟通需求。研究团队访谈了22名在韩国经历MERS的外国居民，该项研究发现MERS带来的影响不仅是健康方面的威胁，对于外国居民来说，由于缺乏信息和社会支持，他们难以获得必要的口罩等医疗物资，疫情期间他们大多只是在自己族裔社区寻求自我支持。对于信息的获取，外国居民仅能依靠网络社交媒体获取信息，而这些信息常常带有误导性。MERS流行病传播暴露出在多文化社区外国居民作为边缘社区资源缺乏的问题，从这一经验教训中，研究团队提炼出了社会工作者在疫情期间对外国居民的工作方向。

宏观层面上，社会工作者发挥指引和个案管理的作用，向外国居民提供疫情及其日常生活起居的相关信息和宣传教育。在紧急情况下，具备职业敏感性的社工认识到，由于语言和文化障碍，外国居民可能面临“双重障碍”，无法及时获得有效的照顾和支援，易产生恐慌、焦虑、愤怒、孤独等心理和情绪困扰。社会工作者在减少其社会压力方面发挥作用，例如为非本地居民建立临时媒体，确保外籍群体在公共危机期间也能够得到及时有效的医疗护理、支持和服务。

微观层面上，社会工作者可以识别那些被感染的外国居民，在治疗或隔离过程中帮助他们及其家属。社工采取积极和全面的介入方案与外国居民合作，包括向他们提供日常社会交往、学业辅导、信息咨询等所需服务。社工不但要对外国居民的语言和文化有基本的了解，更要加强自身的知识和技能，以便在公共危机突发的紧急情况下予以实践。[30]

早期在战后、地震、火灾救援中的参与展示出社会工作参与危机管理的悠久历史，而以上所选取的三个近年来社会工作参与危机管理的国际实践案例，则呈现出社会工作社区动员能力、搭建社区沟通互助和培育社区资本的能力以及对多文化问题的敏感度，在危机管理中的独特作用和实践模式。香港地区“抗非典”的高校－社区伙伴关系模式彰显了社会工作学科成立之初睦邻组织运动的传统，体现了社会工作学科对社区的独特关怀和社会责任感，而日本震后的全民互动模式更多体现了社会工作在危机管理中的资源动员和社区培育的专业优势，社会工作学者对韩国 MERS 中呈现的边缘社群信息沟通需求的关注也体现了社会工作在危机管理中对受危机影响的弱势社区的独特关怀。

## 五　社会工作参与危机管理的本土实践

2008 年被国内学者称为“中国灾变社会工作元年”，社会工作专业团队参与汶川地震的灾后重建，成为灾中社区重建的重要力量。2010 年“6·12”江西抚州洪灾灾后援助、“11·15”火灾善后服务、2013 年“4·20”芦山强烈地震灾后援助、2014 年的鲁甸地震灾区社会工作服务支援、2014 年的“12·31”踩踏事件应急服务、2016 年重大自然灾害社会工作支援计划、2019 年 12 月以来的“线上线下”新冠肺炎疫情社会工作等都体现了社会工作参与危机管理的本土实践。综观社会工作参与危机管理的本土实践可归纳为自主介入、制度化嵌入和社会化回归的过程，然而如何使社会工作在做好制度化嵌入的同时保持其独特的社会化要素、专业价值和主体性仍在不断地探索中。

### （一）汶川地震灾后的社会工作自主介入

2008 年社会工作介入汶川特大地震抗震救灾和恢复重建是我国灾害社会工作形成的重要开端。当时在政府和社会层面，对于社会工作如何介入危机情境尤其是灾害情境，并未有明确的认识。灾害之际，在所在地民政部门带领下，上海社工、广州社工、深圳社工进入灾区，分别以基金会、民间组织、高校项目、在灾区建立的社工站或支援体系的身份或形式进入灾后一线提供服务。他们秉持社会工作的职业道德和伦理，运用社会工作专业技巧和方法，在灾害救助、灾后重建中，为受灾群众以及救灾人员提供个案服务、小组服务、社区重建等服务，成为我国第一批灾害社会工作者。[10]

借助汶川地震灾害援助与灾后重建实践平台，国内社会工作界在灾区探索出一些有效的实践模式。例如，陈涛等人[31]将发展性社会工作理念引入灾后实践，探索出社会工作介入灾后重建的社区生计发展模式；张和清[32]将能力建设、增权等理念引入其灾后重建实践中，探索出通向能力建设的助人自助灾害社会工作模式。在这次灾难中，专家和社工们采取摸着石头过河、借鉴多方实践经验的做法，尽管其间积累了宝贵的实践经验，但是在理论范式、服务内容和方式等方面仍然存在不成熟、不全面的问题。然而，当时社会工作介入灾害救援表现出无组织的无序和有组织的无序问题。无组织的无序体现在社会工作在介入初期由于缺乏必要的制度化保障，缺乏组织协调和领导，人力资源和物质资源无序配置；[3]有组织的无序体现在即使救援过程中出现组织行为，但个体行动者在微观行动层面出现了无序的、充满策略性的、相互干扰的合作困境现象。[33]

### （二）自然灾害应对的社会工作制度化嵌入

云南鲁甸地震灾后的社会工作行动及其相应的国家统筹标志着我国灾害社会工作在国家制度化层面嵌入的正式开端。2014 年 8 月 3 日云南鲁甸地震发生，8 月 18 日云南省民政厅社会工作处发布了第一期昭通地震灾区拟建社会工作站数量和社工需求表，以高效、有序地组织灾后社会工作介入。①

9 月 5 日民政部启动了鲁甸地震灾区社会工作服务支援计划，组织北京市民政局、上海市民政局、广东省民政厅、四川省民政厅和中国社会工作协会成立了五支社会工作服务队和一个社会工作督导培训组。这是民政部首次有组织、有计划地实施灾害社会工作服务支援计划，是灾害社会工作制度化

① 资料来源于云南省民政厅社会工作处，http：//www. shehuigongzuozhe. net/shehuigonzuo/zhengceshehuigonzuo/1334. html。

的里程碑。服务队与云南当地社会工作者一起赴云南鲁甸县和巧家县受灾群众较为集中的临时安置点和板房学校，为丧亲家庭、老年人、青少年儿童、残疾人、因灾致贫人群提供心理抚慰、生命教育、关系修复、互助网络建设、社区建设与发展等方面的服务。督导组则由十余名社会工作专家组成，对灾区社会工作服务进行专业督导，对当地干部、社工和志愿者进行培训。①

随后，上海社会工作服务队基于整合社会工作的模式，确立了导向“社区发展”的灾害社会工作服务理念，并制定了《灾害社会工作实务要点手册》。服务手册的制定使相关的服务有规范可循。[34]

2013 年民政部发布《关于加快推进灾害社会工作服务的指导意见》(民发〔2013〕214 号)②，2015 年发布《关于支持引导社会力量参与救灾工作的指导意见》(民发〔2015〕188 号)③ 等文件，体现了国家在制度层面推进社会工作参与危机管理。一些地方政府也相应发布了地方层面关于社会工作参与危机干预的政策。例如深圳光明区在 2015 年 12 月 20 日光明新区凤凰社区恒泰裕工业园发生滑坡灾害后即发布了《关于印发光明新区滑坡灾害社工服务工作方案的通知》，强调社工在危机处理和救灾中的专业作用。④

2016 年 7 月 14 日，民政部启动实施“重大自然灾害与突发事件社会工作服务支援计划”，对盐城特大龙卷风冰雹灾害、部分省市重大洪涝灾害等有关地区开展社会工作支援服务。⑤ 2016 年 7 月为应对洪灾，武汉市民政局组织 6 家社工机构的 30 名社工组建了首支灾害社会工作服务队，湖北省民政厅选派 40 名社工前往受灾点开展服务；而同时，安徽省民政厅成立了安徽洪涝灾害社会工作服务指导部，制定《安徽洪涝灾害专业社会工作介入

---

① 资料来源于中央政府门户网站，http：//www. gov. cn/xinwen/2014 - 09/05/content_2746144. htm。

② 资料来源于中国政府网，http：//www. gov. cn/gongbao/content/2014/content_ 2662000. htm。

③ 资料来源于中国政府网，http：//www. gov. cn/gongbao/2016 -02/29/content_ 5046085. htm。

④ 资料来源于深圳市民政局网站，http：//laws. swchina. org/policy/2015/1224/24857. shtml。

⑤ 资料来源于中国政府网，http：//www. gov. cn/xinwen/2016 -07/14/content_ 5091282. htm。

实施方案》。[35]由此可见，在危机管理自上而下的规划中，社会工作参与正逐渐获得制度化嵌入的行政地位。

### （三）新冠肺炎疫情应对的社会工作社会化回归

新冠肺炎疫情突发后，习近平总书记《在统筹推进新冠肺炎疫情防控和经济社会发展工作部署会议上的讲话》（2020 年 2 月 23 日）中指出“要发挥社会工作的专业优势，支持广大社工、义工和志愿者开展心理疏导、情绪支持、保障支持等服务”。① 3 月 6 日国家卫生健康委办公厅、民政部办公厅发布了《关于加强应对新冠肺炎疫情工作中心理援助与社会工作服务的通知》，明确了社会工作在为患者、隔离人员、一线工作人员提供心理援助上的重要作用。② 这是疫情发生后，国家在制度层面给予社会工作在突发公共卫生事件中的制度化角色定位。

疫情发生初期，民政部有关司局就联合中国社会工作联合会和多家社工行业协会及社工机构编写发布了《社区“三社联动”线上抗疫模式工作导引》（第一版），明确了社会工作机构和社会工作者协调社区工作者做好社区防控，链接心理咨询师和医生等志愿者，组建“社工 + 心理/医务”的线上联合服务模式。③ 武汉抗疫行动中由武汉大学社会学院郁之虹等人组织搭建的武汉“2 + 3”线上社群下沉抗疫模式即是其中的一个服务典型。整合两类专业工作人员（社会工作者、社区工作者）和三类志愿者（医务、心理和群助理）资源，依托微信群，搭建起三级防御机制，为社区居民提供科普、安抚、摸底服务，为居家隔离人士提供指导、咨询、安抚服务，为患者或疑似患者家属提供咨询、跟踪、情绪疏导服务。④

此次疫情社会工作介入体现了社会工作的社会性回归，从原有灾后社区

---

① 资料来源于新华社，http://www.gov.cn/xinwen/2020-02/24/content_5482502.htm。

② 资料来源于卫生健康委网站，http://www.gov.cn/zhengce/zhengceku/2020-03/07/content_5488257.htm。

③ 资料来源于中华人民共和国民政部网站，http://images3.mca.gov.cn/www2017/file/202002/1581232367721.pdf。

④ 资料来源于中社社会工作发展基金会网站，http://www.zsswdf.org/content/2488。

重建、心理援助为主的服务，拓展至更多的社会性面向，包括激发居民和志愿者多方参与共同解决问题的重建社区韧性、通过线上线下服务打破疫情阻隔激活社会联系、关注弱势群体的“数字鸿沟”和生活保障问题、跨专业联合等方面[36]。而在后疫情时代，2020 年 9 月国务院发布了《新冠肺炎疫情防控常态化下治愈患者心理疏导工作方案》①，指出社会工作在疫后心理援助、促进社区融合发展中的重要地位，社会工作通过专项服务关注受疫情影响的弱势群体，通过构建防疫互助网络，增强社区抗风险能力。[36]这是社会工作介入危机管理发挥其社会性的重要回归。

然而，本次社会工作参与抗疫也暴露出一些问题：首先是角色实践问题，突发公共卫生事件对人的身心带来影响，考验医务社会工作者的角色定位和角色适应，[37]也显示出未来需要加强社会工作人才建设，使社会工作具备危机管理方面的专业储备以及危机情境的情感应对能力；其次是行动边缘化问题，社会工作参与危机管理仍以自觉专业行动为主，因为行动不在疫情防控体系中，出现专业行动孤立的问题；[38]再次是缺乏系统参与，社会工作介入危机管理仍主要在危机干预阶段，社会工作者在疫情期间作为“网格化”管理的实践者对社区居民防控情况进行登记、检查、记录以及为受影响人群提供心理疏导或链接物资，未来仍需要进一步提升社会工作在社区健康宣传、联防共治、社区重建等方面的作用，使社会工作真正参与到危机管理的预防、准备、反应、恢复四阶段。

## 六　社会工作介入危机管理的思考

### （一）对社会工作介入危机管理的思考

以上案例反映出社会工作介入危机管理的多重可能，我们将从社会工作介入危机管理思路、情境、内容和体系四个方面（见图 1）加以具体说明。

① 资料来源于中国政府网，http：//www. gov. cn/xinwen/2020 -09/11/content_ 5542586. htm。

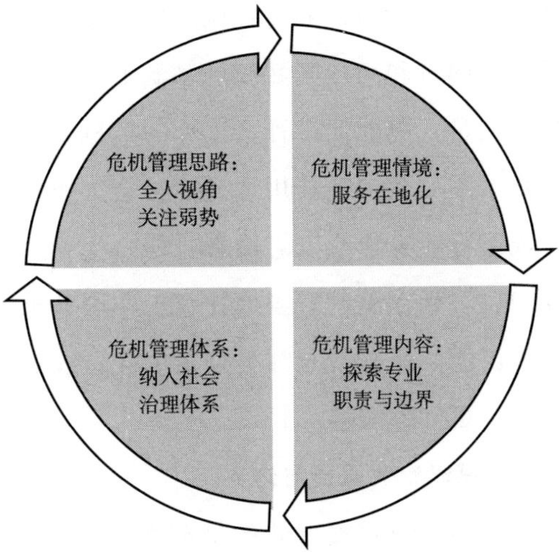


**图 1　对社会工作介入危机管理的思考**

**1. 危机管理思路：全人视角和关注弱势**

社会工作强调全人视角和关怀弱势，有助于拓展传统危机管理中聚焦于病理学的视角和灾害救助专家模式，关注到个体与家庭、社区、社会组织及社会结构之间的关系，能更好地关注危机中个人在经济、政治、社会、文化、环境方面的脆弱性。无论从上述的非典抗疫、韩国 MERS 跨文化弱势还是汶川震后援助、抗击新冠肺炎疫情的社会工作行动中，社会工作都展现出其关注危机情境的弱势群体的全方位需求，包括由于经济利益和政治权力的弱势难以获得资源和机会，生活处境更为恶劣，遭受更多的风险和困难，应对外界冲击能力较弱，社会工作需要特别关注危机中社会弱势群体的处境。

**2. 危机管理情境：服务在地化**

社会工作介入危机管理应重视服务的在地化。灾害的特点、规模和实质性影响需要得到实地评估，灾害社会工作服务的基本经验往往是进行“临场行动 - 改进 - 再临场行动”（improvise，improve，and improvise）。[39] 社会工作者在参与危机管理时，要充分了解当地资源、注重当地文化和当地的优势。社会工作者需要将优势为本与社区为本的思路融入危机管理的行动中，挖掘社区资源，增强社区抗逆力，减少社区因危机带来的边缘化和弱势。社会工作者在与社区居民同行和为社区赋权的基础上，提供风险评估、心理支持、社区教育、社区动员，更能促进社会工作与危机管理情境的切合度，促进服务的在地化。日本震后救灾和汶川地震后社会工作参与救灾行动，各地社会工作服务团体或以行业身份或以志愿者身份自主介入都面临服务在地化的困难。然而，我们也看到在震后对当地社会工作服务机构和项目的培育使服务在地化发展成为可能。抗击新冠肺炎疫情的线上线下社区联动机制也使服务与在地需求获得了更好的链接。

**3. 危机管理内容：探索专业职责与边界**

社会工作能有效弥补传统救灾方式的被动性、消耗性和单一性等不足，日渐成为公共危机事件中不可或缺的角色。然而，当下我国的应急管理系统中尚未明确社会工作者在公共危机突发事件中的角色和职责。社会工作专业服务的可为与不可为，不能仅凭自身的专业热情和常态情境下学习的专业知识就去盲目跟风，盲目参与服务。[13]鲁甸地震之后社会工作参与危机管理进入制度化阶段，从国家层面的制度化与规范化，使社会工作参与危机管理有了更明确的职责和定位。未来如何更好地促进社会工作在具体危机管理情境中发挥作用，仍需要进一步实践与探索。社会工作参与危机管理也面临着制度化嵌入和社会性回归的双重挑战，一方面社会工作的合法性需要体制化的角色和地位，造成社会工作服务需要根据基层政府要求开展服务，这导致社会工作难以实现社区发展、政策倡导和社会变革的专业使命，这正是抗击新冠肺炎疫情社会工作行动中凸显的一个专业困境；另一方面，由于灾害社会工作者、公共卫生社会工作者的缺乏以及制度化层面部门政治的因素，社会工作难以获得在应急管理体系中应有的结构性地位。

**4. 危机管理体系：纳入社会治理体系**

传统的危机管理更多强调政府主导，以行政手段处理危机，通过“自上而下”的管制与命令等行政措施处理危机事件。在危机管理原有体系中引入社会工作，有助于实现公共危机治理体系的多元化。社会工作强调与社区居民同行的“自下而上”的理念，更有助于回应灾民需求，提供社区为本的服务。然而，目前社会工作介入危机管理主要分为两类，一类是“嵌入”政府对口援建的行动中，这类服务基于政府认同与资源支持，社工容易变成派出机构，制约了服务的专业独立性和服务成效；[40]另一类是基于慈善团体自发的社会工作干预行动，则因为临时性，未被纳入社会治理体系的常态运作。此外，社会工作的介入往往停留于事后干预、恢复阶段，在预防、引导阶段的常态工作定位不明确。

在国内突发危机事件中，社会工作常处在被动等待的状态，以“协助不添乱”为原则作为后补队伍，不利于社会工作发挥资源链接协调的作用。例如，在突发公共卫生事件爆发后，在世界卫生组织和发达国家的公共卫生体系中社会工作都有制度化渠道和机制，而我国虽采取综合防控的策略，但以卫健委系统的医疗和公共卫生专业为主导防控，社会工作者则处于社区准行政组织中，作为后备队的替补角色。[41]由于社会工作没有被纳入灾害救助体系、紧急救援条例和重建规划制度，社工介入身份不明、政社合作度不高、信任度低和服务绩效难以彰显。因此，将社会工作纳入危机管理制度体系就成为迫切需要。[42]

当下大部分危机事件中的社会工作介入都是临时应急性的，未被制度化地纳入危机管理体系中。每次遇到重大灾害或突发性的公共事件时，都是通过应急响应，临时招募和组建社工支援团队来介入。未来必须考虑如何将社会工作介入危机管理常态化、制度化，努力培养一支在公共危机发生时就能够组织投入的常备社会工作专业队伍，实现社会工作对公共危机管理体系的有序和有效的介入，使社会工作的优势能在危机管理中得以有效发挥。

### （二）对社会工作教育引入危机干预模块的思考

#### 1. 将危机管理模块引入社会工作教学

正如本文所介绍的，社会工作介入危机管理的常态化与我们通常了解的事后介入存在较大的区别。在我国，目前接受过危机管理方面专业知识和技能培训的社会工作者是非常少的，而且也缺乏这方面的服务经验和外部的专业支撑，可以说，社会工作在应对这种公共危机事件面前是有其局限的。高校课程中关于危机管理的课程内容，多局限于微观个体的危机介入技巧，缺乏“个体－社区－危机管理”等整体系统化的课程设计。

当下社会工作教育在很大程度上集中于传统的人类行为理论、心理健康和组织管理，对如何做好服务在地化、基于情境提供服务的引导较少。部分毕业生或工作者因此过于关注微观技巧，期望用惯常思维例行公事。这种做法在日常服务的范畴可能适用，但在处理危机情境时有可能面临失效的风险。[43]实际上，社会工作需要协助人们应对风险和不确定性，不可能完全按照标准化的规定做出反应，基于复杂情境和个体独特性提供服务。[11]社会工作者应该“放弃他们可以预测风险条件及结果的虚假期望”，“拥抱不确定性和模糊性，并激活这种由不确定性和模糊性释放的潜在创造力”。[44]因此，未来中国社会工作教育应考虑在培养社会工作专业学生的过程中纳入危机管理等相关课程，以满足应对突发公共卫生事件的工作需求。

此外，危机情境中弱势群体更容易遭受不确定性和复杂风险的冲击，社会工作教育需要加强学生“社会工作想象力”思维，对导致个体困扰的社会宏观议题有更深刻的思考，例如住房政策、城市规划和经济发展等社区组织问题的思考，才能使社会工作专业在社会公平和经济正义等方面实现职业理想。

**2. 价值审问**

强烈的专业情怀是社会工作者应对社会困境、社会危机的强大内在动力源泉。社会工作课程强调人文价值，面对真实的危机情境、出现处理生死抉择的迫切需要和行动困境，更容易激发社会工作专业的学生对专业本质的自我反思，促进社会工作学生专业精神和价值观的内化与个性化构建。[12]借鉴在香港抗击非典中积累的经验，社会工作教育者应当借由危机事件的处理，促进学生对专业价值和个人价值的思考，促使学生形成良好的专业价值观和职业使命感。

此外，世界卫生组织在 2016 年发布的 *Guidance for Managing Ethical Issues in Infectious Disease Outbreaks* 中提出，发生公共卫生紧急事件时，工作人员协助社会弱势群体需要特别留意，这一群体“往往面临污名化和歧视，在公共卫生紧急情况下，这种情况会更加严重。工作人员应确保所有个人得到公平和公正的待遇，而不论其社会地位或对社会的价值如何”。① 社会工作人员在参与危机管理的工作中，同样需要保持专业自省，对提供服务的过程进行价值审问，促进公平正义的价值追求在危机管理工作中得以实现。

**3. 自我关怀**

在面对公共危机和灾害事件时，社会工作者需要在密集的情境压力和情感负荷下为不同层面的服务对象提供各种专业服务。社会工作教育需要促进社会工作从业人员自我关怀的能力和技巧。

例如，在疫情发生地，社会工作者本身作为受影响的社区居民，在为服务对象提供服务的同时，还需要处理公共危机给自身带来的恐惧情绪、行动限制，更需要做好自己和家人的防护措施。在新加坡的医院里，社工是受过紧急行为规范训练的跨学科人员，他们本身就是紧急事件或灾难应急响应的一部分。因此，在 SARS 期间，社会工作者被要求做出反应，并事先接受了一些培训，了解在紧急情况下公众应该采取的行动以及一些关键的危机管理和社会恢复任务。[45]新加坡的经验表明，教会社会工作者如何在疫情中做好自我防护，将大大减轻一线医务社工的压力。

澳大利亚的社区心理辅导人员，包括社会工作者在内，都经历过继发性创伤障碍，一直从事创伤人群服务会使社工变得习惯和麻木，这反过来会导致社工在情感上更为脆弱。[46]既然社会工作者与创伤事件的接触难以避免，那么我们要做的不是逃避创伤，而是要认识创伤并加强对它的安全防范和警惕。[47]受过良好训练的专业人员，尤其是接受过创伤知情方面训练的专业人员和有稳定的高质量的督导的专业人员，知道如何更好地预计和处理替代性创伤。[48]

国内对社会工作者心理压力的研究颇少，王雪莲以青年社会工作者为研究对象，认为其心理压力来源于陌生的工作情境、接触不同类型的服务群体、富有创新性工作方式的要求、助人过程力不从心、服务指标量及评估材

---

① 资料来源于世界卫生组织，http：//www. ethics. com. cn/2020/0211/1445. shtml。

料偏多、晋升机制不健全等方面。[49]罗宾（G. Robin）等人运用现象学中焦点小组访谈的方法，阐释了在SARS期间香港儿童医院里医务社工的工作经历，从情感水平和技术水平两个维度分析社会工作者在危机环境中的压力处境。[50]

社工机构层面也应积极探索构建制度化的支持性督导资源，为社工提供应对重压、创伤及个人发展的资源。社会工作教育者可以结合相关的研究和经验，协助社会工作专业学生和从业者在危机和压力情境下处理好替代性创伤造成的情感困境。

### （三）对加强公共危机事件中社会工作行动研究的思考

近年来，社会工作广泛参与到灾害救助、突发公共卫生事件等危机管理中，诸多社会工作理论和干预模式被用于推动灾后恢复及重建。但就整体而言，危机管理与社会工作的研究仍然非常有限。社会工作是以实践为基础的专业，在研究中应当注重社会工作的在地化，通过实践行动研究，对实践中发展出来的工作步骤和模式进行总结，为如何更好解决实务困境提供经验参考。此外，自觉性反思也是行动研究中不可或缺的部分。

自2003年非典以来，我国社会工作参与危机管理的研究在专业化与本土化发展的道路上不断拓展和演进，取得了一系列成就：一是研究成果不断积累。2000年以前，我国公共危机社会工作相关的研究文献只有寥寥几篇，而现在获得较大进展并受到了学界的关注，呈现出了较强的学术发展态势。二是研究领域不断深化，从公共危机与社会工作的关系拓展到具体实践中的困境探索和路径研究。

虽然取得了一定的成绩，但当前公共危机事件中社会工作行动研究依然存在以下局限与不足：一是研究成果仍然较为匮乏，且多集中于灾害与公共卫生领域，缺乏对公共危机的整体认知和社会工作介入危机管理系统分析成果。二是研究成果一般在灾害发生之后集中发表，多为公共危机事件后的经验总结，缺乏对学科的体系建设。目前关于处理危机事件的社会工作研究，大多为功能主义取向，强调问题个体化，主张运用科学的知识和方法解决

“服务对象”问题，停留于“修修补补”的社会工作。三是对国内地方性的公共危机事件工作经验分享得多，但缺乏对于具有同质性问题、群体及其场域的服务经验的总结和提炼。

未来的研究可从以下几个方面发展：一是能够有更多证据为本的行动研究，总结提炼本土服务模式并开展示范推广；二是吸收国外危机服务经验，形成本土研究框架体系，形成本土危机管理研究的学术共同体；三是提升实践服务的核心能力，建设专业研究队伍；最后要构建本土学科话语体系，提升学科地位和话语权。

## 参考文献

[1] 陈涛. 灾害社会工作的概念厘清［J］. 中国社会工作，2018（16）：16.

[2] 卫小将. 公共危机治理现代化中的社会工作研究［J］. 中国特色社会主义研究，2020（1）：32－37.

[3] 谭祖雪，周炎炎，杨世箐. 灾后重建中的社会工作：角色状况及其影响因素——以都江堰等5个极重灾区的调查为例［J］. 华东理工大学学报（社会科学版），2009（3）：21－26＋124.

[4] T. Wan. Emotion Governance and Practice Resilience in the Reflexive Modernity: How Community Social Workers in A Low－risk Chinese City Work with People from Wuhan［J］. Qualitative Social Work, 2020, 20（1－2）: 323－330.

[5] 张和清. 灾难的社会根源与灾害社会工作［J］. 开放时代，2011（10）：26－35.

[6] M. Tavormina & L. Clossey. Exploring Crisis and Its Effects on Workers in Child Protective Services Work［J］. Child & Family Social Work, 2017, 22（1）: 126－136.

[7] C. John. An Analysis of Crisis Management by Mental Welfare Officers［J］. The British Journal of Social Work, 1971, 1（1）: 27－37.

[8] E. Salman, A. Futiem, S. N. Al'Uqdah, J. A. Bawalsah. School Crisis Management Planning［J］. Children & Schools, 2020, 42（4）: 208－215.

[9] 周利敏. 公私协力：非协调约束下公私灾害救助困境的破解［J］. 中国地质大学学报（社会科学版），2009，9（2）：78－82.

[10] 刘斌志. 我国灾害社会工作者能力建设：历史经验、核心指标与人才战略［J］. 华北理工大学学报（社会科学版），2019（5）：10－15.

[11] N. Parton. Risk, Advanced Liberalism and Child Welfare: The Need to Rediscover

Uncertainty and Ambiguity [J]. British Journal of Social Work, 1998, 28 (1): 5-27.

[12] T. T. F. Leung, C. M. Lam, H. Wong. Repositioning Risk in Social Work Education: Reflections Arising from the Threat of SARS to Social Work Students in Hong Kong during their Field Practicum [J]. Social Work Education, 2007, 26 (4): 389-398.

[13] 文军. 疫情防控中的社会工作：可为与不可为 [J]. 社会工作, 2020 (1): 12-15.

[14] 陈虹霖, 张帆. 灾害社会工作的经验探索及本土化思考 [J]. 社会建设, 2019, 6 (5): 50-57.

[15] 方舒. 风险治理视角下社会工作对突发公共事件的介入 [J]. 学习与实践, 2014 (4): 108-113.

[16] 郝柱, 万江红. 系统视角下的灾害社会工作 [J]. 社会工作下半月 (理论), 2008 (10): 19-21.

[17] C. 赖特·米尔斯. 社会学的想象力 [M]. 北京：北京师范大学出版社, 2016.

[18] 赵万林. 共在与信任："社会工作的想象力"的基本内涵与实践意义 [J]. 宁夏社会科学, 2020 (2): 128-134.

[19] 雷杰. 专业化，还是去专业化？——论我国社会工作发展的两种话语 [J]. 中国社会工作研究, 2014 (11): 25-40.

[20] U. Rosenthal, M. T. Charles, P. Hart. Coping with Crises: The Management of Disasters, Riots and Terrorism [M]. Springfield: Charles C. Thomas, 1989.

[21] 薛澜, 张强, 钟开斌. 危机管理：转型期中国面临的挑战 [J]. 中国软科学, 2003 (4): 6-12.

[22] 张成福. 公共危机管理：全面整合的模式与中国的战略选择 [J]. 中国行政管理, 2003 (7): 6-11.

[23] A. W. K. Yuen-Tsang, T. B. K. Tsien-Wong. Universities and Civic Responsibility: An Actualisation of the University-community Partnership Model through the Anti-SARS Project in Hong Kong [J]. Asia Pacific Journal of Social Work and Development, 2004, 14 (1): 19-32.

[24] C. M. Lam, H. Wong, T. T. F. Leung. Impacts of SARS Crisis on Social Work Students — Reflection on Social Work Education [J]. The Hong Kong Journal of Social Work, 2012, 38 (1/2): 93-108.

[25] 李娟. 日本的防灾抗灾机制与灾害救助中的社会工作 [J]. 社会工作, 2010 (19): 53-55.

[26] 刘斌志. 震后儿童社会工作的日本经验与本土思考 [J]. 社会工作, 2008 (15): 10-11.

[27] 刘斌志. 国外防灾社区建设的经验与启示 [J]. 城市发展研究, 2009, 16 (12): 118-124.

[28] 刘爱华, 刘海燕. 中美日突发公共事件应急管理机制的比较研究. 工业安全与环保, 2010 (9): 4-6.

[29] 白泽政和．应对地震灾害的社会工作的方法与开发——借鉴阪神淡路大地震、中越大地震、东日本大地震的经验教训［J］．社会工作，2012（4）：9－14.

[30] H. J. Park，B. J. Lee. The Role of Social Work for Foreign Residents in An Epidemic：The MERS Crisis in the Republic of Korea［J］. Social Work in Public Health，2016，31（7）：656－664.

[31] 陈涛，陈锋，王小兰．震后社区生计项目实践与发展性社会工作的探索——绵竹青红社工服务站的经验及反思［J］．社会工作（学术版），2011（2）：14－18＋24.

[32] 张和清．社会转型与社区为本的社会工作［J］．思想战线，2011，37（4）：38－39.

[33] 马伊里．有组织的无序：合作困境的复杂生成机理［J］．社会科学，2007（11）：75－82.

[34] 文军，吴越菲．灾害社会工作的实践及反思——以云南鲁甸地震灾区社工整合服务为例［J］．中国社会科学，2015（9）：165－181.

[35] 马晓晗．洪涝灾害来袭，专业社工如何直面［J］．中国社会工作，2016（22）：15－17.

[36] 郑广怀，孟祥哲，刘杰．回归社会性：社会工作参与新冠肺炎疫情应对的关键议题［J］．社会工作与管理，2021（2）：6－14.

[37] 彭雁楠，吴晓慧，沈宜君，等．社会角色理论下医务社会工作者在新冠肺炎防控中的实践［J］．中国社会工作，2020（9）：12－16.

[38] 徐选国．专业自觉与体系之外：社会工作介入新冠肺炎疫情初期防控的双重逻辑及其反思［J］．华东理工大学学报（社会科学版），2020，35（159）：16－26.

[39] M. E. Puig，J. B. Glynn. Disaster Responders：Across－cultural Approach to Recovery and Relief Work［J］. Journal of Social Service Research，2003，30（2）：55－66.

[40] 周利敏．大陆灾害社会工作实务反思与本土化启示——基于四川5·12大地震以来的实务经验［J］．广州大学学报（社会科学版），2014，13（6）：25－32.

[41] 郭伟和．跨专业联合防控新冠病毒疫情：问题界定、专业权威和干预能力问题［J］．社会工作，2020（1）：60－69.

[42] 柴定红，周琴．我国灾害救援社会工作研究的现状及反思［J］．江西社会科学，2013（3）：190－194.

[43] 吴越菲，文军．从社区导向到社区为本：重构灾害社会工作服务模式［J］．华东师范大学学报（哲学社会科学版），2016（6）：101－110.

[44] C. Smith. Trust and Confidence：Possibilities for Social Work in "High Modernity"［J］. British Journal of Social Work，2001，31（2）：287－305.

[45] A. Rowlands. Medical Social Work Practice and SARS in Singapore［J］. Social Work in Health Care，2007，45（3）：57－83.

[46] H. Glover. Emotional Numbing：A Possible Endorphin－mediated Phenomenon Associated with Post－traumatic Stress Disorders and Other Allied Psychopathologic States［J］. Journal of Traumatic Stress，1992，5（4）：643－675.

[47] 理查德·英格拉姆，伊恩·巴伦，张骁健．社会工作与替代性创伤：情感卷入的风险与机遇［J］．社会建设，2018，5（2）：45－53.

[48] I. Barron, G. Abdallah, U. Heltne. Randomized Control Trial of Teaching Recovery Techniques in Rural Occupied Palestine: Effect on Adolescent Dissociation [J]. Journal of Aggression, Maltreatment & Trauma, 2006, 25 (9): 955－973.

[49] 王雪莲．浅谈青年社会工作者心理压力［J］．社会工作，2012（7）：45－47.

[50] R. E. Gearing, M. Saini, T. McNeill. Experiences and Implications of Social Workers Practicing in A Pediatric Hospital Environment Affected by SARS [J]. Health & Social Work, 2007, 32 (1): 17－27.

# Crisis Management and Social Work: International Experience and Local Practice

Liu Ying　Zhong Jinxian

**Abstract**: Dealing with risk and uncertainty is an issue that crisis management and social work need to respond to together at the moment. By analyzing the practice of social work participating in crisis management at home and abroad (such as the university community partnership mode of "anti-SARS" in Hong Kong, the national interaction mode of disaster prevention and relief in Japan, the information communication needs of marginal communities presented in MERS in South Korea, the spontaneous social work intervention after Wenchuan earthquake, the institutionalized embedding of social work in response to natural disasters, and the socialization of social work in response to COVID－19), this article discusses the ideas and difficulties of integrating social work in crisis management. At the practical level, this article puts forward the idea of introducing the holistic perspective of social work into crisis management, enhancing the localization of social work in crisis management, exploring professional responsibilities and boundaries, and bringing social work into the social governance system of crisis management. Moreover, about social work education, this article suggests introducing crisis management module into social work teaching, stimulating students' interrogation of professional value through crisis situations, and facilitating students' abilities of self-care in crisis situation. Finally, suggestions for future social work action research are also discussed.

**Keywords**: Social Work; Crisis Management; Public Health Emergency; Disaster Social Work

风险灾害危机研究第十四辑
第 44—80 页


# 公共管理视角下的应急管理研究（2011～2020）：国际进展与启示*

张晓君　申杨敏　王伟桥**

**摘　要**：突发公共事件应急管理已经成为国内外公共管理领域研究的热点。本文梳理了 2011～2020 年社会科学引文索引（SSCI）收录的公共管理学科期刊中以应急管理为主题的论文，采用定性和定量方法相结合开展分析，旨在描述该领域研究现状和发展趋势，为今后的研究方向提供参考。分析结果表明：受疫情影响，公共卫生事件应急管理研究成果最多，冲突型事件和自然灾害事件应急管理次之；案例研究的论文占据多数；多主体合作、媒体的运用和社会（区）韧性成为研究者关注的热门话题；与疫情相关的议题仍然会是将来一段时间内的研究热点；协作治理、大数据和韧性研究可能成为未来应急管理研究的重要议题。

**关键词**：应急管理；公共管理；国际文献

---

* 基金项目：本文系教育部哲学社会科学研究重大课题攻关项目“我国社会治理体系构建及其运行机制研究”（项目编号：16JZD026）、2020 年福建省中青年教师教育科研项目“基于社交媒体大数据的城市灾害防治研究”、福州大学科研启动经费项目“疫情社会治理研究”（项目编号：GXRC202001）的阶段性研究成果。

** 作者简介：张晓君，福州大学经济与管理学院副教授、硕士研究生导师、管理学博士，南京大学社会风险与公共危机管理研究中心博士后，福建省应急管理研究中心副研究员，主要研究方向为应急管理、社会治理等；申杨敏，福州大学经济与管理学院硕士研究生，主要研究方向为应急管理等；王伟桥，福州大学经济与管理学院硕士研究生，主要研究方向为应急管理、公共政策等。

# 一 引言

近十年来，新冠肺炎疫情蔓延、澳大利亚丛林大火、非洲蝗灾、印尼洪水、东日本大地震等各类灾害频发，给世界各国人民带来严重影响与难以抚平的创伤，各国政府治理也面临着严峻的挑战。如何通过有效的治理应对危机，从危机中恢复成为各国政府关注的重要议题。2018 年我国组建应急管理部，2019 年中共中央政治局就我国应急管理体系和能力建设进行第十九次集体学习，尤其是此次新冠肺炎疫情防控使党和政府更加深刻体会到应急管理体系和应急管理能力建设是国家治理体系和治理能力现代化的重要组成部分。2020 年，公共管理学科做出积极回应，将应急管理增设为二级学科，这标志着应急管理今后将成为公共管理学科的重要研究领域。

该领域内的国内学者在国际刊物发表论文上取得了突破性进展，在 15 本刊物中都有成果发表，其中不乏公共管理领域影响因子排名较为靠前的《公共管理评论》（*Public Management Review*）、《公共行政管理评论》（*Public Administration Review*）、《气候政策》（*Climate Policy*）、《政策科学》（*Policy Sciences*）、《规章与治理》（*Regulation & Governance*）和《政策与社会》（*Policy and Society*）等重要刊物。国内学者发文数量也达到了 33 篇，排名第五，少于美国（315 篇）、英国（49 篇）、澳大利亚（47 篇）和荷兰（36 篇），但是文献的中介中心性只有 0.08，排名第六（见表 1）。

**表 1 样本文献的国家发文数量排名**

单位：篇

| 排名 | 国家 | 发文数量 | 中介中心性 |
|---|---|---|---|
| 1 | 美国（USA） | 315 | 0.45 |
| 2 | 英国（England） | 49 | 0.10 |
| 3 | 澳大利亚（Australia） | 47 | 0.08 |
| 4 | 荷兰（Netherlands） | 36 | 0.11 |
| 5 | 中国（China） | 33 | 0.08 |

续表

| 排名 | 国家 | 发文数量 | 中介中心性 |
|---|---|---|---|
| 6 | 加拿大(Canada) | 26 | 0.03 |
| 7 | 德国(Germany) | 21 | 0.04 |
| 8 | 苏格兰(Scotland) | 21 | 0.19 |
| 9 | 土耳其(Turkey) | 18 | 0.06 |
| 10 | 韩国(Republic of Korea) | 17 | 0.00 |

可见，国内学者在应急管理领域的研究还有很大的进步空间，在国际话语权和影响力方面都有待进一步加强。为此，有必要对前期的研究进展做阶段性梳理。评述近十年国际研究有助于了解应急管理国际领域关注的研究热点和重点、采用的研究方法等，也可以发现该领域目前有待进一步拓展的空间，分析未来的研究趋势和方向。

## 二　数据与方法

本文采用了“灾害类型 - 研究主题”的分析框架，利用文献计量和知识图谱可视化等方法，分析了公共管理视角下应急管理研究领域发展的趋势和特点。本文筛选相关文献的流程和标准以及数据处理的步骤如下。

第一步：选取期刊。本文根据“期刊引用报告”（*Journal Citation Reports*，*JCR*）获取了“政策分析与管理杂志”（*Journal of Policy Analysis and Management*）、“欧洲公共政策杂志”（*Journal of European Public Policy*）、“政策科学”（*Policy Sciences*）等48个专业研究方向为“公共行政管理”（*Public Administration*）的上榜期刊（以2019年JCR榜单为依据）。

第二步：检索文献。检索数据来源于科学网（Web of Science）数据库，以“风险”（Risk）、“突发事件”（Emergency）、“危机”（Crisis）、“灾害（难）”（Disaster）为主题词与期刊名称并联在科学网核心合集数据库中进行检索。检索式为“主题 = ［‘突发事件’或‘风险’或‘危机’或‘灾害（难）’］且出版物名称 = ‘48个期刊名称’且文献类型 = 研究型文章或

综述且时间跨度 =2011 －2020”①，时间截止于2020年9月30日，共检索收集2587篇期刊文献。

第三步：清理数据。所获文献题录通过文献管理工具（Zotero）对文献进行统一标准格式化，进行数据清洗。首先，删除重复发表文献和摘要字段缺失文献；再通过对文献标题和摘要的阅读，删除了与主题不相关的文献，经过筛选后最终得到618篇文献作为本文的文献分析数据源。

第四步：分析现状。根据筛选后的文献，利用文献计量和可视化方法从年代分布、事件类型和研究主题三个方面呈现应急管理研究的知识图谱，细读和精读重点文献，对文章进行梳理，分析该领域的研究进展与现状。

第五步：总结拓展。在现状分析基础上进一步研究应急管理领域的研究主题的热点与趋势。最后，通过对关键词进行时区路径演化分析来探寻未来研究的发展方向。

## 三　公共管理视角下应急管理的研究进展

在过去的十年中，应急管理受到了越来越多的关注，本文从论文的年代分布、研究事件类型和研究主题演进三个方面展示其研究进展。

### （一）年代分布

从应急管理研究数量的变化趋势来看（见图1），近十年应急管理研究发文量呈现波动趋势，并随着一定时期的重大应急管理事件出现短期的大幅上升。2012～2019年发文量在60篇/年上下波动。由于理论研究的滞后性与重大事件的特殊性，一些发生概率小、影响范围广的重大灾害事件会在其发生之后的一段时间被广大学者反复研究。因此，2011年左右以2005年发生的卡特里娜飓风为核心事件和2020年以新冠肺炎疫情为核心事件在近十

① 原检索式为“主题 =（‘emergency’ OR ‘risk’ OR ‘crisis’ OR ‘disaster’）AND 出版物名称 =‘48个期刊名称’ AND 文献类型 = Article OR Review AND 时间跨度 =2011 －2020”。

年应急管理研究发文量中占据两个峰值，且对新冠肺炎疫情的研究在未来的一段时间仍会成为主流。

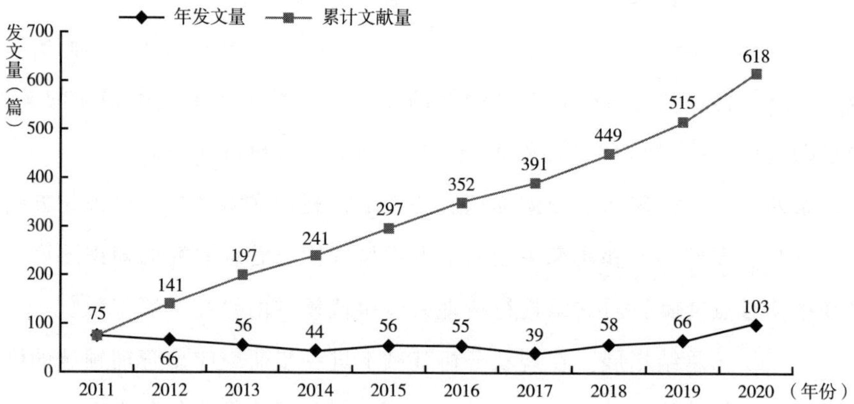


**图 1　2011 ~ 2020 年公共管理类 SSCI 刊物应急管理研究发文量**

图 2 汇总了文献样本中期刊发文量前十名的年度分布情况。2011 ~ 2022 年，发文最多的期刊是《国土安全与紧急情况管理杂志》（*Journal of Homeland Security and Emergency Management*）168 篇；其次是《美国公共行政管理评论》（*American Review of Public Administration*）52 篇和《行政与社会》（*Administration & Society*）33 篇。虽然十年间《国土安全与紧急情况管理杂志》发文总量占据第一，但其年发文量呈现出逐渐下降的趋势；而《美国公共行政管理评论》在十年间发文量在逐步上升，尤其在 2020 年的发文量是 2019 年的三倍多，其他期刊的年发文量则在一定范围内波动，没有明显的增加或减少。

### （二）研究事件类型

按照易卜拉欣 – M – 沙鲁（I. M. Shaluf）、法哈鲁 · 拉齐 · 艾哈迈得姆（F. Ahmadum）等人[1]的分类和对关键词聚类分析后，本文将公共危机事件分为六类：自然灾害类、事故灾难类、经济危机类、公共卫生事件类、冲突型事件类和其他类。其中，经济危机主要指由政府部门主导，对大型经济灾

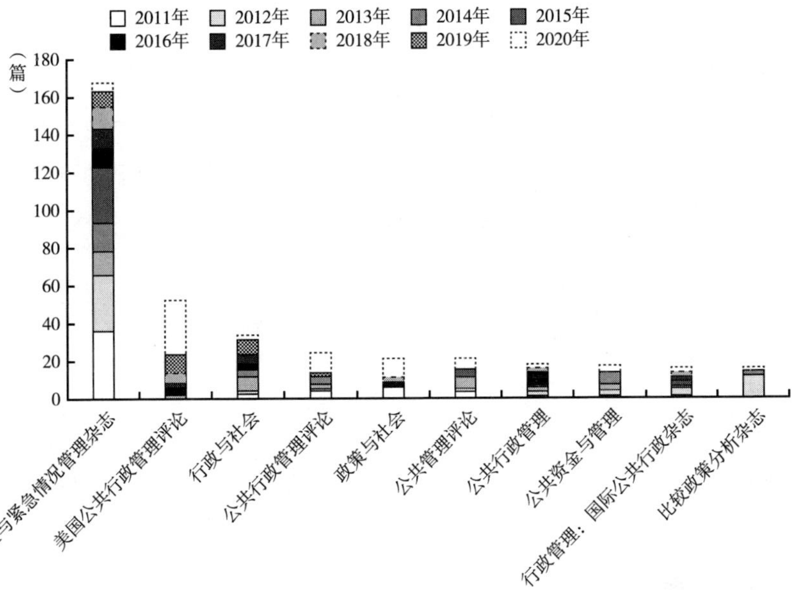


**图 2　2011～2020 年公共管理类 SSCI 刊物应急管理研究发文量（前十名）**

难进行全方位、多维度的处理。其他类是指一些不便于分类的危机按主题进行分析。综合 2011～2020 年发文量来看（见图 3），自然灾害类 110 篇，占比 17.8%；事故灾难类 37 篇，占比 5.99%；经济危机类 59 篇，占比 9.55%；

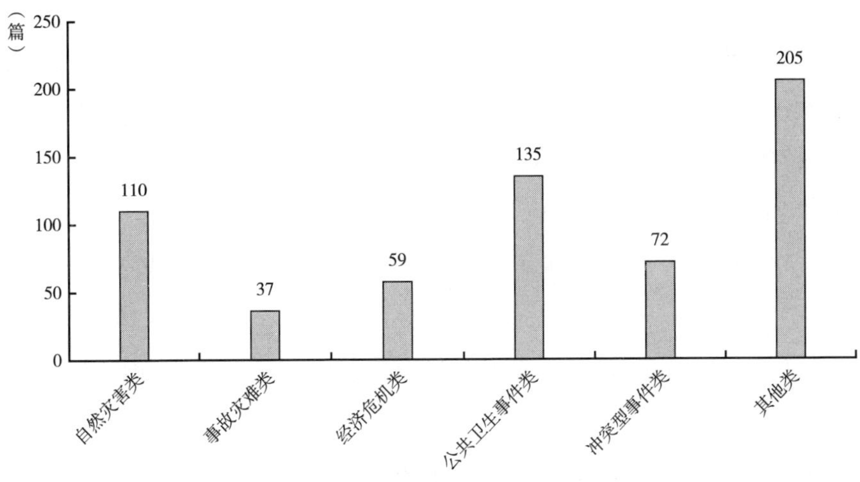


**图 3　2011～2020 年公共管理类 SSCI 刊物应急管理研究发文量（分事件类型）**

公共卫生事件类 135 篇，占比 21.84%；冲突型事件类 72 篇，占比 11.65%。

根据年发文数量（见图 4）可以发现：公共卫生事件类和冲突型事件类发文量呈上升趋势；经济危机类和其他类发文量呈较为明显的下降趋势；自然灾害类和事故灾难类发文量变化总体不大。

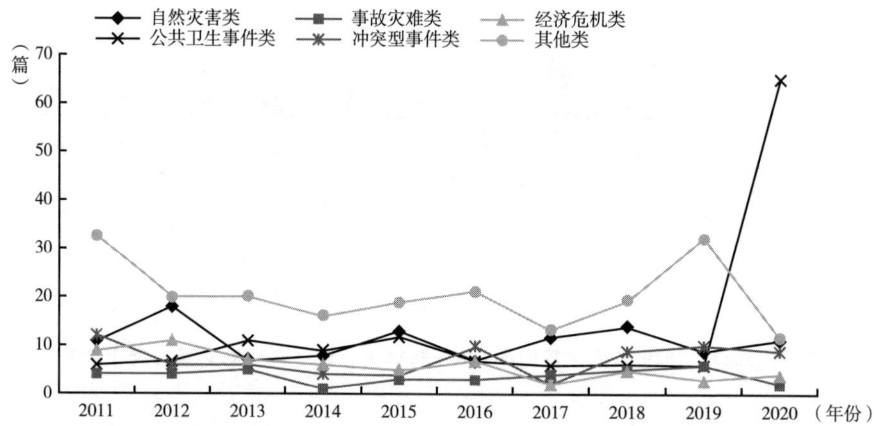


**图 4　2011～2020 年公共管理类 SSCI 刊物应急管理研究发文量变化趋势**

## （三）研究主题演进

关键词是论文内容的高度概括，通过规范化的关键词共现网络分析可以快速锁定当前应急管理研究的关注热点和主题类别。通过 COOC 软件和 VOS viewer 软件对纳入本研究的 618 篇论文样本进行关键词的共现网络分析，其关键词共现知识图谱详见图 5。图中每个节点代表一个关键词，节点的大小反映该关键词出现的频次高低，节点越大说明出现的频率越高，如“应急管理”（Emergency Management）、“新冠肺炎”（COVID－19）、“危机管理”（Crisis Management）等节点较大，说明这些关键词在应急管理研究领域中出现的频次较高，即意味着其研究热度也相对较高。通过分析并整理发现，出现频次最高的前五位分别是：“应急管理”（Emergency Management：69 次）、“新冠肺炎”（COVID－19：36 次）、“危机管理”

（Crisis Management：33 次）、“国家安全”（Homeland Security：18 次）和“韧性”（Reslience：17 次），前十名的高频关键词见表 2。

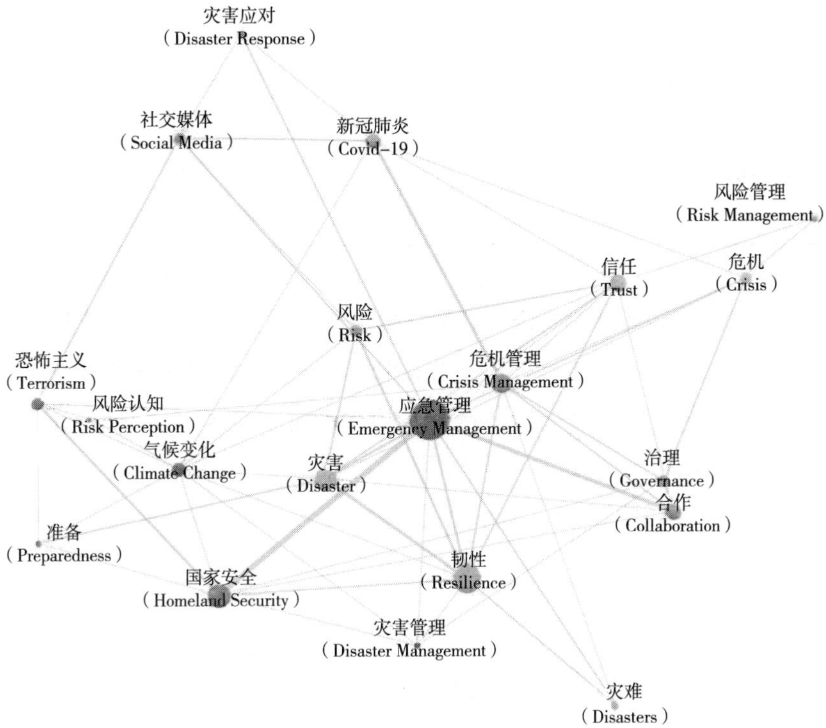


**图 5　关键词共现分析**

**表 2　高频关键词频次统计（前 10）**

| 关键词 | 频次 |
|---|---|
| 应急管理(Emergency Management) | 69 |
| 新冠肺炎(COVID－19) | 36 |
| 危机管理(Crisis Management) | 33 |
| 国家安全(Homeland Security) | 18 |
| 韧性(Resilience) | 17 |

续表

| 关键词 | 频次 |
| --- | --- |
| 治理(Governance) | 16 |
| 灾害(难)(Disaster) | 15 |
| 恐怖主义(Terrorism) | 15 |
| 危机(Crisis) | 14 |
| 合作(Collaboration) | 13 |
| 社交媒体(Social Media) | 13 |

基于关键词共现知识图谱的聚类分析可以快速呈现国内外应急管理领域的研究热点，本文通过信息可视化分析软件（COOC）对本研究选取的618篇研究论文的关键词共现知识图谱进行聚类分析（见图6），将关键词自动生成了四个类别（见表3）。

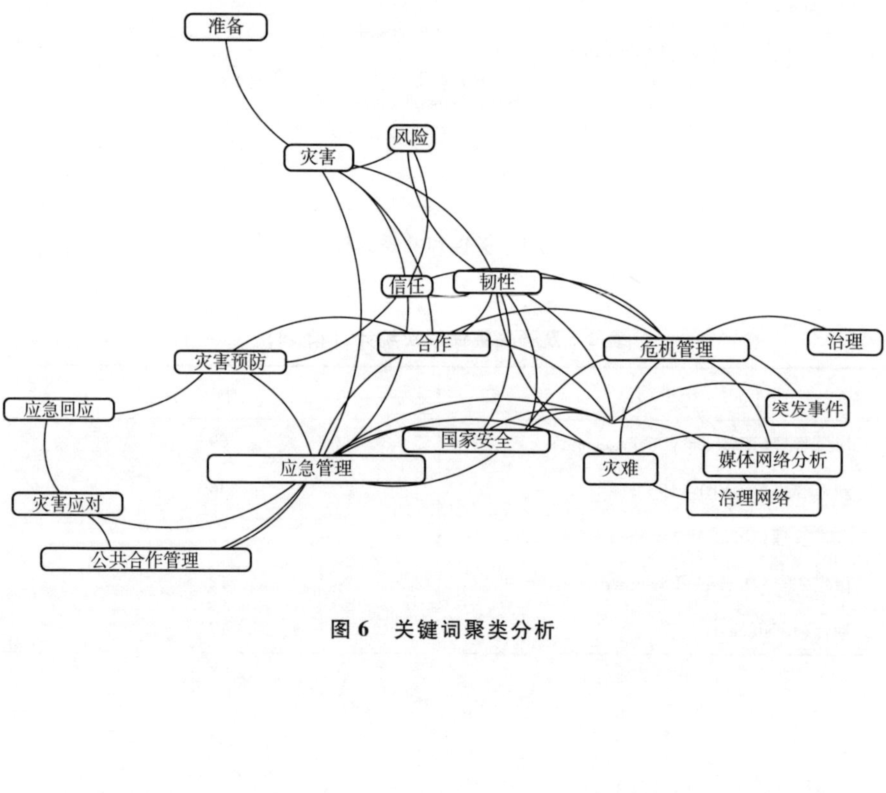


图6 关键词聚类分析

表 3 关键词聚类分析

| 类别 | 关键词 |
| --- | --- |
| 气候变化<br>国家安全<br>应急准备等 | 气候变化(Climate Change),灾害管理(Disaster Management),国家安全(Homeland Security),准备工作(Preparedence),风险认知(Risk Preception),恐怖主义(Terrorism) |
| 合作<br>协作治理<br>信任等 | 合作(Collaboration),危机管理(Crisis Management),治理(Governance),风险管理(Risk Management),信任(Trust) |
| 新冠肺炎疫情与政府应对 | 新冠肺炎(COVID－19),灾害回应(Disaster Response),应急管理(Emergency Management),社交媒体(Social Media) |
| 韧性 | 灾害(难)(Disaster),韧性(Resilience) |

除表示“灾难”“危机”等相同意思的词外，聚类后四个类别的关键词主要包含四个方面的内容：①气候变化、国家安全、应急准备等内容；②合作、协作治理、信任等内容；③新冠肺炎疫情与政府应对；④韧性。这为后文关于研究主题的分析提供了重要依据。

路径演化分析是指对每一年研究热点的关键词进行一个路径分析，以此来看出研究领域的热点研究趋势。本文运用软件（COOC）对关键词进行了演化路径分析，得到图 7。从出现的年份和排名综合来看，2011～2020 年，每年的集中的关键词都不一样，分别是：“应急管理”（Emergency Management）、“社交媒体”（Social Media）、“合作”（Collaboration）、“减少灾害风险”（Disaster Risk Reduction）、“合作治理”（Collaborative Governance）、“适应”（Adaption）、“中国”（China）、“洪水”（Flooding）、“灾后复原”（Disaster Recovery）和“新冠疫情”（COVID－19）。通过这些关键词可以发现大部分的研究重点在于“应急管理”，随着时间的推移，研究重点逐步体现在“韧性”“合作”等。2019 年底突袭而至的新冠肺炎疫情使“新冠肺炎”成为近两年的研究热点。结合表 2 高频关键词统计和图 7 关键词演化路径来看，“合作”“韧性”“社交媒体”和“新冠肺炎”等仍是现在和将来学术界研究的主流热点。

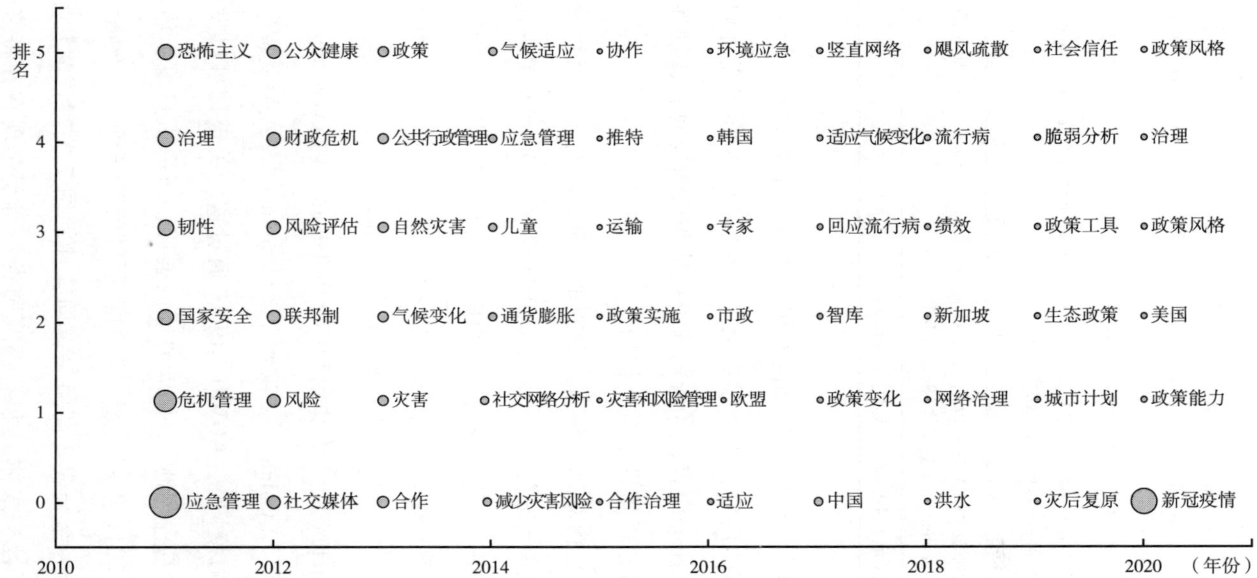


**图 7　2010～2020 年关键词演化路径**

注：图中圆圈越大代表关键词在相关文献中出现的频次越高。

## 四　公共管理视角下应急管理研究的知识图谱

知识图谱以可视化的分析方式让我们直观了解近十年来应急管理领域的研究热点和未来研究趋势。根据灾害类型，结合对重点文献的阅读，笔者对文献进行了梳理。

### （一）自然灾害类

经过人工筛选，本文得到了110篇与自然灾害相关的文章，同时对文章的关键词进行聚类分析，得到图8。由于聚类图谱中关注的灾害仅有“卡特里娜飓风”，于是根据灾害类型进一步细分，发现飓风、台风等风暴的相关研究论文有35篇，洪水研究论文23篇，地震及地震引发海啸相关研究论文18篇（见表4）。可以发现目前关于自然灾害的研究主要集中在以下几个方面。

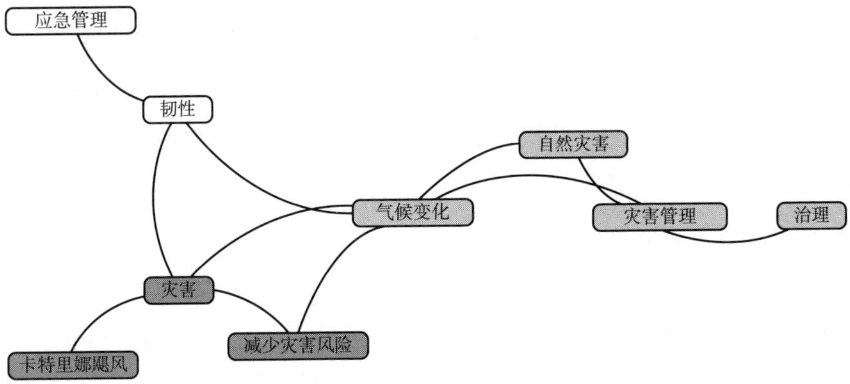


**图8　自然灾害类文献关键词聚类分析**

**表4　自然灾害类型研究数量**

单位：篇

| 灾害类型 | 飓风、台风等风暴 | 洪水 | 地震及地震引发海啸等 | 森林野火 | 气候变化 | 其他 | 合计 |
|---|---|---|---|---|---|---|---|
| 文章数量 | 35 | 23 | 18 | 9 | 13 | 12 | 110 |

#### 1. 飓风（台风）等风暴相关研究

总的来看，对飓风、台风等风暴的研究主要围绕网络治理与组织间合作、信息传递和面对飓风（台风）等风暴的疏散行为三个方面展开。其中，科利巴（C. J. Koliba）[2]、戴维斯（G. L. Davis）[3]、约翰森（M. S. Johansen）[4]等人将治理网络和组织间合作的有效性视为其关注的重要议题，包括规划的有效性、组织网络的有效性以及协作网络和灾害准备对于组织绩效的影响等。一些研究关注了组织绩效的改进问题，比如荣格（K. Jung）[5]、卢亚楠（Y. N. Lv）[6]等人研究发现通过组织网络互动、地方政府与非政府组织合作等可以降低协作的交易成本。在信息传递方面，嵌入关系网络中成员之间的互动模式[7]、社交网络、语言、理解问题、警笛含糊不清、误报、龙卷风跟踪、当地商业行为、警告特异性和文化神话等[8]将影响信息传递的有效性，通过媒体和技术共享有利于提高灾害信息的传递有效性[9]。威尔逊（M. T. Wilson）[10]的研究发现确保风暴安全的主要方法之一是疏散，并且领导者对疏散灵活性的渴望、对弱势群体的道德义务以及应急管理社区的专业精神可以推动沿海风暴应急管理的创新。梁伟（W. Liang）[11]、奥基诺米（N. Aoki）[12]发现计划被认为是面对飓风（台风）等风暴时疏散策略的实用工具，曲秀丽（X. L. Qu）等人[13]的研究表明有效的应急疏散计划有助于预测自然灾害并减少灾害可能造成的潜在损害和损失。

**2. 洪水相关研究**

关于洪水的研究涉及了多个方面，包括国家、政府以及公民的洪水灾害响应行为。尤其是一些研究认为，气候变化与洪水有直接或间接的联系，奥贡波德（C. A. Ogunbode）等人[14]通过研究发现对洪灾受害者的支持应不仅限于解决情感、物质和财政压力，还包括承认气候变化的参与，并传播采取行动应对未来气候风险的知识。面对复杂的气候变化，伯仁（A. Van Buuren）[15]等人认为适应办法（可根据情况变化进行调整）是处理洪水灾害及其影响和相关风险的一系列不确定因素所必需的。格拉克（A. K. Gerlak）[16]的文章指出跨国网络的协同运作，将科罗拉多河三角洲地区的跨界水治理向更具参与性和科学化的治理转变。威特曼（S. Wittmann）等人[17]通过分析整个洪水的治理结构以及洪水的管理方式，采用混合治理结构确定了若干挑战和改进领域，这将有助于成功管理未来的灾害。莫特（M. Mort）等人[18]的研究发现公民行为（洪水宣言和儿童为倡导这些宣言而采取的步骤）强调儿童和青少年作为洪水行动者的能力，而不是洪水受害者的能力，对洪水治理有一定的作用。

**3. 地震和海啸相关研究**

在一些研究中，地震和海啸常同时作为灾害情境一同出现，这可能与地震时常引起海啸相关。尤其是保乐斯（G. Boulos）[19]等人对2004年苏门答腊大地震和海啸的研究发现，每个主要海洋都建立了海啸预警系统，为应急组织之间的风险评估和应对行动以及向公众传播预警提供了重要支持。但是，约翰逊（V. A. Johnson）等人[20]的研究表明对地震、海啸等知识的学习还需进一步加强。

**4. 森林野火相关研究**

森林野火的研究主要集中于预防和减少野火发生的角度。克劳尔（D. A. Crow）等人[21]的文章指出可以通过政策变化来减轻野火风险。马尔佐夫（G. S. Marzolf）[22]的研究表明根据特定事件定制指挥、控制和支持响应结构，而不是使用传统的刚性框架，有助于更有效地做出反应。但仍然需要一种系统方法，以更好地适应日益复杂的未来事件。

**5. 其他相关研究**

其他类型的灾害包括干旱、火山喷发等，相关研究较少。仅有查特菲尔德（A. D. Chatfield）和雷迪克（C. G. Reddick）[23]对印尼锡纳邦火山爆发的案例进行研究后发现政府缺乏参与风险感知沟通和领导，无法回应印尼公众对锡纳邦火山灾难所表达的关注。詹马特（J. Janmaat）和拉希莫娃（N. Rahimova）[24]对哥伦比亚省的干旱研究发现在适当的支持下，旱年期权合同可以是一个有用的低成本工具，以减轻干旱的影响。勃拉特伯格（E. Brattberg）等人[25]通过研究发现面对世界各地复杂自然灾害发生率上升，国际捐助界在动员对脆弱和弱小国家进行支助方面发挥关键作用，然后通过借鉴三类能力“公共领导”“机构间协调”和“军民合作”来分析在应对灾害能力方面的共同挑战和机会。张贤龢（R. H. Chang）等人[26]运用先前研究结果“社区应将韧性战略纳入其规划，以应对新出现的危险”，提出建议帮助地方政府在面临新的灾害时建设更具弹性的社区。

### （二）事故灾难类

本文通过对 37 篇与事故灾难相关文章的关键词进行聚类分析，得到图 9。对能源污染的研究大部分集中在核电站、碳泄漏和石油化工方面。

**图 9　事故灾难类文献关键词聚类分析**

#### 1. 核电站事故

哈特（P. Hart）[27]通过对日本福岛核灾难的调查，发现在高度复杂和紧密相连的社会技术体系时代，制定和运行风险监管和危机管理制度的挑战，不仅是技术和专业上的挑战，而且根本上是体制和文化挑战。阿达拉（A. A. Adalja）[28]等人对美国核电站周围的应急规划区研究发现，由于核电站与应急管理机构之间建立了牢固的公私伙伴关系，提高了所有灾害的防范能力。

#### 2. 碳泄漏事故

王鑫（X. Wang）等人[29]通过评价工业部门的竞争力受到碳泄漏影响的程度，确定有碳泄漏风险的部门，对于中国工业项目制定适用范围和适当的自由配额分配制度，可以有效减少碳泄漏。圣托斯（L. Santos）等人[30]以巴西工业部门的案例研究发现标准的定义对于评估部门接触碳泄漏风险至关重要，对碳泄漏风险的评估与每种方法使用的指标和标准直接相关。

#### 3. 石油化工事故

库尔茨（R. S. Kurtz）[31]对 2010 年深水地平线井喷事件研究发现导致灾难发生的根源在于政策不完善、监管制度薄弱、组织偏离而不是诚信以及组织间结构缺陷。吕兹 - 里韦拉（N. Ruiz Rivera）[32]对墨西哥城市化学危害相关灾害风险降低方案的分析发现，通过个人网络获得的利益和权利是风险治理的制度环境的核心。

**4. 其他事故**

伯恩（A. Boin）[33]通过对哥伦比亚号航天飞机灾难的重访，发现对危机管理失败（和成功）进行充分评估需要经过验证的因果理论，该理论在评估危机管理中占有重要地位。亚历山大（D. E. Alexander）[34]对吉利奥岛科斯塔和谐号游轮残骸事件研究发现，与许多其他大型复杂事件一样，没有单一因素能成为灾难发生的主导因素，灾害是系统性故障造成的，而人为错误也是主要因素之一。所以要减少灾害的发生，就要综合考虑各个可能造成灾害的因素。

## （三）经济危机类

本文通过对59篇与经济危机相关文章的关键词聚类分析，得到图10。

**图10　经济危机类文献关键词聚类分析**

**1. 金融危机**

不同国家的学者都从不同的角度对不同的国家应对金融危机开展了研究。奥古兹（S. Oguz）[35]通过讨论土耳其政府对2008年金融危机的反应过程发现，土耳其政府通过优先重视工业投资和建立新的劳动力控制机制，提高了经济的全球竞争力，将危机转化为机遇。基克特（W. Kickert）[36]分析了英国、德国和荷兰在应对财政危机时所采取的对策，指出要特别注意危机管理过程中的政府决策过程。此外，基克特[37]在分析丹麦应对金融危机的过程中发现要想有效地缓解金融危机，不仅要着眼于措施的内容，而且特别要关注导致这些措施的政治决策过程。基克特（W. Kickert）和伊萨（T. Ysa）[38]的研究发现西班牙对于经济危机的挑战主要采取降低其飙升的债券利率。吕德纳（A. Ladner）和索格尔（N. Soguel）[39]对瑞士应对金融危机的研究，发现决策者缩减开支，必要时进行投资，可以在一定程度上缓解经济危机。

**2. 智库研究**

波茨（H. Pautz）[40]通过对英国应对全球金融危机和经济衰退的研究发现，智囊团有助于讨论全球金融危机和严重衰退的起源及其背景中做出的政策选择，并有助于思考新自由主义在危机之后为何如此具有复原力的问题，得出智囊团有益于应对经济危机的结论。赫尔南多（M. G. Hernando）[41]的研究则发现金融危机对智囊团的研究和资金会产生重大影响。齐默尔曼（E. Zimmerman）和斯通（D. Stone）[42]对比了亚洲智库在亚洲金融危机和全球金融危机中的投入，提出了允许智囊团协调有关金融监管的新政策解决方案，可以促进新兴的区域经济特性的观点。

**3. 其他方面**

塞特尼卡－坎卡（S. Setnikar-Cankar）等人[43]的研究发现在跨国界合作的帮助下，特别是通过跨国界转让良好做法、经验和知识等方法，有助于更容易和成功地克服危机的负面影响和后果。张亚楠（Y. N. Zhang）等人[44]的研究则表明可扩展的业务报告语言（xbrl）可以降低信息处理成本，增强资本市场的信息透明度，进而降低投资者对未来经济崩溃风险的预期。

## （四）公共卫生事件类

本文通过对135篇与公共卫生事件相关的文章进行关键词聚类分析，得到图11。从图中我们可以看到，对公共卫生安全的研究集中在社交媒体、联邦制和公众健康等方面。

**1. 对社交媒体、沟通的研究**

格利奎（S. Quigley）等人[45]的研究发现社交媒体对“不确定性风险”的报道有可能会夸大流感的威胁，从而导致公众焦虑不安。克里斯滕森

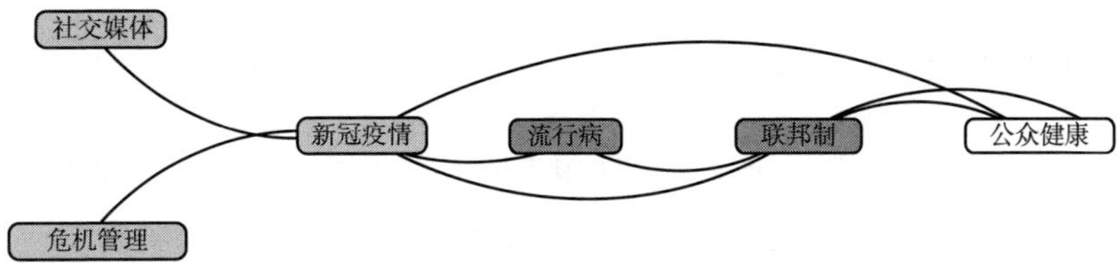


**图 11　公共卫生事件类文献关键词聚类分析**

（T. Christensen）[46]等人通过对挪威流感危机的研究发现，政府控制流行病的有效性通过成功地与公众进行有意义的创造和沟通以及公民对政府的高层信任得到加强。哈特利（K. Hartley）等人[47]的研究发现错误信息和假新闻，包括通过社交媒体分享的内容，损害了基于证据的政策干预的有效性，并损害了科学专门知识的可信度，并可能产生长期后果。迪名（C. Deeming）[48]强调获得足够的食物和营养对于维持我们的健康和社会功能至关重要。某些老年人口比其他人更容易面临粮食不安全的风险，此时需要国家和地方两级开展协调活动，以帮助确保社会一些最脆弱的成员实现健康均衡的饮食。

**2. 公众健康安全**

戈帕拉克里希南（S. Gopalakrishnan）等人[49]指出加强公私伙伴关系，可以改善美国食物和产品的质量。兰比芒福德（H. Lambie-Mumford）[50]对英国紧急食品银行的研究发现，紧急食品（粮食）银行可以为粮食不安全和贫穷的“症状”提供救济和缓解。褚梅（M. Chu）和王建华（J. H. Wang）[51]对中国降低粮食风险的研究发现中央政府对制定食品安全标准几乎拥有专属权力，在制定过程中透明度、一致性和包容性都比过去更大。地方政府主要负责及时收集信息和执行标准。这种体制设计重新分配了食品生产商和监管者的成本，并加强了公众参与，使得食品安全得到了保障。马亮（L. Ma）和刘鹏（P. Liu）[52]的研究发现足够的财政收入和人力是有效监管食品安全的先决条件。梅斯塔斯（C. Maestas）等人[53]的研究也发现预计食物传播疾病风险更大的个人更喜欢统一的食品安全监管。同时影响风险感知的情境和战略沟通，不仅能够造成公众对更多监管政策的需求，而且能够对统一、集中的监管产生普遍的需求。

## （五）冲突型事件类

本文通过对 72 篇与冲突型事件相关的文章进行关键词聚类分析，得到图 12。从图中我们可以看到，对冲突型事件的研究集中在公共管理、国家安全、合作协作、治理、犯罪预防、政策实施等方面。

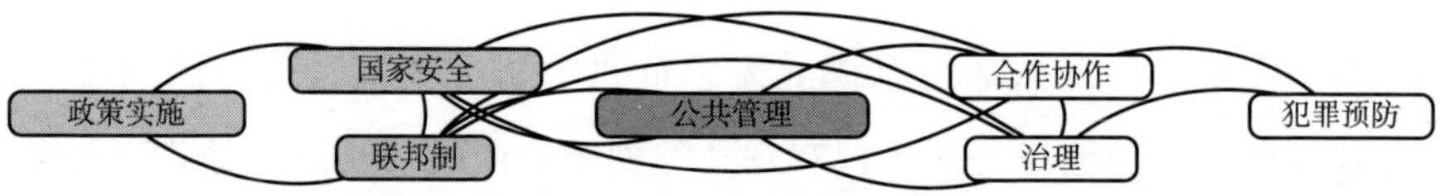


图 12　冲突型事件类文献关键词聚类分析

### 1. 关于国家安全、政策实施与犯罪预防

法雷尔（L. C. Farrell）等人[54]通过研究发现文化背景成为解释在文化上不敏感的政策和程序被揭露时所发生的情况的一个关键变量，同时也说明了在国家安全政策、程序和理解方面采用文化敏感方法的重要性。芬克尔斯坦（E. A. Finkelstein）等人[55]的研究发现，美国自由派认为国家安全政策无效会受到政府滥用，然而温和派和保守派则认为该类政策有用，研究结果表明，所有团体都愿意在公民自由和恐怖袭击风险之间做出权衡，从而支持国家安全政策。张友浪（Y. L. Zhang）等人[56]的研究也表达出了类似的观点。马科特（D. E. Marcotte）等人[57]通过研究治疗精神疾病的新药品的扩散与犯罪率之间的关系发现，精神药物的扩大与暴力犯罪率下降有关，与财产犯罪率下降有关，但对凶杀犯罪率没有强有力的影响，对逮捕率也没有影响。戴扎（M. Deza）等人[58]通过对分级驾驶执照制度的研究发现该政策的实施使 16～17 岁青少年的犯罪参与率减少了 6 个百分点。

### 2. 协作合作

胡倩（Q. Hu）等人[59]通过对波士顿马拉松爆炸案的研究评估证明了组织间协调与合作的有效性。卡斯蒂略（M. Castillo）[60]强调各机构、部门甚至各国可以通过开展合作的方式，以公众眼中有效和合法的方式打击恐怖主义。托夫（J. Torfing）[61]的研究表明跨界合作在很大程度上可以促进创新解决办法的发展，而创新解决办法又可能有助于预防青年犯罪。

**3. 腐败现象**

格雷卡（A. Graycar）等人[62]的研究发现腐败行为会引起受害者和重视公民社会的人的愤怒，会妨碍良好的政府和行政的实践，从而导致城市治理能力的损失。范德沃尔（Z. Van Der Wal）等人[63]提出了治理腐败的三种方法：具体的预防腐败方案和战略、针对员工和公众进行有针对性的反腐败培训、有效的领导参与和对道德文化的承诺。

## （六）其他类危机事件

其他类危机主要是指一些不便分类的危机。本文通过对所筛选的618篇文献进行研究归类，得到了205篇相关的文章。因其他类危机不便分类，我们通过阅读相关文献后，根据其主题将其分为七类（见表5）并对其进行关键词聚类分析，得到图13。

**表5 按主题分类的其他类危机**

单位：篇

| 主题类别 | 网络与协(合)作 | 救灾过程 | 社交媒体与信息 | 教育与学习 | 韧性 | 信任 | 其他主题 | 合计 |
|---|---|---|---|---|---|---|---|---|
| 文章 | 43 | 33 | 29 | 27 | 25 | 13 | 35 | 205 |

**1. 网络与协（合）作**

卡普库（N. Kapucu）等人[64]对美国四个县的网络结构和关系进行分析发现：应急管理中的网络治理绩效取决于嵌入组织间关系中的结构、空间和时间问题，网络关系与信息通信技术的利用之间有着积极的关系。同时发现，在紧急情况的准备和应对阶段，网络之间的模式是不同的。卡普库和胡倩[65]的研究表明：友谊网络对于鼓励组织参与备灾网络非常重要，同时也审查了友谊网络和备灾网络在预测可持续协作救灾网络中的作用。贝索德（O. Berthod）等人[66]借鉴网络治理文献，理论化了网络的“高可靠性”，从而扩展了对组织间网络的治理和有效性的讨论。俊安（K. Jun）等人[67]利用韩国2012年台风前后的数据进行研究，证实了相互依赖的风险假设，表

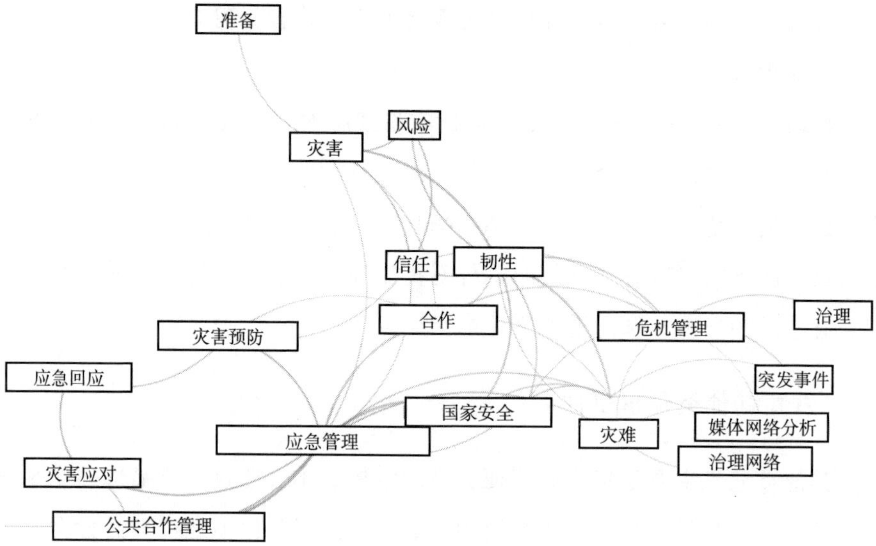


**图 13　其他类危机相关文献关键词聚类分析**

明组织间网络结构趋于演变为共享协作风险的概念。诺赫斯特德（D. Nohrstedt）[68]利用瑞典城市应急准备协作调查数据进行分析，发现协作伙伴的数量与目标的实现之间有着积极的关系。卡普库和胡倩[69]的另一份研究表明有效的沟通和协调是应急管理的关键方面。基米（J. W. Kim）等人[70]运用美国县政府收集的调查数据发现志愿组织参与地方应急预案、培训、教育、资源等防范行为，对地方应急管理效果有积极的影响。通过公共和志愿组织之间的团结和全面协作，系统志愿人员管理可以建立更有效的应急管理系统。诺赫斯特德（D. Nohrstedt）[71]的另一份研究通过对瑞典地方协作的嵌套分析和相关案例发现稳定的人际关系、澄清合作条款、共同的问题认识以及协调联合决策是克服集体行动问题的重要装配机制。亨特（S. Hunt）等人[72]对澳大利亚救灾事件的研究发现企业与政府的合作为救灾和恢复做出了重大贡献。

**2. 救灾过程**

埃里克森（K. Eriksson）等人[73]的研究发现危机规划与危机管理结果之间的关系是比较复杂和微妙的关系。在危机前阶段成功的应急计划并不能总是保证危机应对成功。相应地，应急规划在危机前阶段的失败，不会自动导致有缺陷的危机响应。弗莱舍（J. Fleischer）[74]的研究表明时间会影响政府应对危机，并呼吁对政府危机应对工作进行更明确和有系统的以时间为中心的研究。多纳休（A. K. Donahue）等人[75]的研究发现人们高估了他们的应急准备，准备不足的现象时有发生。喀拉吉安尼斯（G. M. Karagiannis）等人[76]表明灾害和危机管理人员必须制定事故计划，以满足多种需求，并提出了更好地制定规划的一些建议。贝克尔（N. D. Baker）等人[77]发现公共备灾需求是管理努力的一个基本部分，并且提出重新制定备灾模式的建议，以便更准确地反映危机应对事件中公共行为的现实。麦克赖特（R. Mccreight）[78]的研究表明目前人们对灾后恢复的了解似乎远远少于人们应了解的，并提出了相应的改进途径。

**3. 社交媒体与信息**

宋小龙（X. L. Song）和闫祥斌（X. B. Yan）[79]的研究表明应急信息通过社交网络的传播在通知公民和应急管理方面发挥了重要作用。巫基奇（C. Wukich）等人[80]发现社交媒体可以提供有价值的工具来缩小政府与选民之间的沟通差距，从而增加公众参与和促进旨在降低家庭和社区风险的行为改变。优贝（H. Urby）等人[81]的研究发现社交媒体在协助应急和恢复工作方面被广泛采用，但在应急规划方面没有得到充分利用。李华业（Y. H. Li）等人[82]通过案例研究发现灾害期间和灾难后的沟通越来越依赖于社交媒体技术。普洛尼克（L. Plotnick）等人[83]对县级应急管理人员的调查发现，其使用社交媒体的机构和人员不足一半，从而使得信息的收集与传播效率低下。尼尔斯（S. R. Neely）等人[84]的研究发现在危机时刻，公共机构和应急管理人员越来越多地利用社交媒体平台与公众沟通。然而社交媒体在许多方面仍没有得到当地机构利用。较年轻、受教育程度更高的人口服务的大城市更有可能采用社交媒体进行危机传播，而代表传统上服务缺乏人口的机构则不太可能利用社交媒体进行同样的传播。

**4. 教育与学习**

基尔茨（L. Kiltz）[85]指出国家安全教育必须不断适应未来的风险、威胁和脆弱性，并提出了相应的建议。皮尔逊（J. C. L. Pearson）等人[86]指出部署前进行职业安全和健康培训对于保护灾区工作人员的身体健康至关重要。科萨（S. Khosa）[87]对美国校园的研究发现，制定全灾计划、定期开展培训和锻炼以及建立强有力的社区伙伴关系是建立抗灾大学、做好应对任何灾难或悲剧准备的最重要的要素。萨特勒（D. N. Sattler）等人[88]对学生进行的评估应急准备和应对知识的调查发现，观看应急准备视频的参与者比不观看视频的参与者知识渊博，对准备和应对紧急情况的责任感也更强，并指出为大学开发应急准备视频具有实际价值。雅库布（M. Yakubu）等人[89]指出培训或教育应急管理从业人员和学者对减少灾害风险至关重要。纳尔逊（H. W. Nelson）等人[90]的研究强调了高危地区的监察员的培训需求，以便更好地为疗养院的减灾做好准备。

**5. 韧性**

美国心理学会（APA）将韧性定义为："个人面对逆境、创伤、悲剧、威胁或其他重大压力的良好适应过程，也就是对困难经历的反弹能力。"在这里韧性主要指在经历危机之后可以恢复至原初状态的能力。许多学者都对韧性进行了多方面的研究。布恩（A. Boin）等人[91]指出韧性被广泛视为解决危机和灾害构成挑战的一种可能方案。拉巴卡（L. Labaka）等人[92]对韧性政策的研究发现：在避免危机发生时，内部政策是最具影响力的政策，而外部（韧性）政策对危机过后恢复正常状态最有帮助。斯塔克（A. Stark）[93]通过数据研究发现，官僚价值体系对韧性具有深远的影响。雷度（B. Radu）[94]的研究发现社区存在的社会资本对于社区韧性具有重要作用，因此对于加强社区的社会基础设施有帮助，可以提高抵御灾害的能力。阿瓦莱塔（K. W. Zavaleta）等人[95]发现进行灾害模拟有利于提高社区韧性。德米罗兹（F. Demiroz）等人[96]的研究结果表明：灾害管理领域的韧性研究可以分为三个主要方面：环境和生态问题、紧急情况和灾害管理以及公共政策和管理。马自鲁（S. Mazilu）等人[97]的调查显示韧性驱动因素中的创意产业增强了城市抵御经济衰退的能力。哈斯（T. W. Haase）等人[98]通过对美国国家安全文献的研究发现：一个韧性系统将有能力抵抗干扰，如果无法防止干扰，也可以尽快恢复服务。

**6. 信任**

佩尔松（T. Persson）等人[99]的研究分析表明，在公民受到本国公共行政机构公正对待的国家，人们不太可能支持其他协调的民事保护努力。相比之下，在公民认为政府对待他们的方式是片面和不公平的地方，公民倾向于支持其他协调的民事保护。保尔（K. Ball）等人[100]对欧洲六个国家的调查数据分析表明，安全机构的可信性直接或间接地影响公众对其接受程度。米兹拉希（S. Mizrahi）等人[101]指出对紧急组织的信任与对公共部门的信任、紧急组织的感知准备程度以及人们担心紧急情况会发生的程度有关。

## 五　现有研究的挑战及未来展望

本文运用“灾害类型－研究主题”的分析框架，利用文献计量和知识图谱可视化等方法梳理了目前国际公共管理视角下的应急管理研究的发展历程与重点研究主题。总体来看，在研究对象方面，由于新冠肺炎疫情的广泛影响关注公共卫生事件的研究最多，事故灾难的研究相对较少，这可能与研究资料获取难度较高有关；在研究者关注的阶段方面，计划阶段受到了最多的关注，而对于事中和事后的一些重要议题关注较少，有待深入研究；在研究类型方面，定性研究仍然占据多数，一些研究尝试了理论建构，但是研究的信度和效度容易受到质疑，理论检验也存在不足；在研究主题方面，除了一些常规的组织协作等议题，近年来信息交流和韧性治理等议题成为越来越受关注的议题。

### （一）2011～2020年国际应急管理研究的述评

**1. 研究对象：事件引领，以理论之思回应实践之问**

对典型案例进行深度挖掘是应急管理研究的基础性工作，只有对案例进行深入的挖掘才能揭示事件演化的规律，从而梳理出应急管理的经验。近十年来，研究者关注的事件总体呈现出“事件引领、回应现实”的特征，关注了影响范围大、后果严重的突发公共事件，其中以自然灾害类和突发公共卫生事件类研究最为典型。对事件的挖掘的视角也不断丰富，包括组织间关系、府际沟通、危机沟通等。但是，事故灾难方面的研究偏少，与事故灾难频发的情况形成鲜明对比，相比于灾害纪实作品对于事故灾难的深描，现有研究明显滞后。在未来的研究中需要进一步挖掘典型突发公共事件案例，多角度多渠道收集案例素材，为深化应急管理研究提供支撑，如沃尔伯斯(J. Wolbers)[102]通过情景模拟为收集大量接近于危机真实情景的组织与行为数据提供了机会。国内外学者及实务界近年来对情景模拟在危机管理中的应用也展开一系列探索，实验控制等研究方法也有助于获取相关数据揭示危机研判和决策中的组织及行为规律。

**2. 研究阶段：关注计划阶段，忽视恢复阶段**

随着近年来极端灾害的不断发生，社会风险的不断变化，“预备”阶段是目前研究较多的危机管理阶段，相关研究也表明了其重要程度。学界对于危机阶段的研究也在不断深入，喀拉吉安尼斯[76]、贝克尔[77]等人都在强调减灾和预备阶段的重要性。同时“预防”观念不断深入人心且灾前预防所做的准备工作能够减少80%的因灾损失[103]等都使得该领域中研究危机前两个阶段的文献相对较多。但是，一些研究如麦克赖特[78]也指出现有研究对恢复阶段的重视不足，需加强该方面的研究。对于恢复阶段而言，首先要做好危机后的恢复与重建，尽快恢复社会秩序，使公众重获信心；其次要做好调查与评估，总结经验；最后要进行学习与改进，[104]以此更好地应对风险社会中不同危机的发生。

**3. 研究类型：定性研究为主，定量研究为辅**

定性研究和定量研究是根据调查的方法和获得数据的性质划分的。突发公共事件的特征决定了多数研究者仅能通过事后调研获取相应的数据，因此多数为案例研究，并且多为单案例研究，辅以多案例分析，为数不多的文章尝试采用定量研究的方法进行研究，其中多为问卷调研数据分析。案例研究有助于对突发公共事件进行翔实的描述，能够对事件背后的原因进行深入分析，主要是回答“怎么样”和“为什么”的问题。但是，案例研究法具有特殊优势的同时，也具有一定的局限性，主要体现在研究的效度与信度方面容易受到质疑。在今后的研究中要重点向量化分析进行转变，案例分析和量化分析双管齐下，使研究结论更符合实际、更易让人们接受。在未来研究中同样需要注意的是，案例研究不能完全陷入案例的复杂性中，也需要与已有理论进行对话，否则会使理论抽象和建构工作的洞察不足，这也是国内外研究均面临的挑战。[105]

**4. 研究主题：关键事件成焦点，新方法与重要议题结合**

近十年文献的研究主题展现出了新的热点，以新冠肺炎疫情为代表的关键事件成为研究者关注的焦点，新的研究方法引入也使得研究者对于一些关键议题有了更深入的研究。协作治理、韧性建设、信息技术运用和公共卫生事件是近十年来的重要研究主题。

（1）协作治理。国外学者将研究重心放在了公私部门协作关系和公民自组织网络上，着重讨论协作治理网络的构建和运作过程。从内容上看，协作治理的研究领域已经完成基本构建，形成了较为完整的理论体系，但这类研究侧重协作治理静态结构分析、重视核心概念的理论推演，在动态过程和实际操作层面的研究不足；从逻辑上看，国外研究十分肯定协作治理的积极功能，将其视为一种行之有效的制度工具，使之成为公共物品提供、公共政策制定与执行的有效方法，但忽略了协作治理过程中可能存在的主体关系界定、组织冲突、责任困境等问题；从方法来看，相关研究强调通过实证研究探究各因素间关系，十分细致和深入，但大多聚焦于具体的领域和地区，未能充分关注到跨区域治理方面。

（2）韧性建设。国外在这方面的研究聚焦于韧性驱动因素和社区韧性，主要讨论各类因素与韧性力的相关关系。从内容上看，韧性仍是新兴的主题，尽管韧性所体现出来的特征标准容易令人接受，但理论体系尚不完善，推广程度较低；从逻辑上看，国外研究将韧性视作灾害应对的一种可能方案，将之与可持续发展的目标相连接，企图让它成为公民自治的重要组成部分，但是对于韧性的可培育性、可发展性和一些实操问题的关注不足；从方法来看，韧性研究主要通过实证方法探究驱动韧性的影响因素，以及通过案例研究韧性建设的潜在模式，但对于韧性影响因素的量化和权重选择仍然是难点，通过比较不同地区韧性进行的案例研究也缺乏现实意义，对于韧性建设实操的推进不足。

（3）信息技术运用。社交媒体和大数据运用是国外学者重点关注的研究方向，他们着重讨论了灾害应对过程中的技术支撑和公民参与。从内容上看，信息技术研究的理论体系较为完善，形成了公民和政府两条线，这类研究重视技术要素在灾害治理过程中的作用发挥和参与主体的行为调整，但对于技术开发与应急应用的研究不足；从逻辑上看，信息技术是一个纯工具化的存在，它被视作一种技术要素以弥补灾害治理框架的不足，但国外研究过分强调了信息技术的工具属性，忽视了社交媒体和大数据在应用时的信息安全、舆论失控等潜在风险；从方法来看，基于具体案例的实证研究是信息技术研究方面的主流，灾害治理的各个阶段和各个主体均作为研究主体被深入解析，但大多关注作用层面，对于实操的现实推进意义不足。

（4）公共卫生事件。突发公共卫生研究的覆盖面广、成果丰富，涵盖了灾害应对的各个过程和各个方面。从内容上看，现有研究具有较为完善的理论体系，研究领域的历史悠久、基础深厚，近十年的研究将重点放在了公众健康安全和社交媒体沟通方面，并具有鲜明的现实导向。新冠肺炎疫情引发了一轮研究热潮，但对疫病预防这一过程的研究不多；从逻辑上看，公共卫生事件研究的出发点是此类事件的传播性、影响广泛性和与公民人身安全密切关联性，属于公民关注度和学术关注度都高的领域；从方法上看，相关研究从宏观视角出发，运用实证方法对公共卫生事件的肌理进行详尽的剖析，以经验性总结为主，缺乏基层视角的研究，在研究范畴和研究视角上有待拓展。

### （二）对我国应急管理研究的启示

我国学者在应急管理领域发表的文章数量明显少于其他发达国家，这与我国公共管理学科国际化程度整体不高相关。在研究聚焦的关注点上，我国学者主要关注合作、信任、信息、社交媒体等议题，与国际研究接近。但是，我国是一个灾害频发且灾害种类较多的国家，在应急管理方面也表现出明显的优势，如新冠肺炎疫情防控以及汶川地震灾后重建等。本土化话语体系远远地落后于实践，一些研究也是在套用西方的概念术语、学术框架和方法论来解释中国的问题，在形成自己的理论和逻辑体系上仍有很大空间。

与此同时，我国应急管理有一系列重大议题亟待学者关注和回应，如应急管理的机构改革，我国面对重大突发公共事件（如汶川大地震、新冠肺炎疫情等）的组织韧性，生产安全事故后的“运动式治理”，对口支援等。一方面需要通过国外经验的引介为推进我国应急管理体系及能力现代化提供经验借鉴；另一方面有必要从理论的角度反思实践问题，为实践问题提供指导。要加强与国外理论的对话，依托国际上的现有研究，结合本土实际，加快推进应急管理的中国研究，为应急管理理论提供中国元素。

## 参考文献

[1] I. M. Shaluf, F. Ahmadun, A. Mat Said. A Review of Disaster and Crisis [J]. Disaster Prevention and Management: An International Journal, 2003, 12 (1): 24 – 32.

[2] C. J. Koliba, R. Mmills, A. Zia. Accountability in Governance Networks: An Assessment of Public, Private, and Nonprofit Emergency Management Practices Following Hurricane Katrina [J]. Public Administration Review, 2011, 71 (2): 210 – 220.

[3] G. L. Davis, A. Robbin. Network Disaster Response Effectiveness: The Case of ICTs and Hurricane Katrina [J]. Journal of Homeland Security and Emergency Management, 2015, 12 (3): 437 – 467.

[4] S. Ryu, M. S. Johansen. Collaborative Networking, Environmental Shocks, And Organizational Performance: Evidence from Hurricane Rita [J]. International Public Management Journal, 2017, 20 (2): 206 – 225.

[5] K. Jung, M. Song. The Impact of a Strong Commitment on Disaster Resilience: A Longitudinal Study of the 2012 Korean Typhoons [J]. Journal of Homeland Security and Emergency Management, 2018, 15 (2): 20160066.

[6] Y. Lu, Y. Li. Cross – Sector Collaboration in Times of Crisis: Findings from a Study of the Funing Tornado in China [J]. Local Government Studies, 2020, 46 (3): 459 – 482.

[7] L. I. Saban. Entrepreneurial Brokers in Disaster Response Network in Typhoon Haiyan in the Philippines [J]. Public Management Review, 2015, 17 (10): 1496 - 1517.

[8] W. R. Donner, H. Rodriguez, W. Diaz. Tornado Warnings in Three Southern States: A Qualitative Analysis of Public Response Patterns [J]. Journal of Homeland Security and Emergency Management, 2012, 9 (2): 5.

[9] S. E. Robinson, J. M. Pudlo, W. Wehde. The New Ecology of Tornado Warning Information: A Natural Experiment Assessing Threat Intensity and Citizen - To - Citizen Information Sharing [J]. Public Administration Review, 2019, 79 (6): 905 - 916.

[10] M. T. Wilson. Catastrophes and Their Classifications: Revising New York City's Hurricane Evacuation Maps after Irene and Sandy [J]. Journal of Homeland Security and Emergency Management, 2018, 15 (2): 20160008.

[11] W. Liang, N. S - N. Lam, X. Qin, et al. A Two - Level Agent - Based Model for Hurricane Evacuation in New Orleans [J]. Journal of Homeland Security and Emergency Management, 2015, 12 (2): 407 - 435.

[12] N. Aoki. Wide - Area Collaboration in the Aftermath of the March 11 Disasters in Japan: Implications for Responsible Disaster Management [J]. International Review of Administrative Sciences, 2015, 81 (1): 196 - 213.

[13] X. Qu, M. A. Jackson, L. B. Davis. Simulation - Based Evaluation of Port Emergency Evacuation Plans for Predictable Natural Disasters [J]. Journal of Homeland Security and Emergency Management, 2012, 9 (2): 4.

[14] C. A. Ogunbode, G. Bohm, S. B. Capstick, et al. The Resilience Paradox: Flooding Experience, Coping and Climate Change Mitigation Intentions [J]. Climate Policy, 2019, 19 (6): 703 - 715.

[15] A. VanBuuren, J. Lawrence, K. Potter, et al. Introducing Adaptive Flood Risk Management in England, New Zealand, and the Netherlands: The Impact of Administrative Traditions [J]. Review of Policy Research, 2018, 35 (6): 907 - 929.

[16] A. K. Gerlak. Resistance and Reform: Transboundary Water Governance in the Colorado River Delta [J]. Review of Policy Research, 2015, 32 (1): 100 - 123.

[17] S. Wittmann, M. Jurisch, H. Krcmar. Managing Network Based Governance Structures in Disasters: The Case of The Passau Flood in 2013 [J]. Journal of Homeland Security and Emergency Management, 2015, 12 (3): 529 - 569.

[18] M. Mort, M. Walker, A. L. Williams, et al. From Victims to Actors: The Role of Children and Young People in Flood Recovery and Resilience [J]. Environment and Planning C - Politics and Space, 2018, 36 (3): 423 - 442.

[19] G. Boulos, L. J. Huggins, M. D. Siciliano, et al. Compare and Draw Lessons - Designing Resilience for Communities at Risk: Socio - Technical Decision Support for Near - Field Tsunamis [J]. Journal of Comparative Policy Analysis, 2012, 14 (2): 160 - 174.

[20] V. A. Johnson, D. M. Johnston, K. R. Ronan, et al. Evaluating Children's Learning of Adaptive Response Capacities from Shakeout, An Earthquake and Tsunami Drill in Two Washington State School Districts [J]. Journal of Homeland Security and Emergency Management, 2014, 11 (3): 347-373.

[21] D. A. Crow, J. Berggren, L. A. Lawhon, et al. Local Media Coverage of Wildfire Disasters: An Analysis of Problems and Solutions in Policy Narratives [J]. Environment and Planning C-Politics and Space, 2017, 35 (5): 849-871.

[22] G. S. Marzolf, R. M. Sega. An Analysis of The Emergency Fire Response to The Colorado 2012 Waldo Canyon And 2013 Black Forest Fires [J]. Journal of Homeland Security and Emergency Management, 2018, 15 (4): 20170056.

[23] A. T. Chatfield, C. G. Reddick. Understanding Risk Communication Gaps Through E-Government Website and Twitter Hashtag Content Analyses: The Case of Indonesia's Mt. Sinabung Eruption [J]. Journal of Homeland Security and Emergency Management, 2015, 12 (2): 351-385.

[24] J. Janmaat, N. Rahimova. Managing Drought Risk in The Okanagan: A Role for Dry-Year Option Contracts? [J]. Canadian Public Policy-Analyse De Politiques, 2018, 44 (2): 112-125.

[25] E. Brattberg, B. Sundelius. Mobilizing for International Disaster Relief: Comparing Us and Eu Approaches to the 2010 Haiti Earthquake [J]. Journal of Homeland Security and Emergency Management, 2011, 8 (1): 24.

[26] R. H. Chang, A. Greer, H. Murphy, et al. Maintaining The Status Quo: Understanding Local Use of Resilience Strategies to Address Earthquake Risk in Oklahoma [J]. Local Government Studies, 2019, 45 (3): 433-452.

[27] P. Hart. After Fukushima: Reflections on Risk and Institutional Learning in an Era of Mega-Crises [J]. Public Administration, 2013, 91 (1): 101-113.

[28] A. A. Adalja, T. K. Sell, S. J. Ravi, et al. Emergency Preparedness in the 10-Mile Emergency Planning Zone Surrounding Nuclear Power Plants [J]. Journal of Homeland Security and Emergency Management, 2015, 12 (1): 81-100.

[29] X. Wang, F. Teng, S. Zhou, et al. Identifying the Industrial Sectors at Risk of Carbon Leakage in China [J]. Climate Policy, 2017, 17 (4): 443-457.

[30] L. Santos, A. F. P. Lucena, R. Garaffa. Would Different Methodologies for Assessing Carbon Leakage Exposure Lead to Different Risk Levels? A Case Study of The Brazilian Industry [J]. Climate Policy, 2019, 19 (9): 1102-1116.

[31] R. S. Kurtz. Oil Spill Causation and The Deepwater Horizon Spill [J]. Review of Policy Research, 2013, 30 (4): 366-380.

[32] N. Ruiz Rivera. Public-Private Partnerships in Disaster Risk Reduction: The Case of The Chemical Industry of Coatzacoalcos, Mexico [J]. Gestion Y Politica Publica, 2017, 26

(1): 105 – 138.

[33] A. Boin, D. Fishbacher – Smith. The Importance of Failure Theories in Assessing Crisis Management: The Columbia Space Shuttle Disaster Revisited [J] . Policy and Society, 2011, 30 (2): 77 – 87.

[34] D. E. Alexander. The "Titanic Syndrome": Risk and Crisis Management on The Costa Concordia [J] . Journal of Homeland Security and Emergency Management, 2012, 9 (1): 33.

[35] S. Oguz. Turning the Crisis into An Opportunity: The Response of Turkish State to the 2008 Crisis [J] . Amme Idaresi Dergisi, 2011, 44 (1): 1 – 23.

[36] W. Kickert. State Responses to The Fiscal Crisis in Britain, Germany and the Netherlands [J] . Public Management Review, 2012, 14 (3): 299 – 309.

[37] W. Kickert. How the German Government Responded to The Financial, Economic and Fiscal Crises [J] . Public Money & Management, 2013, 33 (4): 291 – 296.

[38] W. Kickert, T. Ysa. New Development: How the Spanish Government Responded to The Global Economic, Banking and Fiscal Crisis [J] . Public Money & Management, 2014, 34 (6): 453 – 457.

[39] A. Ladner, N. Soguel. Managing the Crises – How Did Local Governments React to the Financial Crisis in 2008 and What Explains the Differences? The Case of Swiss Municipalities [J] . International Review of Administrative Sciences, 2015, 81 (4): 752 – 772.

[40] H. Pautz. Managing the Crisis? Think – Tanks and The British Response to Global Financial Crisis and Great Recession [J] . Critical Policy Studies, 2017, 11 (2): 191 – 210.

[41] M. G. Hernando. Two British Think Tanks after the Global Financial Crisis: Intellectual and Institutional Transformations [J] . Policy and Society, 2018, 37 (2): 140 – 154.

[42] E. Zimmerman, D. Stone. Asean Think Tanks, Policy Change and Economic Cooperation: From the Asian Financial Crisis to Thc Global Financial Crisis [J] . Policy and Society, 2018, 37 (2): 260 – 275.

[43] S. Setnikar – Cankar, J. Seljak, V. Petkovsek. Cross – Border Cooperation as a Way of Overcoming the Global Financial and Economic Crisis [J] . Lex Localis – Journal of Local Self – Government, 2013, 11 (3): 513 – 530.

[44] Y. Zhang, Y. Guan, J – B. Kim. Xbrl Adoption and Expected Crash Risk [J] . Journal of Accounting and Public Policy, 2019, 38 (1): 31 – 52.

[45] K. Quigley, C. Macdonald, J. Quigley. Pre – Existing Condition: Taking Media Coverage into Account When Preparing for H1N1 [J] . Canadian Public Administration – Administration Publique Du Canada, 2016, 59 (2): 267 – 288.

[46] T. Christensen, P. Laegreid. The Coronavirus Crisis – Crisis Communication, Meaning – Making, And Reputation Management [J] . International Public Management Journal,

2020, 23 (5): 713－729.

[47] K. Hartley, V. M. Khuong. Fighting Fake News in The Covid－19 Era: Policy Insights from An Equilibrium Model [J]. Policy Sciences, 2020, 53 (4): 735－758.

[48] C. Deeming. Food and Nutrition Security at Risk In Later Life: Evidence From The United Kingdom Expenditure & Food Survey [J]. Journal of Social Policy, 2011 (40): 471－492.

[49] S. Gopalakrishnan, C. Cochran, D. A. Unruh, et al. The Multiplicity of Actors Involved in Securing America's Food Imports [J]. Journal of Homeland Security and Emergency Management, 2012, 9 (1): 25.

[50] H. Lambie－Mumford. Every Town Should Have One: Emergency Food Banking in the UK [J]. Journal of Social Policy, 2013, 42 (1): 73－89.

[51] M. Chu, J. Wang. Central－Local Collaboration in Regulating Food Safety in China [J]. Public Money & Management, 2018, 38 (6): 437－444.

[52] L. Ma, P. Liu. Missing Links Between Regulatory Resources and Risk Concerns: Evidence from The Case of Food Safety in China [J]. Regulation & Governance, 2019, 13 (1): 35－50.

[53] C. Maestas, J. Chattopadhyay, S. Leland, et al. Fearing Food: The Influence of Risk Perceptions on Public Preferences for Uniform and Centralized Risk Regulation [J]. Policy Studies Journal, 2020, 48 (2): 447－468.

[54] L. C. Farrell, R. S. Littlefield. Identifying Communication Strategies in Cases of Domestic Terrorism: Applying Cultural Context to The Fort Hood Shooting [J]. Journal of Homeland Security and Emergency Management, 2012, 9 (1): 20.

[55] E. A. Finkelstein, C. Mansfield, D. Wood, et al. Trade－Offs Between Civil Liberties and National Security: A Discrete Choice Experiment [J]. Contemporary Economic Policy, 2017, 35 (2): 292－311.

[56] Y. Zhang, X. Liu, A. Vedlitz. Issue－Specific Knowledge and Willingness to Coproduce: The Case of Public Security Services [J]. Public Management Review, 2020, 22 (10): 1464－1488.

[57] D. E. Marcotte, S. Markowitz. A Cure for Crime? Psycho－Pharmaceuticals and Crime Trends [J]. Journal of Policy Analysis and Management, 2011, 30 (1): 29－56.

[58] M. Deza, D. Litwok. Do Nighttime Driving Restrictions Reduce Criminal Participation Among Teenagers? Evidence from Graduated Driver Licensing [J]. Journal of Policy Analysis and Management, 2016, 35 (2): 306－332.

[59] Q. Hu, C. C. Knox, N. Kapucu. What Have We Learned Since September 11, 2001? A Network Study of The Boston Marathon Bombings Response [J]. Public Administration Review, 2014, 74 (6): 698－712.

[60] M. Castillo. Antiterrorism and The Separation of Powers: How Public Administration Theory Can Help Us Meet the New Security Challenge [J]. Journal of Homeland Security

and Emergency Management, 2014, 11 (1): 61 – 71.

[61] J. Torfing, A. H. Krogh, A. Ejrnaes. Measuring and Assessing the Effects of Collaborative Innovation in Crime Prevention [J]. Policy and Politics, 2020, 48 (3): 397 – 423.

[62] A. Graycar, D. Villa. The Loss of Governance Capacity Through Corruption [J]. Governance—An International Journal of Policy Administration and Institutions, 2011, 24 (3): 419 – 438.

[63] Z. Van Der Wal, A. Graycar, K. Kelly. See No Evil, Hear No Evil? Assessing Corruption Risk Perceptions and Strategies of Victorian Public Bodies [J]. Australian Journal of Public Administration, 2016, 75 (1): 3 – 17.

[64] N. Kapucu, V. Garayev. Designing, Managing, and Sustaining Functionally Collaborative Emergency Management Networks [J]. American Review of Public Administration, 2013, 43 (3): 312 – 330.

[65] N. Kapucu, Q. Hu. Understanding Multiplexity of Collaborative Emergency Management Networks [J]. American Review of Public Administration, 2016, 46 (4): 399 – 417.

[66] O. Berthod, M. Grothe – Hammer, G. Mueller – Seitz, et al. From High – Reliability Organizations to High – Reliability Networks: The Dynamics of Network Governance in the Face of Emergency [J]. Journal of Public Administration Research and Theory, 2017, 27 (2): 352 – 371.

[67] K. Jun, M. Song, H. J. Park. The Dynamics of an Interorganizational Emergency Management Network: Interdependent and Independent Risk Hypotheses [J]. Public Administration Review, 2019, 79 (2): 225 – 235.

[68] D. Nohrstedt. Does Adaptive Capacity Influence Service Delivery? Evidence from Swedish Emergency Management Collaborations [J]. Public Management Review, 2015, 17 (5): 718 – 735.

[69] Q. Hu, N. Kapucu. Information Communication Technology Utilization for Effective Emergency Management Networks [J]. Public Management Review, 2016, 18 (3): 323 – 348.

[70] J. W. Kim, K. Jung. Does Voluntary Organizations' Preparedness Matter in Enhancing Emergency Management of County Governments? [J]. Lex Localis – Journal of Local Self – Government, 2016, 14 (1): 1 – 17.

[71] D. Nohrstedt. Networking and Crisis Management Capacity: A Nested Analysis of Local – Level Collaboration in Sweden [J]. American Review of Public Administration, 2018, 48 (3): 232 – 244.

[72] S. Hunt, M. Eburn. How Can Business Share Responsibility for Disaster Resilience? [J]. Australian Journal of Public Administration, 2018, 77 (3): 482 – 491.

[73] K. Eriksson, A. Mcconnell. Contingency Planning for Crisis Management: Recipe for Success or Political Fantasy? [J]. Policy and Society, 2011, 30 (2): 89 – 99.

[74] J. Fleischer. Time and Crisis [J]. Public Management Review, 2013, 15 (3): 313-329.

[75] A. K. Donahue, C. C. Eckel, Wilson R K. Ready or Not? How Citizens and Public Officials Perceive Risk and Preparedness [J]. American Review of Public Administration, 2014, 44 (4): 89s-111s.

[76] G. M. Karagiannis, C. Synolakis. Twenty Challenges in Incident Planning [J]. Journal of Homeland Security and Emergency Management, 2017, 14 (2): 20160061.

[77] N. D. Baker, L. G. Ludwig. Disaster Preparedness as Social Control [J]. Critical Policy Studies, 2018, 12 (1): 24-43.

[78] R. Mccreight, W. Harrop. Uncovering the Real Recovery Challenge: What Emergency Management Must Do [J]. Journal of Homeland Security and Emergency Management, 2019, 16 (3): 20190024.

[79] X. Song, X. Yan. Influencing Factors of Emergency Information Spreading in Online Social Networks: A Simulation Approach [J]. Journal of Homeland Security and Emergency Management, 2012, 9 (1): 30.

[80] C. Wukich, I. Mergel. Closing the Citizen - Government Communication Gap: Content, Audience, and Network Analysis of Government Tweets [J]. Journal of Homeland Security and Emergency Management, 2015, 12 (3): 707-735.

[81] H. Urby, D. A. Mcentire. Applying Public Administration in Emergency Management: The Importance of Integrating Management into Disaster Education [J]. Journal of Homeland Security and Emergency Management, 2014, 11 (1): 39-60.

[82] H. Li, Y Sakamoto. Re - Tweet Count Matters: Social Influences on Sharing of Disaster - Related Tweets [J]. Journal of Homeland Security and Emergency Management, 2015, 12 (3): 737-761.

[83] L. Plotnick, S. R. Hiltz. Barriers to Use of Social Media by Emergency Managers [J]. Journal of Homeland Security and Emergency Management, 2016, 13 (2): 247-277.

[84] S. R. Neely, M. Collins. Social Media and Crisis Communications: A Survey of Local Governments in Florida [J]. Journal of Homeland Security and Emergency Management, 2018, 15 (1): 20160067.

[85] L. Kiltz. The Challenges of Developing A Homeland Security Discipline to Meet Future Threats to The Homeland [J]. Journal of Homeland Security and Emergency Management, 2011, 8 (2): 1.

[86] J. C. L. Pearson, D. Weinstock. Minimizing Safety and Health Impacts at Disaster Sites: The Need for Comprehensive Worker Safety and Health Training Based on an Analysis of National Disasters in the US [J]. Journal of Homeland Security and Emergency Management, 2011, 8 (1): 46.

[87] N. Kapucu, S. Khosa. Disaster Resiliency and Culture of Preparedness for University and College Campuses [J]. Administration & Society, 2013, 45 (1): 3-37.

[88] D. N. Sattler, J. Kirsch, G. Shipley, et al. Emergency Preparedness on Campus: Improving Procedural Knowledge and Response Readiness [J]. Journal of Homeland Security and Emergency Management, 2014, 11 (2): 257 - 268.

[89] M. Yakubu, J. Jensen. Developing Degree Programs in Emergency Management: Ghana's Experience [J]. Journal of Homeland Security and Emergency Management, 2019, 16 (2): 20180051.

[90] H. W. Nelson, B. K. Yang, F. E. Netting, et al. Community Long Term Care Ombudsman Program Disaster Assistance: Ready, Willing or Able? [J]. Journal of Homeland Security and Emergency Management, 2020, 17 (2): 20190015.

[91] A. Boin, M. J. G. Van Eeten. The Resilient Organization—A Critical Appraisal [J]. Public Management Review, 2013, 15 (3): 429 - 445.

[92] L. Labaka, J. Hernantes, E. Rich, et al. Resilience Building Policies and Their Influence in Crisis Prevention, Absorption and Recovery [J]. Journal of Homeland Security and Emergency Management, 2013, 10 (1): 289 - 317.

[93] A. Stark. Bureaucratic Values and Resilience: An Exploration of Crisis Management Adaptation [J]. Public Administration, 2014, 92 (3): 692 - 706.

[94] B. Radu. Influence of Social Capital on Community Resilience in the Case of Emergency Situations in Romania [J]. Transylvanian Review of Administrative Sciences, 2018 (54e): 73 - 89.

[95] K. W. Zavaleta, U. Asirvatham, B. Callies, et al. Improving Community Resilience Through Disaster Simulation: How Simulation - Based Education Augments Emergency Management Exercises [J]. Journal of Homeland Security and Emergency Management, 2018, 15 (2): 20180002.

[96] F. Demiroz, T. W. Haase. The Concept of Resilience: A Bibliometric Analysis of The Emergency and Disaster Management Literature [J]. Local Government Studies, 2019, 45 (3): 308 - 327.

[97] S. Mazilu, C. Incaltarau, K. Kourtit. The Creative Economy Through the Lens of Urban Resilience. An Analysis of Romanian Cities [J]. Transylvanian Review of Administrative Sciences, 2020 (59e): 77 - 103.

[98] T. W. Haase, F. Demiroz. Considerations of Resilience in The Homeland Security Literature: Towards Conceptual Convergence? [J]. Journal of Homeland Security and Emergency Management, 2020, 17 (2): 20180078.

[99] T. Persson, C. F. Parker, S. Widmalm. Social Trust, Impartial Administration and Public Confidence in Eu Crisis Management Institutions [J]. Public Administration, 2017, 95 (1): 97 - 114.

[100] K. Ball, S. D. Esposti, S. Dibb, et al. Institutional Trustworthiness and National Security Governance: Evidence from Six European Countries [J]. Governance - An International

Journal of Policy Administration and Institutions, 2019, 32 (1): 103 - 121.

[101] S. Mizrahi, E. Vigoda - Gadot, N. Cohen. Drivers of Trust in Emergency Organizations Networks: The Role of Readiness, Threat Perceptions and Participation in Decision Making [J]. Public Management Review, 2021, 23 (2): 233 - 253.

[102] J. Wolbers, K. Boersma, P. Groenewegen. Introducing A Fragmentation Perspective on Coordination in Crisis Management [J]. Organization Studies, 2018, 39 (11): 1521 - 1546.

[103] 高恩新，赵继娣．公共危机管理研究的图景与解释——基于国际文献的分析［J］．公共管理学报，2017，14（04）：141－152＋160.

[104] 夏书章．行政管理学［M］．北京：高等教育出版社，2018.

[105] T. A. Williams, D. A. Gruber, K. M. Sutcliffe, et al. Organizational Response to Adversity: Fusing Crisis Management and Resilience Research Streams [J]. Academy of Management Annals, 2017, 11 (2): 733 - 769.

# Research on Emergency Management from the Perspective of Public Management (2011 –2020): International Progress and Enlightenment

Zhang Xiaojun  Shen Yangmin  Wang Weiqiao

**Abstract**: Emergency management of sudden public events has become a hot topic in the field of public management in the world. This paper analyzes thesises, whose topic related to emergency management, which is from journals of public management disciplines that SSCI-included from 2011 to 2020, using a combination of qualitative and quantitative methods to carry out analysis, aiming to describe the current situation and development trend of research in this field, for the future research direction to provide reference. The results show that public health incident emergency management research is the most common because of the impact of the epidemic, conflict-type events and natural disaster emergency management is second, case study papers occupy the majority, most studies focus on multi-subject cooperation, media using and social (regional) resilience, epidemic-related issues will still be more research topics in the future, collaborative governance, big data and resilience research may become an important topic in emergency management research in the coming period.

**Keywords**: Emergency Management; Public Management; International Literature

风险灾害危机研究第十四辑
第 81—108 页


# 世界卫生事件后国家贸易恢复对策研究*

杨丽娟　杜为公**

**摘　要：**世界卫生事件冲击本国对外贸易，设计对策以实现国家贸易恢复，是减轻事件拖累、提振国民经济的关键。论文基于国际贸易风险管理理论建立世界卫生事件后国家贸易恢复对策理论框架，比较了五次世界卫生事件后的国家贸易恢复对策，提出了贸易恢复对策设计思路。伴随贸易风险由单一向多维转变，贸易恢复前期以短期政策为主，保持贸易开放；恢复中后期以中长期政策为主，防范贸易摩擦，适时进入贸易正常化。在时间、空间和主体维度上，应实现应急式单一贸易恢复对策设计向储备式综合和长效贸易恢复对策设计转变。本文研究结论对于完善我国应对世界卫生事件后贸易恢复对策具有启发意义。

**关键词：**世界卫生事件；国家贸易恢复；储备式综合

---

* 基金项目：本文系武汉市社会科学界联合会项目（项目编号：WSKL2020137）、武汉市社科基金重大突发事件城市应急管理建设研究项目（项目编号：2020009）、甘肃省社会科学规划项目（项目编号：YB007）、中央高校基本科研业务费专项资金重点项目（项目编号：16LZUJBWZD003）的阶段性研究成果。

** 作者简介：杨丽娟，兰州大学经济学院副教授，经济学博士，研究方向为国际贸易学；杜为公，武汉轻工大学经济与管理学院教授，管理学博士，研究方向为农业经济学。

# 一 引言

世界卫生事件是指世界范围内发生的重大突发公共卫生事件。国家贸易恢复是指受到世界卫生事件冲击的地区通过采取贸易恢复对策重新回归到正常贸易水平的动态过程。20 世纪 90 年代以来，世界卫生事件屡有发生（见表 1），影响事件发生国对外贸易，波及伙伴国贸易往来，冲击国际贸易走势。全球化加剧了世界卫生事件的负面经济影响，应采取纾困措施。[1][2] 恢复对策不应局限于医疗保健，还需包括经济对策。[3]

**表 1 20 世纪 90 年代以来发生的世界卫生事件**

| 年份 | 世界卫生事件 | 事件发生地 |
| --- | --- | --- |
| 1994 | 鼠疫 | 印度 |
| 2003 | 严重急性呼吸综合征(SARS) | 中国 |
| 2009 | 甲型 H1N1 流感* | 加拿大,美国 |
| 2011 | 核泄漏 | 日本 |
| 2014 | 脊髓灰质炎* | 中亚,中东,中部非洲 |
| 2014 | 埃博拉(Ebola)* | 几内亚,利比里亚,塞拉利昂 |
| 2015 | 中东呼吸综合征(MERS) | 韩国 |
| 2016 | 寨卡(Zika)* | 马尔代夫,新喀里多尼亚 |
| 2018 | 埃博拉(Ebola)* | 刚果 |
| 2020 | 新冠肺炎疫情(COVID－19)* | 全球 |

注：2007 年《国际卫生条例》生效后，世界卫生组织宣布的六次卫生事件用 * 标注。鼠疫和 SARS 为全球大流行疫病。日本福岛核泄漏引发公共卫生灾难，影响跨越国界，是 21 世纪重大突发公共卫生事件之一。

围绕世界卫生事件的现有研究成果主要集中于医学和公共卫生领域，经济理论与实证研究仍不多见，[4-6] 针对贸易恢复对策的考察更为有限。事实上，事件的经济影响远超疫病本身。[7] 事件发生地采取贸易恢复对策，是减轻疫病拖累、提振国民经济的关键。面对世界卫生事件，世界卫生组织并不建议停止国际贸易。《国际卫生条例》明确提出应避免疫病管控措施干扰贸易。学者们认为，应保证贸易与物流以维持经济正常运作，但尚未给出系统性的建议[8]。

本文研究了五次世界卫生事件后事件发生国采取的贸易恢复对策、提出世界卫生事件后国家贸易恢复对策设计的思路和方法。理论上，针对时间、空间和主体维度研究贸易恢复对策设计，可以拓展国际贸易风险管理理论的风险管理策略研究。实践中，比较研究应对不同世界卫生事件后国家贸易恢复对策的一致性和差异性，有利于甄别我国现行突发公共卫生事件应对机制在国际贸易领域的薄弱环节，为世界卫生事件后贸易恢复对策设计提供经验借鉴。

## 二 研究回顾

世界卫生事件冲击对外贸易，贸易禁令的贸易转移效应显著，对福利产生负面效应[9-10]；导致进出口出现结构性断裂[11]。高致病性禽流感和新城疫影响疫情发生国的国际家禽市场准入，贸易负效应强弱取决于风险预期和疾病是否为人畜共患疾病。[12]技术性贸易措施影响发展中国家向发达国家出口。[13]世界卫生事件对我国进出口造成冲击且贸易效应存在差异和滞后。[14-18]SARS的出口抑制效应强于进口，尤其在农产品、服务贸易和工业密集型产品领域。[19-24]新冠肺炎疫情影响了我国外贸以及全球产业链、供应链。[25]

国外关于世界卫生事件后国家贸易恢复的研究起步早、进展快，认为事件发生后需采取应对措施。①及时开展贸易恢复。国际贸易风险管理视域下，世界卫生事件暴发紧急情况得到控制后即进入贸易恢复阶段。事件发生国需要与贸易伙伴国重新谈判，加强消费者期望和信心，并对应对措施进行评价。[26]②措施规划和排序。国际贸易恢复需超越风险模式，基于公共卫生和贸易的依赖关系对贸易恢复措施进行规划和优先排序。[27]③采取分区措施。贸易伙伴国可接受分区建议，允许进口来自事件发生国未发生疫情地区的家禽和禽类产品。[28]④考察贸易恢复的影响因素。全球经济状况和肉类需求增长缩短了疫情发生国从禽流感和新城疫中实现贸易恢复所需时间[12]；

在贸易恢复各阶段需要监测不同的活禽市场[13]。发展中国家应遵循世界卫生组织相关标准并严格执法[29]；提高出口国际市场的产品质量[30]；关注贸易商和供应链节点的动态变化[31-35]。建模方法包括：基于流行病学、经济理论的建模和情景模拟[36-37]，对世界卫生事件的风险评级[38]，针对事件潜在风险、影响和控制措施的人工智能建模[39]及异质性时空建模[40]。

国内早期关注城市[41]、环境[42]和校园[43]卫生事件的应急及防控。SARS以后，世界卫生事件对我国贸易的冲击和应对成为热点。贸易恢复对策包括以下四个方面。①应对技术性贸易措施。颁布与建设卫生检验检疫标准[19]，完善突发卫生事件技术性贸易措施体系[44]。区分疫病低度流行区和非疫区，建立 SPS 区域。[45]②采取经济政策。补贴受冲击且恢复能力较弱的行业[46]，促进旅游贸易发展[47]。增加疫病防治投入，延伸贸易产业链。[48]依据疫情演化调整措施[49]，以财政和货币政策支持企业，提升贸易投资便利化。[25]③构建地区公共卫生合作安全机制。改善中国 - 东盟自贸区卫生安全机制[50]，实施卫生外交以维护贸易利益[51-52]。④加强应急管理。保证区域应急物流[53]，建设卫生应急管理链[54-56]，完善监测预警与联防机制[57]。

前期研究多集中于事件结束后的支撑体系完善和能力建设，并未涉及事件中即事件得到控制后亟须采取的贸易恢复对策设计。然而，世界卫生事件认知预判导致压力叠加和考量失衡，系列性决策失误和措施不当最有可能出现在这一时期。世界卫生事件后国家贸易恢复是动态过程，贸易恢复对策设计包含时间、空间和主体维度。已有贸易恢复对策设计的研究涉及空间维度，忽视了贸易恢复对策设计时间维度的考察，也没有区分不同主体的对策设计。同时，已有研究更多考察单个国家的贸易恢复，针对不同世界卫生事件发生国的比较研究还不多见，贸易恢复研究仍局限于单一对策，未形成明确的对策体系框架。

本文提出，需结合时间、空间和主体维度研究对策，比较不同世界卫生事件发生后相关国家的贸易恢复对策及其实施效果，建立世界卫生事件后国家贸易恢复对策设计的理论框架和对策体系，为应对世界卫生事件及时恢复贸易给出政策建议。

## 三　世界卫生事件后国家贸易恢复对策设计的理论分析

《国际卫生条例》明确定义，国际关注的突发公共卫生事件是指疾病通过跨国传播，对其他国家构成公共卫生风险，从而可能需要协调一致的国际应对行动的特别事件。突发公共卫生事件已构成全球经济安全的最大风险之一。[①] 由于暴发时间、频率和地域均表现出不确定性和持续性，一国从事件中恢复面临极大风险。从性质来看，可分为主观风险和客观风险。在期限上可分为短期风险和中长期风险。空间维度上包括局部风险和全局风险，由世界卫生事件最初发生的城市，向本国其他地区扩散，甚至跨越国境，产生国际风险。事件发生国与主要贸易伙伴国的贸易政策、市场需求、竞争状况、汇率等出现波动，导致客观风险。贸易主体无法改变客观风险，但可积极防范。随着事件持续时间延长，人员及货物流动限制的范围扩大，事件对贸易的潜在影响被放大，贸易环境的不确定性上升，出现判断和决策失误的主观风险陡增，贸易恢复的复杂性增加。事件发生国应识别风险演化，突出贸易恢复对策的针对性。

应对世界卫生事件国家贸易风险管理的对象包括风险诱因、风险本身和风险导致的损失，目标是以最小的风险管理成本，实现世界卫生事件发生国贸易的安全恢复。过程包括：识别和度量世界卫生事件发生后本国及贸易伙伴国的国际贸易风险，有针对性地采取对策组合，防范和控制国际贸易风险，保障事件发生国进入正常贸易活动。内容包括以下两个方面。第一，预防和控制世界卫生事件引发的国际贸易风险，防止潜在风险转化为现实状态。世界卫生事件引发的国际贸易风险具有临界点，在触发风险之前，风险预警和预防管理能够有效规避部分风险。第二，应对已出现的国际贸易风

① 世界卫生组织. 突发卫生事件是全球经济与安全的最大风险之一［EB/OL］. https：//www. who. int/dg/speeches/2017/g20 - summit/zh/，2017 - 7 - 8/2020 - 6 - 17.

险，将损失降到最低程度。在疫情得到控制、一国进入贸易恢复期后，这一阶段国际贸易风险管理的效果直接决定贸易恢复的时间和速度。

世界卫生事件引发贸易风险，导致贸易损失。[58]依据国际贸易风险管理理论，重大突发卫生事件应急管理系统包括四个阶段，依次为疫情风险预警、阻止疫病蔓延、控制和消除事件影响以及从事件中恢复。一旦紧急情况得到控制，即进入国家贸易恢复阶段。在大多数国家和地区，恢复工作在系统中所占比例不高，是亟须充分开发的领域。[26]为有效防范和控制国际贸易风险，保障贸易活动正常进行，需及时识别风险，采取风险管理措施或技术组合。[59]

世界卫生事件引发的国际贸易风险，随时空和主体演化呈现出多维化态势。在时间维度上，在疫情前期和中后期先后面临短期和中长期风险；空间维度上，风险从事件发生国向其地缘邻近国、主要贸易伙伴国延伸；主体维度上，国际、国家、产业、企业和消费者面临世界卫生事件引发的系统性风险。各种风险随疫情持续时间和地域蔓延进一步交织，增加了世界卫生事件后国家贸易恢复的难度。为应对风险，事件发生国贸易恢复对策可从时间、空间和主体三个维度逐步深入，追踪疫情演变阶段、识别疫情传播地域特征，建立国家贸易恢复对策体系并提升供给充分性、实施灵活性和体系完备性，实现贸易恢复对策由应急式单一贸易恢复对策向储备式综合和长效贸易恢复对策设计的转变（见图 1）。

结合理论框架，经过事件预警、暴发阶段，疫情得到控制，事件发生国进入国际贸易恢复期。与此同时，世界卫生事件的传播地域也由城市、省域范围向本国境内其他地区甚至境外蔓延。在时空维度上，进一步依据对策实施主体，世界卫生事件后国家贸易恢复对策包括针对国际、国家、产业、企业和消费者的具体对策。世界卫生事件后国家贸易恢复对策设计理论框架的明确，能够为建立世界卫生事件国家贸易恢复对策体系提供依据。

与已有理论相比，以上理论框架结合时间、空间和主体维度，分别考察世界卫生事件演化不同阶段、不同地域和不同主体的贸易恢复对策设计，有利于提升世界卫生事件后国家贸易恢复对策设计的有效性和针对性，提高贸

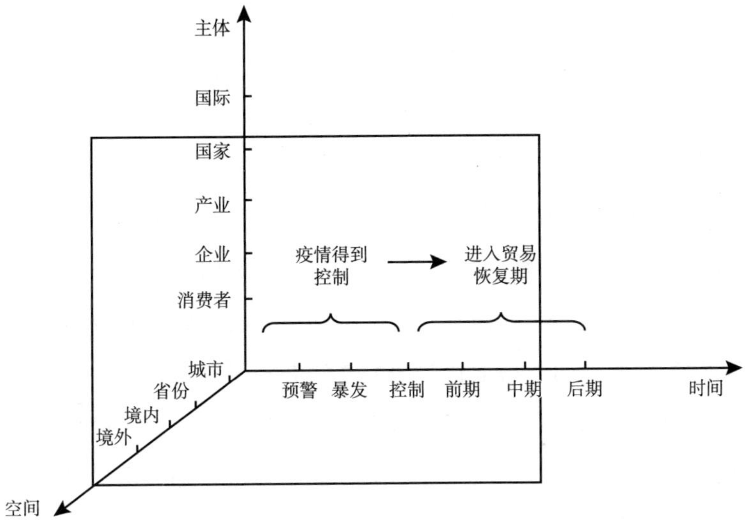


**图 1　世界卫生事件后国家贸易恢复对策设计理论框架**

易恢复对策实施效果。贡献表现在以下三方面。第一，时间维度的动态化对策设计。国家贸易恢复随事件演变特点和相关内外部条件变化而变化，依据这一框架针对贸易恢复的不同阶段进行动态化对策设计。第二，空间维度的差异化对策设计。世界卫生事件由最初暴发的城市，向所在省份及事件发生国国内其他地区蔓延，并跨越国界。国家贸易恢复可依据框架针对疫情扩散地域设计对策。第三，主体维度的具体对策设计。国际、国家、产业、企业、消费者受到不同影响，可依据框架由上至下或由下至上设计具体对策。

## 四　五次世界卫生事件后国家贸易恢复对策的比较研究

本文结合比较研究方法和多案例分析方法，以 21 世纪近 20 年五次世界卫生事件发生国的贸易恢复对策为研究对象，考察世界卫生事件后国家贸易恢复对策的设计思路与方法，其合理性在于以下三个方面。①五次事件具有代表性。SARS 首例病例出现在中国，之后在世界蔓延，是 21 世纪首次全球性疫病。甲型 H1N1 流感始于墨西哥，波及美国，事件发生国与主要贸易伙伴国均受影响。日本福岛核泄漏并非传染病疫情，但大规模核物质泄漏引发了公共卫生灾难，[60]对发生国经济社会造成冲击，是 21 世纪重大突发公共卫生事件之一。埃博拉病毒 1976 年已在非洲发现，2014 年于西非暴发，此后仍有蔓延。MERS 疫情并非首发于韩国，而是由国际旅行者引入，MERS、SARS 与此次新冠肺炎疫情同属冠状病毒事件。②五次事件均具突发性和差异性。发生国涵盖亚洲、非洲和北美洲的主要发展中国家和发达国家，各国贸易恢复对策有所不同，采取比较研究方法有利于发掘对策的一般性和特殊性。③相对于单案例研究，多案例研究方法更有利于归纳普遍化结论。本文的多案例研究遵循规范性、典型性原则和复制法则，每一次世界卫生事件相当于一次独立实验，有效提升研究结论的信度和效度。

### （一）世界卫生事件基本情况

#### 1. 2003 年 SARS

2002 年 11 月，我国广东佛山出现第一例 SARS 病例，并在多国扩散。2003 年 3 月，世界卫生组织发出全球预警；4 月，先后将北京、广东、山西以及加拿大多伦多、新加坡等列为疫区。空间维度上，我国疫情较重地区外贸公司的对外贸易中断，商品订单减少或转移滞后，外商投资项目推迟。广东、江苏等利用外资最多的省市，800 多个外商团取消或延后行程，超过 500 项投资项目受影响，金额超过 100 亿美元。在主体维度上，2003 年我国第二季度 GDP 损失约为 3.1%，疫情期间国内旅游收入损失约为 35 亿美元。[61]当年 5 月，我国合同外资金额比前四个月增速下降 32 个百分点，食品、土畜产品出口下降最为严重，近 90% 企业受损。

#### 2. 2009 年甲型 H1N1 流感

2009 年 3 月底，墨西哥暴发疫情，4 月，甲型 H1N1 流感被世界卫生组织确定为首起国际卫生事件。6 月，疫情警戒上升至第六级。次年 8 月，世界卫生组织宣布疫情结束。空间维度上，墨西哥的墨西哥城首先出现疫情，此后美国加利福尼亚州和其他国家也发现病例。[62]在主体维度上，2009 年墨西哥经济损失约占 GDP 的 0.3%。[63] 2009 年第一季度墨西哥出口下降 26%，猪肉和猪肉制品贸易逆差为 2700 万美元；[64] 旅游业损失约 28 亿美元。2009 年美国经济处于次贷危机后的低谷期，疫情发生后，其 GDP、零售额、猪肉和猪肉制品出口下降。据美联社报道，美国零售额最少下降 11.54%，疫情影响旅游、食品和交通运输业，加深了经济衰退。

**3. 2011 年核泄漏**

2011 年 3 月，日本东北部太平洋海域地震引起海啸，触发核事故。空间维度上，放射性物质严重泄漏且迅速蔓延，威胁居民卫生健康。美国首先宣布对日本核辐射区食品实施进口禁令。韩国、欧盟相继发布禁令，要求日本全国生产的食品均需提供放射线检测证明。各国放射线检测标准不同，日本政府无法及时提供相关检测，导致日本对这些国家的农食出口陷入停滞。① 作为日本重要的农业县，2010 年福岛农产品出口量约为 153 吨。福岛县公开资料显示，2012 年福岛农产品出口量下降至约 2 吨。在地震、海啸和核泄漏三重因素影响下，日本国民生产总值在此后半年持续缩减，政府宣布国家陷入衰退。[65]

**4. 2014 年埃博拉**

2014 年 3 月，埃博拉在西非传播。8 月，埃博拉疫情被确定为国际公共卫生紧急事件。10 月，各国报告确诊病例超过 13000 例，死亡率达 36%。② 世界卫生组织先后于 2015 年 11 月、12 月和 2016 年 1 月，宣布塞拉利昂、几内亚和利比里亚疫情结束。③ 空间维度上，疫情暴发于西非，波及整个非洲。《非洲经济简报》报道，疫情导致非洲贸易和交通运输收入下降约 43%。据世界旅行和旅游理事会数据，疫情期间前往非洲的游客下降约 50%。在主体维度上，疫情对交通运输、旅游、农业和采矿业影响显著。[66] 疫情阻碍了农产品运输，导致农产品价格上升。各国禁令切断了贸易往来。采矿由于

① 中华人民共和国商务部. 核泄漏严重影响日本食品出口 [EB/OL]. http://osaka.mofcom.gov.cn/aarticle/jmxw/201104/20110407515484.html, 2011-4-25/2020-6-17.

② 中华人民共和国商务部. 世界卫生组织埃博拉疫情最新通报 [EB/OL]. http://nigeria.mofcom.gov.cn/article/express/zdsj/201411/20141100781647.shtml, 2014-10-31/2020-6-17.

③ 中华人民共和国商务部. 世界卫生组织宣布利比里亚埃博拉疫情结束 [EB/OL]. http://lr.mofcom.gov.cn/article/jmxw/201601/20160101235626.shtml, 2016-1-15/2020-6-17.

出行限制和工人流失而减少。西非三国总体经济损失约为28亿美元[67]。

**5. 2015年MERS**

2015年5月，首例MERS病例在韩国确诊。26日，韩国宣布疫情在国内医疗机构传播。在暴发的高峰期，2200多所学校关闭，17000多人被隔离。疫病未显示持续人际传播，因此未被列入国际公共卫生紧急事件。12月，世界卫生组织宣布疫情结束。空间维度上，疫情涉及韩国4个省市19个区域的15家医院。[68]在主体维度上，游客减少210万，旅游业损失26亿美元，住宿、餐饮服务和交通部门的损失分别为5.42亿美元、3.59亿美元和1.06亿美元。[69]2015年6月、7月住宿和餐饮服务业以及2015年6月交通运输业的服务指数均低于预期。在全球经济增长缓慢和疫情冲击下，韩国的经济增长率降至亚洲金融危机以来的最低水平。

**6. 五次事件异同及国家贸易恢复比较**

五次事件的共同点在于，无论是疾病蔓延还是放射性物质泄漏，都对事件发生国造成了广泛的经济损失，冲击地区和世界经济。事件持续时间越长、波及地域越广，对各国及地区、全球贸易的负面影响越大。差异性表现如下。①诱因不同。SARS是由冠状病毒引起的急性呼吸道传染病。甲型H1N1流感是病毒变体引发的全球流行疫病。核泄漏属强震触发核事故导致的重大突发公共卫生事件。MERS病毒感染病例最初出现在沙特阿拉伯，由国际旅行者引发在韩国流行。埃博拉病毒具烈性传染性，破坏性大。②持续时间、作用结果不同。SARS疫情持续约八个月，影响中国和全球经济。甲型H1N1流感持续约一年，多国限制旅行，禁止猪制品入境，影响墨西哥和美国贸易及世界经济。核泄漏影响日本农产品出口，至今仍有国家禁止进口来自其核辐射区的农食产品。埃博拉疫情持续约两年，影响非洲尤其是西非三国，导致贸易停滞，外资撤离，出现粮食危机。MERS在韩国的医疗系统传播，持续七个月，重创旅游业。

结合数据，我国2003年、2004年、2005年出口额同比增长率依次为34.59%、35.39%和28.42%，说明出口受到SARS的短期和滞后影响，但增长态势未改变。从国际旅游收入来看，我国2003年国际旅游收入比上年下降 13.96%。墨西哥、美国 2009 年出口额分别下降 21.13% 和 17.97%，国际旅游收入分别下降 14.83%、11.36%。日本 2011 年出口额上升 6.94%，国际旅游收入下降 18.38%，说明福岛农食出口的外贸份额有限。几内亚 2014 年出口额上升近 10%，2015 年下降 13.79%，说明疫情对出口有滞后作用。利比里亚和塞拉利昂 2014 年出口额都有所减少，与 2013 年相比分别下降 54.7%、19.04%。塞拉利昂 2014 年国际旅游收入下降 46.97%。韩国 2015 年出口额和国际旅游收入分别下降 8.02%、16.43%（见图 2、图 3）。

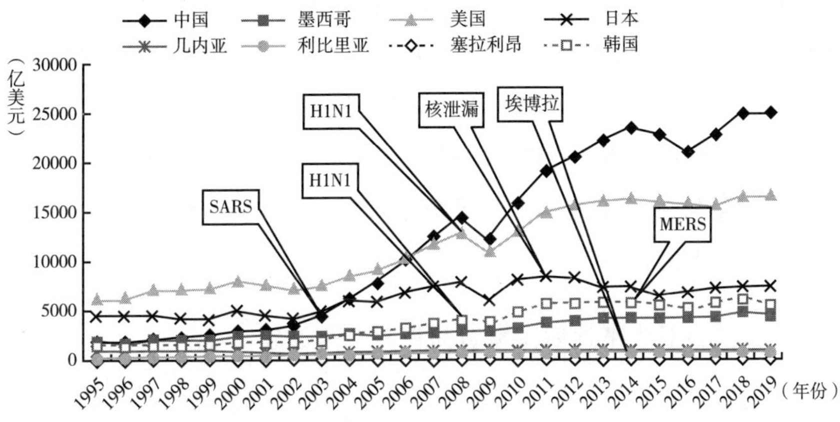


**图 2 世界卫生事件发生国商品出口额变动趋势（1995～2019 年）**

资料来源：世界银行数据库。

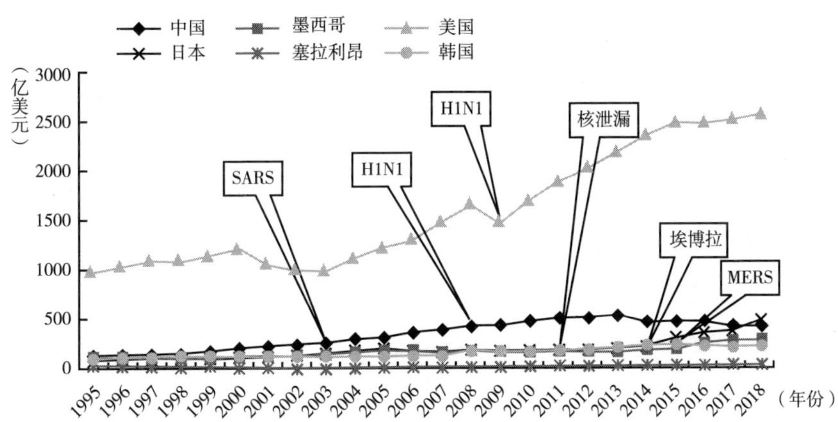


**图 3 世界卫生事件发生国国际旅游收入变动趋势（1995～2018 年）**

注：几内亚和利比里亚数据缺失。

美国、韩国等发达国家贸易恢复期较短。甲型 H1N1 流感期间墨西哥与美国维持贸易，两国出口额、旅游收入次年即恢复至疫情前水平。2003 年 SARS 未对我国出口产生显著冲击，主要影响旅游贸易。2004 年我国国际旅游收入比上年增加 48.37%，旅游贸易恢复明显。核泄漏对日本整体出口和旅游业冲击有限，对福岛影响明显。2011 年日本旅游收入下降，当年 9 月外国游客数量恢复到上年度的约 70%，2012 年超过事件发生前水平。《日本经济新闻》报道，2016 年福岛农产品出口开始复苏，出口量约 67 吨；次年约 210 吨，超过事件发生前水平。西非三国处于经济发展阶段，先后于疫情结束后一至两年恢复，时间较长且存在差异。几内亚恢复较快，2015 年出口额与上年相比略有上升，2016 年有所下降，但高于疫情前水平。2015 年利比里亚出口额缩减近 20.57%，至 2018 年仍未恢复。塞拉利昂出口额自 2015 年缓慢下降，2018 年有所上升但未恢复，当年旅游收入增加 200 万美元，之后波动上升。

### （二）世界卫生事件后国家贸易恢复对策比较

#### 1. 中国

2003 年，我国 GDP 增速保持在 9% 以上，SARS 的短暂拖累并未影响整体经济上行趋势。当年 4 月，中央财政设立 20 亿元 SARS 防治基金。5 月，我国公布施行《突发公共卫生事件应急条例》。同时，政府投入 117 亿元建设疾控设施，包括病房和信息报告系统等。在货币政策领域，前期保障防治疫情所需的合理信贷资金供应，中长期对受疫情影响较大的行业和地区实施适当信贷倾斜。在经济回稳、贸易回升态势确立后，央行调高存款准备金率 1 个百分点，货币政策有所收紧，保持货币信贷总量适度增长。空间维度上支持重点外贸省份。主体维度上对民航旅客运输、旅游服务等行业减免税费，对餐饮、旅游等减免部分政府性基金。

#### 2. 墨西哥、美国

2009 年 5 月，墨西哥对受疫情严重影响的中小企业和旅游交通业实施减税措施，并提供扶持资金，数额超过 10 亿美元。央行降低银行间利率，宣布7.8亿美元的融资计划，经由国家金融开发银行将资金注入经济体系，其中3.5亿美元用于支持中小企业。贸易恢复前期，美国经济处于金融危机后的低谷期，政策环境较为宽松；中后期美国通过法案推动经济复苏，以再投资、下调利率等方式，支持受影响的金融机构和实体企业，减轻家庭的债务负担。空间维度上，墨西哥和美国采取分区措施，维持未发生疫情地区的贸易往来。墨西哥政府还通过推行新的企业兼并和收购制度、促进东南部发展以平衡地区经济等举措来恢复经贸。

**3. 日本**

2011年4月，日本启动灾后恢复重建，建立环境监测体系，设立复兴厅，专款预算近20亿日元。① 在产业和企业等主体维度上，政府积极支持旅游业等受灾行业恢复，东京迪士尼等娱乐消费场所重新开业。为使企业尽快恢复营业，政府鼓励设置临时店铺，并投入扶持资金，修复破损建筑。设立日本金融公司和日本大地震重建专项贷款，减轻企业负担。对受灾企业尤其是办公设施在地震中被完全摧毁的中小企业，单独设置贷款限额，延长贷款和还款期限，降低利率。进入中后期，为恢复国内外消费者对事件发生地农食产品的信心，媒体、各国驻日大使以及社会各界频繁受邀前往福岛参观。

**4. 几内亚、利比里亚和塞拉利昂**

西非三国出台了短期应对政策，保障卫生系统和贸易恢复。几内亚政府强调贫困和文盲是导致疾病传播的原因，提出疫情是加强本国经济、社会和体制弹性的契机，制定20亿美元恢复计划，其中63%的资金用于健康、营养和卫生，并拨款改善教育和儿童服务，推动社会经济复苏。[70]利比里亚政府提出改善卫生基础设施和加强监测是疫情后的优先事项。塞拉利昂政府将实现全民医疗保险列为首要举措。国际上西非三国得到美国国立卫生研究院20万美元资助，以促进病毒研究。世界银行批准了国际开发协会1.1亿美

① 中华人民共和国商务部．日本一年耗尽1兆日元防灾费［EB/OL］. http://fukuoka.mofcom.gov.cn/aarticle/jmxw/201209/20120908330684.html, 2012-9-10/2020-6-17.

元资金，将区域疾病监测系统增强计划从西非三国扩展到西非国家经济共同体 15 个成员。

**5. 韩国**

2015 年 6 月，韩国央行下调利率至 1.5%，同时关注国内外金融外汇市场走向，应对突发状况。企划财政部发布专项融资支持，执行追加预算等财政保障措施，推动劳动、金融、公共事业及教育等领域的结构性改革，保证经济走势。在主体维度上，政府出台政策，下调汽车及大型家电的消费税。对于产业、企业和消费者，韩国文化观光部于 6 月 15 日发布旅游业支援方案，对旅游酒店业等行业提供 720 亿韩元特别融资支持，为赴韩旅客提供特殊保险，涵盖所有与 MERS 相关的医疗费和其他费用。韩国企业为积极顺应旅游业恢复，推出星期五购物节，将往年冬季的打折季提前以刺激内需，吸收疫情期间流向海外的购买需求。

**6. 五次事件贸易恢复对策比较**

相同点包括：①贸易恢复对策均涉及时间、空间和主体维度；②各国通常选择积极的宏观经济政策，重点关注受损行业、企业和消费者。不同点在于以下两方面。①贸易恢复对策的及时性和多样性存在差异。中国、墨西哥、美国、日本和韩国较快进入贸易恢复，推出支持产业和企业发展的对策；西非三国反应较慢，政策资源供给能力有限，依赖国际支持。②对策实施在时间、空间和主体维度有所不同。我国前期建立突发公共卫生事件应急机制，公布施行应急条例，完善卫生基础设施，中后期结合财政和货币政策保持贸易增长。墨西哥和美国中后期政策力度加大。日本前期以区域环境监测措施为基础，中后期借助政府官员对于事件发生地的推送和营销策略，促进事件发生地农产品出口恢复。西非三国政府前期应对较为缓慢，中后期贸易恢复对策嵌套在整体社会经济促进计划中，恢复效果较好的国家均借助国际援助，并推动国内医疗设施完善和经济发展。韩国实施经济刺激政策，企业营销策略具有特色（见表 2）。

**表 2　五次世界卫生事件国家贸易恢复对策比较**

| 事件 | SARS | 甲型 H1N1 流感 | 核泄漏 | 埃博拉 | MERS |
|---|---|---|---|---|---|
| 贸易恢复背景 | 2001 年中国"入世",2002~2003 年经济上行 | 2008 年世界金融危机;2009 年美国次贷危机;墨、美同属自贸区,后者是前者最大的贸易伙伴 | 2011 年大地震、海啸,核泄漏影响日本出口。福岛旨在结束核辐射灾难 | 西非三国长期贫困,经济欠发达 | 2014 年初,首尔渡轮沉没,国内消费缩减,央行降息 |
| 时间维度 | 反应适度侵略缓慢,前期建立和完善突发公共卫生事件应急响应机制 | 前期反应迟缓,中期综合措施力度加大,全社会动员 | 反应适度侵略缓慢,前期信息存在封锁和滞后 | 反应非常缓慢,始终依赖国际援助 | 反应适度侵略缓慢,中后期侧重于以产业、企业为主的恢复对策 |
| 空间维度 | 对受疫情影响严重地区实施支持对策 | 与贸易伙伴国实施分区措施,墨西哥采取区域经济政策 | 疫情发生地环境监测,灾后重建,农贸出口营销对策 | 国家经济贸易恢复、重建和转型,与援助组织合作 | 与发生地医疗机构合作,将疫病传播限制在医疗机构 |
| 主体维度 | 突发公共卫生事件应急对策,宏观经济政策 | 宏观经济政策,贸易政策,区域政策 | 宏观经济政策,官员高访营销,积极开发中国旅游市场 | 国际援助,宏观经济政策 | 宏观经济政策,企业经济救济,企业营销策略 |

# 五　世界卫生事件后国家贸易恢复对策设计

## （一）时间维度

### 1. 贸易恢复前期以短期对策为主

（1）采取短期财政和货币政策应对贸易停摆

疫情暴发后的隔离应急措施造成本国贸易往来突然中断，该时期贸易恢复对策以短期政策为主，重点应对世界卫生事件引起的贸易停摆。事件发生国应尽快实施具有针对性的短期财政增支减收以及适度宽松的货币政策，对受到事件严重冲击的产业和行业减税降费，并调低利率。短期财政、货币政策向本国外贸依存度较高的地区倾斜。为外贸企业开展特殊索赔、不可抗力证明等提供支持，[71]帮助其维持国外市场份额，避免员工失业。针对事件中受到较大冲击的产业和行业实施补贴和支持政策，减轻相关人员的社会经济负担，给予中小企业优惠和补贴，促进行业、企业复工复产，实施对策保障就业民生。

（2）实施宽松的贸易政策以维持贸易

世界卫生事件发生时，事件发生国的邻国及主要贸易伙伴国担心疫病通过贸易渠道传播，会发布贸易禁令或中断贸易。航班管制和边境关闭等不仅限制了执行这些措施的国家，而且对其他国家产生影响。SARS 期间，世界卫生组织发出全球旅游警示，我国旅游业损失严重。埃博拉疫情期间，西非三国的邻国关闭边境，影响本国市场供应和生计。美国和墨西哥采取分区措施维持非疫情地区的贸易往来，有利于中后期及时恢复贸易。除农食、医疗物资及其他特殊战略物资以外，事件发生国应实施宽松的贸易政策，保证贸易开放。

**2. 贸易恢复中后期以中长期对策为主**

（1）调整财政和货币政策以应对贸易萎缩和重构

在中后期，贸易萎缩和贸易重构是事件发生国依次面临的问题。由于前期贸易停摆，国内消费减少，进出口规模缩小，产业链、贸易链和资金链亟待恢复与重构。为实现系统性恢复，事件发生国应考虑政策组合的中长期效应，调整前期采取的宏观经济政策组合，突出各项对策的配合和一致性，对效果明显的对策加大实施力度，最大限度地发挥组合政策的经济激励效应，推动本国适时进入贸易正常化。财政政策包括经济补贴、减税降费、增加收入、保障就业等。货币政策旨在维持金融系统的稳定性，鼓励 FDI 流入本国，为保证市场有足够的流动性，可结合降低利率、增加公开市场操作规模等传统工具以及央行购债等非常规对策。

（2）推进贸易自由化便利化以恢复和扩大贸易

事件发生国应积极开展国际合作，避免贸易摩擦。与世界卫生组织、世界贸易组织、国际货币基金组织、国际开发银行积极协商，推出旨在实现本国贸易恢复且有利于促进地区或全球贸易发展的专项计划。在进口领域，应降低本国贸易壁垒，提高贸易自由化便利化程度；对于出口，应主动提升本国产品质量标准，应对各项技术性贸易措施。以世界卫生事件为契机，推动国际多边贸易组织改革与完善国际、区域贸易卫生合作机制。在与主要贸易伙伴国恢复进出口的同时，积极开拓其他国外市场，为恢复和扩大贸易规模提供支持。

### （二）空间维度

#### 1. 世界卫生事件发生国：突出国内贸易恢复对策的地区差异

（1）疫情发生地

事件发生国尤其是疫情发生的城市和地区受到最大的负面冲击。疫情发生地贸易占全国外贸比重越大，或处于全国经济发展、交通物流的核心节点，对贸易恢复的不利影响越大。如果疫情发生地是一国外贸依存度较高、嵌入全球产业链较深的地区，其外贸及外向型行业和企业的复工复产将直接影响该国贸易恢复的效果和速度。事件发生国应针对疫情发生地采取专项对策，包括财政、货币和外贸政策，实施力度可高于全国平均水平，以应对来自国内外的多重约束。在贸易恢复前期和中后期，一国应始终避免疫情发生地贸易链断裂的风险，支持疫情发生地渡过贸易规模在短期内急剧下降的低谷，实现国内不同地区防控措施放松与贸易恢复对策加强的衔接，为疫情发生地及时进入贸易正常化提供支持。

（2）未发生疫情地

在疫情发生国国内，事件波及地域具有空间特征。疫情最先暴发的城市受世界卫生事件负面冲击最大。如果一国防疫措施及时，疫情限制在部分城市和局部地区。在贸易恢复前期，事件发生国可依据分区措施，保持未发生疫情的国内地区与其他国家和地区的贸易往来，特别是保障易受卫生事件影响的农食贸易、国际旅游贸易等正常开展。同时，保障未发生疫情地区与发生疫情地区之间的贸易和人员流动，为疫情发生地提供物资和人力支持。进入恢复中后期，未发生疫情地区、受疫情影响较轻地区或有条件的地区可积极协商已经签订的贸易协定框架、拓展新的贸易合作机会，率先恢复贸易。

#### 2. 主要贸易伙伴国：维持贸易，不同类别贸易先后恢复

世界卫生事件对疫情发生国产生直接冲击，波及主要贸易伙伴国的进出口。从事件发生至结束，事件发生国应始终关注与主要贸易伙伴国的贸易联系。世界卫生事件对服务贸易、人员流动的影响通常大于对商品贸易的冲击，对农食产品的影响大于对工业制成品的影响。世界卫生事件发生国应保障与主要贸易伙伴国的商品贸易往来和经济要素流动，及时与主要贸易伙伴国更新相关合同，保障合同续约以及贸易谈判正常进行。商品贸易恢复可先于服务贸易恢复，工业制成品贸易可先于农食产品贸易恢复。

#### 3. 其他贸易伙伴国：保障贸易网络，维护市场份额

除主要双边贸易伙伴国之外，与其他贸易伙伴国的贸易往来影响本国进出口网络的稳定性和韧性。事件发生国需关注贸易网络及国际资本流入、流出本国的趋势，恢复国外投资者对本国市场的信心。事件暴发时期，相关国家容易受到其他国家的影响而相继提高技术性贸易壁垒，或出台过于严格的标准或程序。为避免应急措施干扰正常贸易，世界卫生事件发生国应及时与其他贸易伙伴国进行磋商，特别是已签署区域经济合作协定或贸易协定的国家，实施政策保障贸易网络，维护本国企业尤其是中小企业在国外市场的贸易份额。

### （三）主体维度

#### 1. 国际：加强合作，避免摩擦

世界卫生事件发生国应保持与国际或地区经济贸易组织的密切联系，与世界卫生组织、世界贸易组织、国际货币基金组织、国际开发银行等国际组织以及主要地区经济联盟等保持联系，争取必要的国际支持，加强合作。一国主要贸易伙伴通常由地理、历史、贸易互补和竞争性因素决定，具有稳定性。与这些国家签订和更新贸易协议，可缓解中后期贸易恢复压力。事件发生国可与主要贸易伙伴国在已签订贸易合作框架协议内维持贸易，采取积极

应对技术性贸易措施，对新出现的问题及时协商，避免不必要的贸易摩擦。

**2. 国家：划分区域，实现贸易多元化**

事件发生国应出台积极的财政与货币政策，区分国内发生疫情的地区和未发生疫情的地区，保障差异化的防控措施和贸易恢复对策，为不同地区先后及时进入经济贸易正常化运行阶段提供空间。事件发生国还需考察贸易恢复对策与国内不同地区贸易恢复方案的对接，前瞻性地推进国内主要外贸地区实现贸易恢复，增强韧性，实现进出口市场多元化。

**3. 产业：补贴受损行业，推进产业联盟**

埃博拉和 MERS 疫情对本国第三产业冲击最大，特别是旅游、餐饮和以消费者流动及聚集为前提的服务业，其次是第二和第一产业。甲型 H1N1 流感主要对农食贸易造成影响，并波及旅游服务业。核泄漏事件直接影响了发生地的农食贸易，但放射性物质泄漏造成的健康问题以及人们对当地产品、环境的担忧至今仍未完全消除。在产业层面，世界卫生事件发生国应对受到事件影响的重点产业实施补贴政策，发布国内相关产业变动状况以及国外产业、商会最新市场信息，对重要领域、重点产业实施有针对性的扶持政策。推动建立本国产业联盟，或依托已有的产业联盟促进贸易复苏。

**4. 企业：资金和信贷支持，拓展国际市场**

事件发生国应对外贸企业特别是中小企业提供资金和信贷支持，对受到世界卫生事件影响严重的中小企业，实施减税降费，精准恢复。对贸易额严重减少、国外市场份额明显萎缩的重要贸易企业，实施对策保证就业率，支持企业开拓国外市场。当地未发生疫情的外贸企业应积极签署外贸协议，保持贸易往来；当地有疫情发生的企业在贸易恢复前期主要维持贸易活动，在贸易恢复中后期实现贸易恢复和贸易增长。本国外贸企业可以世界卫生事件为契机，积极提升产品和服务质量、创新产品和服务理念、开拓对外贸易市场。

**5. 消费者：消费激励，提升需求**

在 MERS 疫情中，国家层面的消费者经济复苏计划、企业推出的营销刺激措施均增强了消费者的信心，加快了国家贸易恢复进程。事件发生国可针对消费者实施优惠措施和消费激励，恢复国内外消费者的购买信心和购买力。贸易企业可针对国内外消费者制定营销策略，刺激消费者需求，恢复社会总需求，为本国经济社会运转提供支撑和动力。适时设计、推出满足疫情后消费者需求的产品和创意，实现产品和服务创新，进一步促进消费者购买力回升。

综上所述，结合理论框架和案例分析，世界卫生事件后国家贸易恢复对策设计应体现时间、空间和主体维度。根据世界卫生事件扩散及其影响的时间特征，贸易恢复对策设计可分前期、中期和后期进行构建；从空间视角来看，贸易恢复对策应体现对事件发生国国内不同地区、主要贸易伙伴国和其他国家的差异性；在主体维度上应充分考虑受到世界卫生事件影响的不同利益相关者的诉求（见表3）。

**表3　时间、空间和主体维度的对策池及适用范围**

<table>
<tr><td colspan="4">时间维度</td></tr>
<tr><td>前期（三个月至半年）</td><td colspan="2">应对贸易停摆的短期财政、货币与贸易对策</td><td rowspan="3">增加开支，减税降费，降息，为企业提供信贷支持，为雇员提供收入补助，发放现金，减少或延迟缴纳税款，延迟偿还债务，调整汇率、关税</td></tr>
<tr><td>中期（半年至一年半）</td><td colspan="2">应对贸易萎缩的中期财政、货币与贸易对策</td></tr>
<tr><td>后期（一年半至两年）</td><td colspan="2">应对贸易重构的长期财政、货币与贸易对策</td></tr>
<tr><td colspan="4">空间维度</td></tr>
<tr><td rowspan="2">世界卫生事件发生国</td><td>疫情发生地</td><td>警惕贸易禁令</td><td>宏观经济政策，专项支持对策，保持贸易活动</td></tr>
<tr><td>未发生疫情地</td><td>采取分区措施</td><td>协商已签订的贸易协定，拓展贸易合作机会，率先恢复贸易</td></tr>
<tr><td rowspan="2">贸易伙伴国</td><td>主要贸易伙伴国</td><td>不同类别贸易先后恢复</td><td>加强合作，保证贸易往来；提升产品质量标准，积极应对技术性贸易措施；保障双边货运，部分商品贸易可先恢复；及时更新合同，保障合同续约及贸易谈判正常进行</td></tr>
<tr><td>其他贸易伙伴国</td><td>保障贸易网络</td><td>及时磋商，特别是已签署区域经济合作协定或是贸易协定的国家；关注商品、资金流向，拓展市场</td></tr>
</table>

续表

| 主体维度 | |
|---|---|
| 国际 | 更新、推进已签订的贸易合作框架协议，维持贸易，避免贸易摩擦；调整贸易政策，应对技术性贸易措施；签署新的贸易协议，鼓励进出口；与世界卫生组织、世界贸易组织、国际货币基金组织、国际开发银行等国际组织及主要地区经济联盟等保持联系，争取国际支持，加强国际合作 |
| 国家 | 与主要贸易伙伴国保持贸易；实施积极的财政与货币政策；区分国内疫情发生地和未发生地，实施差异化的防控措施和贸易恢复对策，促进不同地区先后进入经济贸易正常化；结合区域经济发展规划，推进国家恢复对策与各地贸易恢复方案对接，提升外贸市场多元化，增强韧性 |
| 产业 | 对受到世界卫生事件影响的重点产业实施补贴政策；追踪国外市场发展动向，促进本国相关产业建立产业联盟，或依托已有产业联盟推动本产业的贸易复苏，推进产业标准国际化，保持和拓展国外市场；发布国内外产业动态、商会的最新市场信息，实施有针对性的扶持和推进政策 |
| 企业 | 对外贸企业特别是中小企业提供资金和信贷支持；精准恢复、减税降费，保障就业率，为企业开拓国外市场提供便利；鼓励签署外贸协议，提升外贸企业产品和服务质量，增强国际竞争力；稳固和拓展对外贸易网络；针对国内外消费者推出营销策略，刺激需求，实现产品和服务创新 |
| 消费者 | 各项优惠措施，鼓励购买，恢复与提高国内、国际消费者的购买信心和购买力 |

## 六 结论

本文比较了五次世界卫生事件国家贸易恢复情况及实施对策，基于国际贸易风险管理理论建立世界卫生事件后国家贸易恢复理论框架，给出了应对世界卫生事件后国家贸易恢复对策的设计思路，研究得出如下结论。①世界卫生事件的突发性和差异性增加了事件发生国实现贸易恢复的难度。五次卫生事件在疫情种类、传播时间、扩散地域上存在明显差别，事件发生国的贸易恢复能力均有待提高。②五次卫生事件的贸易恢复对策具有一致性和差异性。事件发生国采取的贸易恢复对策涉及时空维度和具体层面，但完备性和系统性有所不同。③伴随贸易风险由单一向多维转变，世界卫生事件后国家贸易恢复对策应从时间、空间和主体维度实施。贸易恢复前期、中后期分别以短期政策和中长期政策为主，分别应对贸易停摆、贸易萎缩和重构问题，贸易恢复对策短期向本国事件发生地和相关产业倾斜，长期注重国家经济贸易系统性恢复和提升。在空间和主体维度上，事件发生国应积极与国际和地区经贸组织、主要贸易伙伴国保持联系和贸易往来，实现本国不同地区、不同类别贸易的先后恢复。

世界卫生事件暴发暴露出全球治理的弱点，突出表现为公共卫生体系和经济体系反应缺乏协调，仍未能以平衡健康威胁和经济贸易威胁的方式来管理世界卫生事件。建立世卫组织－世贸组织联合委员会来应对这些冲突，有利于实现这一平衡。[72]面对每一次事件，贸易恢复措施都尚有提升的空间。核泄漏事故应对不力[61]，甲型 H1N1 流感的应对措施依然不充分[71]，MERS 和埃博拉疫情的管理因反应迟缓而受到指责[3]。实现单一应急式对策向长效储备式对策体系的转变，是应对世界卫生事件的必然选择。

此外，世界卫生事件后国家贸易恢复对策实施，不仅对贸易、投资具有短期冲击，其滞后效应也会随之显现。贸易恢复对策对当期经济活动产生作用，其政策效果发挥也存在远期影响。为提高贸易恢复对策的效果，需要对事件发生国应对世界卫生事件采取贸易恢复对策的实施效果及时进行评估。本文采取了出口额、国际旅游收入等指标描述贸易恢复，长期来看，建立世界卫生事件后国家贸易恢复评价指标体系，有利于判断、检验相关对策的效果和效率，实现我国应对世界卫生事件后贸易恢复对策的优化选择。这是未来具有科学价值的研究方向。

**参考文献**

[1] A. G. Buseh, P. E. Stevens, M. Bromberg, et al. The Ebola Epidemic in West Africa [J]. Nursing Outlook, 2015, 63 (1): 30－40.

[2] J. Pike, T. Bogich, S. Elwood, et al. Economic Optimization of A Global Strategy to Address the Pandemic Threat [J]. Proceedings of the National Academy of Sciences,

2014, 111 (52): 18519 - 18523.

[3] A. R. Stephens. The Need for Emergency Economic Policy Options to Mitigate the Economic Impacts of Epidemics [J]. Regional Economies and Policies, 2017, 2 (2): 1 - 11.

[4] H. A. Elshabrawy, T. B. Erickson, B. S. Prabhakar. Ebola Virus Outbreak, Updates on Current Therapeutic Strategies [J]. Reviews in Medical Virology, 2015, 25 (4): 241 - 253.

[5] R. Maconachie, G. Hilson G. Ebola and Alluvial Diamond Mining in West Africa: Initial Reflections and Priority Areas for Research [J]. The Extractive Industries and Society, 2015, 2 (3): 397 - 400.

[6] H. Fang, L. Wang, Y. Yang. Human Mobility Restrictions and the Spread of the Novel Coronavirus in China [R]. NBER Working Paper, No. 26906, 2020.

[7] J. Lee, W. J. Mckibbin. Globalization and Disease: The Case of SARS [J]. Asian Economic Papers, 2004, 3 (1): 113 - 131.

[8] S. Moon, D. Sridhar, M. A. Pate, et al. Will Ebola Change the Game? Ten Essential Reforms before the Next Pandemic. [J]. The Lancet, 2015, 386 (10009): 2204 - 2221.

[9] C. Hall. Impact of Avian Influenza on US Poultry Trade Relations - 2002 - H5 or H7 Low Pathogenic Avian Influenza: Annals of the New York Academy of Sciences [C], USA, 2004.

[10] C. Wieck, S. W. Schlueter, W. Britz. Assessment of the Impact of Avian Influenza - related Regulatory Policies on Poultry Meat Trade and Welfare [J]. World Economy, 2012, 35 (8): 1037 - 1052.

[11] C. Davis, J. Dyck. Shocks to A Trading System: Northeast Asia Poultry Trade and Avian Influenza [J]. International Food & Agribusiness Management Review, 2015, 18: 99 - 114.

[12] K. Johnson, A. Hagerman, J. Thompson. Factors Influencing Export Value Recovery after Highly Pathogenic Poultry Disease Outbreaks [J]. International Food and Agribusiness Management Review, 2015, 18: 27 - 41.

[13] G. Fournie, A. Tripodi, T. Nguyen. Investigating Poultry Trade Patterns to Guide Avian Influenza Surveillance and Control [J]. Scientific Reports, 2016, 6: 29463.

[14] 雷家骕. 谈 SARS 对中国经济的影响 [J]. 经济管理, 2003 (13): 21 - 24.

[15] 严清华. 正确认识 SARS 对中国经济的影响 [J]. 武汉大学学报, 2003 (4): 392 - 393.

[16] 黄兆银. SARS 挑战中国对外贸易 [J]. 武汉大学学报, 2003 (4): 408 - 409.

[17] 牛犁. SARS 对中国外贸的滞后影响 [J]. 国际贸易, 2003 (7): 14 - 16.

[18] 张秀生. 全面看待 SARS 对中国产业发展的影响 [J]. 武汉大学学报, 2003 (4): 396 - 397.

[19] 南开大学 SARS 对经济影响研究课题组. SARS 对中国经济的影响与对策 [J]. 南开学报, 2003 (4): 1 - 5.

[20] 胡罡，欧阳文和 . SARS 对中国经济及经济环境影响的预测［J］. 求索，2003（4）：50 – 51.

[21] 王永宁，徐小钦，贺双瑜 . 类 SARS 危机对需求抑制的经济学分析［J］. 商业研究，2004（12）：5 – 8.

[22] 孙玉环 . 基于 SARIMA 模型的 SARS 对中国入境旅游收入影响的定量分析［J］. 旅游科学，2006（1）：18 – 21.

[23] 薛刚，孙根年 . 2003 年 SARS 对国内旅游影响的后评价［J］. 经济地理，2008，28（6）：1059 – 1063.

[24] 李艳芳，杜为公 . H7N9 禽流感对我国经济的间接影响分析［J］. 武汉工业学院学报，2013，32（3）：119 – 121.

[25] 沈国兵 . 新冠肺炎疫情对我国外贸和就业的冲击及纾困举措［J］. 上海对外经贸大学学报，2020，27（2）：16 – 25.

[26] A. Torres, M. David, Q. Bowman. Risk Management of International Trade: Emergency Preparedness [J]. Journal of International Bureau of Animal Health Science and Technology, 2002, 21 (3): 493 – 496.

[27] J. Suk, T. Van Cangh, J. Beaute. The Interconnected and Cross – border Nature of Risks Posed by Infectious Diseases [J]. Global Health Action, 2014, 7 (1): 25287.

[28] D. Swayne, R. Hill, J. Clifford. Safe Application of Regionalization for Trade in Poultry and Poultry Products during Highly Pathogenic Avian Influenza Outbreaks in the USA [J]. Avian Pathology, 2017, 46 (2): 125 – 130.

[29] T. Wu, C. Perrings, S. Su. The Live Poultry Trade and the Spread of Highly Pathogenic Avian Influenza: Regional Differences between Europe, West Africa, and Southeast Asia [J]. Plos One, 2018, 13: 12.

[30] L. Zhou, L. Li, L. Lei. Avian influenza, Non – tariff Measures, and the Poultry Exports of China [J]. Australian Journal of Agricultural and Resource Economics, 2019, 63 (1): 72 – 94.

[31] C. Poolkhet, P. Chairatanayuth, S. Thongratsakul. Social Network Analysis for Assessment of Avian Influenza Spread and Trading Patterns of Backyard Chickens in Nakhon Pathom, Suphan Buri and Ratchaburi, Thailand [J]. Zoonoses And Public Health, 2013, 60 (6): 448 – 455.

[32] S. Molia, I. Boly, R. Duboz. Live Bird Markets Characterization and Trading Network Analysis in Mali: Implications for the Surveillance and Control of Avian Influenza and Newcastle Disease [J]. Tropical Records, 2016, 155: 77 – 88.

[33] C. Wilasang, A. Wiratsudakul, S. Chadsuthi. The Dynamics of Avian Influenza: Individual – based Model with Intervention Strategies in Traditional Trade Networks in Phitsanulok Province, Thailand [J]. Computational and Mathematical Methods in Medicine, 2016 (3): 1 – 12.

[34] A. Meyer, T. Dinh, T. Han. Trade Patterns Facilitating Highly Pathogenic Avian Influenza Virus Dissemination in the Free - grazing Layer Duck System in Vietnam [J]. Transboundary and Emerging Diseases, 2018, 65 (2): 408 - 419.

[35] J. Sealy, G. Fournie, P. Trang. Poultry Trading Behaviors in Vietnamese Live Bird Markets as Risk Factors for Avian Influenza Infection in Chickens [J]. Transboundary and Emerging Diseases, 2019, 66 (6): 2507 - 2516.

[36] H. Schluter. Effective Animal Disease Control—An Epidemiological and Financial Point of View [J]. Veterinary Review, 2004, 59 (11): 655 - 660.

[37] J. A. Backer, H. van Roermund, E. Fischer. Controlling Highly Pathogenic Avian Influenza Outbreaks: An Epidemiological and Economic Model Analysis [J]. Preventive Veterinary Medicine, 2015, 121 (1): 142 - 150.

[38] E. O'Brien, R. Taft, K. Geary K. Best Practices in Ranking Communicable Disease Threats: A Literature Review, 2015 [J]. Euro Surveillance, 2016, 21 (17): 30 - 40.

[39] S. Y. Naghani, R. Dara, Z. Poljak. A Review of Knowledge Discovery Process in Control and Mitigation of Avian Influenza [J]. Animal Health Research Reviews, 2019, 20 (1): 61 - 71.

[40] J. Lee, Y. Ko, E. Jung. Effective Control Measures Considering Spatial Heterogeneity to Mitigate the 2016 - 2017 Avian Influenza Epidemic in the Republic of Korea [J]. Plos One, 2019, 14 (6): e0218202.

[41] 许祖华．上海社会公共卫生突发事件及其应急对策 [J]. 中国公共卫生，1997 (1): 65 - 66.

[42] 陈晓东，沈慧君．环境卫生突发事件调查处理 [J]. 环境与健康杂志，1998 (5): 48 - 50.

[43] 谭春梅，董柏青，黄林，梁绍伶，杨美才．广西校园内公共卫生突发事件原因分析及控制措施 [J]. 广西预防医学，2002 (6): 342 - 345.

[44] 石长华，龚晗英．完善我国突发公共卫生事件应对技术性贸易措施体系初探 [J]. 口岸卫生控制, 2013, 18 (3): 1 - 4.

[45] 贺蕾，郝佩佩．印度家禽进口禁令贸易争端分析及启示 [J]. 世界农业，2019 (12): 71 - 77.

[46] 张宝贵．SARS 层面的中国经济增长：经济分析与政策选择 [J]. 统计与决策，2004 (1): 47 - 48.

[47] 马丽君，江恋，孙根年．菲律宾入境中国旅游与贸易对重大事件的响应及相关关系 [J]. 华中师范大学学报，2015, 49 (4): 623 - 629.

[48] 张瑞荣，毛藤熹，闫凯．中国肉鸡产品出口变动轨迹分析 [J]. 农业技术经济，2015 (5): 85 - 91.

[49] 李燕凌，刘紫萱，王雯哲等．政府干预 H7N9 亚型流感疫情的演化博弈研究 [J]. 中国家禽，2018, 40 (10): 1 - 7.

[50] 齐峰，朱新光．论中国-东盟自由贸易区公共卫生安全合作机制的构建战略［J］．太平洋学报，2006（3）：77-85.

[51] 张业亮．美国的全球卫生安全政策——以大湄公河次区域为例的国际政治分析［J］．美国研究，2014，28（3）：9-38.

[52] 徐彤武．埃博拉战争：危机、挑战与启示［J］．国际政治研究，2015，36（2）：33-60.

[53] 刘志华．区域性应急物流的特点探讨［J］．统计与决策，2009（5）：186-188.

[54] 李燕凌，吴楠君．突发性动物疫情公共卫生事件应急管理链节点研究［J］．中国行政管理，2015（7）：132-136.

[55] 冯允怡．突发性动物疫情公共卫生事件应急能力研究［D］．湖南农业大学硕士学位论文，2016.

[56] 李燕凌，刘超．中国突发动物疫情公共卫生事件研究脉络与主题热点的可视化分析［J］．中国动物传染病学报，2019，27（2）：83-95.

[57] 邵柏，魏珊，刘明杰．国际突发公共卫生事件应对措施对国际贸易的影响及对策研究［J］．口岸卫生控制，2019，24（4）：1-3.

[58] 黄荣文．国际贸易风险研究［D］．福建师范大学博士学位论文，2002.

[59] 吴建功．国际贸易风险管理理论研究的评述与展望［J］．经济学动态，2008（7）：80-84.

[60] 徐彤武．当代全球卫生安全与中国的对策［J］．国际政治研究，2017，38（3）：9-37.

[61] J. A. Backer, H. van Roermund, E. Fischer. Controlling Highly Pathogenic Avian Influenza Outbreaks: An Epidemiological and Economic Model Analysis [J]. Preventive Veterinary Medicine, 2015, 121 (1): 142-150.

[62] I. Bashynska, O. Sokhatska, T. Stepanova. Modelling the Risks of International Trade Contracts [J]. 2019, 8 (11): 2815-2820.

[63] W. Ekonomiczny, K. Meksyku. The Mexican Economic Crisis [J]. Universidad Iberoamericana Puebla, 2009, 16 (2): 117-139.

[64] D. Rassy, D. R. Smith. The Economic Impact of H1N1 on Mexico's Tourist and Pork Sectors [J]. Health Economics, 2013, 22 (7): 824-834.

[65] I. Georgeta. The Effects of the Natural Disaster on Japan's Economy and Few Measures to Economic Recovery [J]. Euro Mentor Journal—Studies about Education, 2011 (3): 62-70.

[66] C. Poletto, M. Gomes, A. Piontti, et al. Assessing the Impact of Travel Restrictions on International Spread of the 2014 West African Ebola Epidemic [J]. Euro Surveillance: European Communicable Disease Bulletin, 2014, 19 (42): 20936.

[67] C. Coltart, B. Lindsey, I. Ghinai. The Ebola Outbreak, 2013-2016: Old Lessons for New Epidemics [J]. Philosophical Transactions of the Royal Society B: Biological

Sciences, 2017, 372 (1721): 297.

[68] K. Ha. A Lesson Learned from the MERS Outbreak in South Korea in 2015 [J]. Journal of Hospital Infection, 2016, 92 (3): 232 - 234.

[69] H. Joo, B. Maskery, A. Berro. Economic Impact of the 2015 MERS Outbreak on the Republic of Korea's Tourism - related Industries [J]. Health Security, 2019, 17 (2): 100 - 108.

[70] A. Green. West African Countries Focus on Post - Ebola Recovery Plans [J]. The Lancet, 2016, 388: 2463 - 2465.

[71] H. Jung, M. Park, K. Hong K. The Impact of An Epidemic Outbreak on Consumer Expenditures: An Empirical Assessment for MERS Korea [J]. Sustainability, 2016, 8 (5): 454.

[72] T. Mackey, B. Liang. Lessons from SARS and H1N1/A: Employing a WHO - WTO Forum to Promote Optimal Economic - public Health Pandemic Response [J]. Journal of Public Health Policy, 2012, 33 (1): 119 - 130.

# Isolation and Unsealing: A Study on Trade Recovery Strategies of Countries with World Health Events

Yang Lijuan　Du Weigong

**Abstract:** World health events impact foreign trade. It is the key to reduce the burden and boost the national economy to design countermeasures to realize the recovery of trade. Based on the theory of international trade risk management, this paper establishes the theoretical framework of national trade recovery countermeasures of world health events, compares the national trade recovery countermeasures of five world health events, and puts forward the design ideas of trade recovery countermeasures. With the change of trade risk from single to multi-dimensional, short-term policy is the main policy in the early stage of trade recovery, and the medium and long-term policy is the main policy in the middle and late stage of recovery to prevent trade friction and timely enter trade normalization. In the dimension of time, space, and subject, it is necessary to change the design from emergency single trade recovery strategy to reserve comprehensive and long-term trade recovery strategy. The conclusion of this study is of great significance to improve China's trade recovery strategy in response to world health events.

**Keywords**: World Health Events; National Trade Recovery; Reserve Synthesis

# 综合应急管理制度研究

风险灾害危机研究第十四辑
第 111—137 页


# 日本灾害废墟管理政策：形成机制、体系特征与实践启示*

沙勇忠　赵盼盼**

**摘　要：** 灾害废墟管理是应急管理的重要内容之一，其整体管理水平已经成为评判政府应对突发自然灾害能力以及恢复重建质量的重要指标之一。灾害废墟管理的全局性和复杂性特点决定了其系统性政策安排的必要性。日本是较早进行灾害废墟管理实践的国家之一，在长期的自然灾害应对过程中，逐渐积累了丰富的管理经验并形成了较为完善的政策体系。本研究回顾了日本灾害废墟管理政策的发展历程，结合多源流理论模型探究了政策体系形成的促发因素和耦合机制，继而深入解读了政策体系的基本特点。未来我国应该逐步构建灾害废墟管理专项政策体系，围绕应急管理的灾害减缓、准备、响应、恢复四个阶段，对每个阶段废墟管理的目标任务进行规划与设计，主体上形成多元参与基本格局，并为灾害废墟管理实践的推动营造良好环境。

**关键词：** 灾害废墟；日本；应急管理；多源流理论

* 基金项目：本文系教育部哲学社会科学研究重大课题攻关项目“大数据驱动的城市公共安全风险研究”（项目编号 16JZD023）、国家社会科学基金面上项目“基于公众风险感知动态监测的应急响应信息沟通研究”（项目编号 17BTQ056）的阶段性研究成果。

** 作者简介：沙勇忠，兰州大学管理学院教授，博士生导师，主要研究方向为公共危机管理、公共信息管理；赵盼盼，兰州大学管理学院博士研究生，主要研究方向为公共危机管理、公共政策规划与评估。

## 一　问题的提出

伴随着重大自然灾害的频发以及救灾实践的不断深入，灾害废墟对应急管理所产生的重要影响被不断关注和认识。[1]据统计，灾害发生时短时间、一次性产生的废墟量可能相当于受影响地区 5 ~ 15 年废物量的总和。[2]2008 年我国汶川地震产生约 2000 万吨废墟，[3]2011 年日本“3・11”大地震中，海啸给仅有 3.7 万人的釜石市带来 82 万吨废墟，相当于该市数十年的垃圾总量。[4]这些数量庞大、内容混杂的灾害废墟往往超过了受灾地区和平时期的废弃物处理能力，给灾后救援、恢复重建以及环境保护带来了巨大的障碍与威胁。

充分的政策准备是科学、有序应对非常时期所产生废墟的基本前提与关键。在世界范围内，日本在长期的自然灾害应对过程中逐渐积累了丰富的灾害废墟管理经验，并形成了较为完善的灾害废墟管理政策体系。联合国环境规划署曾表示，日本在分类和处理地震废墟方面所做的卓有成效的工作值得各国借鉴。[5]因此，对日本灾害废墟管理政策体系的演化脉络、形成机制、体系特征及实践经验进行梳理与理论解读，对发展和完善我国的灾害废墟管理政策具有借鉴价值和现实意义。

## 二　日本灾害废墟管理政策的发展过程与基本结构

### （一）发展阶段

#### 1. 探索性起步：单一性灾害废墟管理政策制定

1995 年 1 月 17 日，日本发生了里氏 7.2 级的阪神・淡路大地震，由于《灾害对策基本法》救援启动程序复杂，导致失去了最佳应对时机，废墟堆积和各种次生灾害的发生、蔓延，给日本政府和民众留下深刻教训。1995 年 3 月 1 日通过的《关于为应对阪神・淡路大地震的特别财政援助的法律》

规定，“给予因地震而损坏的废弃物处理设施 80% 的财政补贴”，以援助受灾地区进行灾害废弃物处理。[6]之后，日本开始重新审视全国防灾体系，将灾害废墟管理政策的制定提上议程。

1996 年 1 月，厚生省修改了《厚生省防灾业务计划》，其中明确规定了与废墟处理有关的防灾机制完善、灾害废墟处理、一般废弃物处理设施修复等内容。[7]1998 年，厚生省进一步总结“阪神·淡路”大地震中灾害废墟处理的经验教训，制定了第一份灾害废墟管理专项政策——《震灾废物对策指南》，为应对未来可能发生的地震所产生的废墟处理提供指导。[8]2004 年日本新潟县、福井县连降暴雨，又受第 16 号台风和第 23 号台风的影响，短时间内产生了大量废物，道路被阻塞，连日常垃圾的收集、运输和处置都困难，受灾市町村迫切需要洪水灾害废墟处置对策的指导。2005 年 6 月，环境省总结洪水灾害废墟处置的经验教训，结合《震灾废物对策指南》制定了《水害废物对策指南》。[9]2006 年，日本环境省总结“阪神·淡路”大地震中有关防止石棉飞散的经验，编制了《关于防止灾害时石棉飞散的操作手册》，以寻求灾害时快速合理处置含石棉的建筑物，防止拆卸过程中石棉飞散对人体健康或生活环境产生损害。[7]

**2. “井喷”式增长：大规模灾害发生时的专项政策制定**

2011 年 3 月 11 日，日本发生里氏 9.0 级大地震，并引发海啸、导致核电站发生核泄漏，产生了巨量兼有地震、洪水以及核污染特征的灾害废墟，混杂程度与处理难度前所未有，对日本的灾害应对能力提出了严峻考验，促使日本出台了一系列针对此次大地震的灾害废墟管理政策法规。2011 年 5 月 16 日，环境省制定了《东日本大地震灾害废物处理指南》，以高效推进灾害废物的处理；2011 年 6 月 23 日，环境省制定了《福岛县内灾害废物处理指南》，以处理福岛核电站泄漏所污染的废墟；2011 年 7 月 13 日，环境省制定了《东日本大地震海啸沉积物处理指南》，以指导处理海啸沉淀物；2011 年 8 月，日本政府颁布了《东日本大地震灾害废物处理特别措施法》和《放射性物质污染对策特别法》；为了促进区域协作，2011 年 8 月 11 日，环境省制定了《推进东日本大地震灾害废物广域处理的方针》；2011 年 11

月 18 日，环境省制定了《东日本大地震海上灾害废物处理指南》，指导处理地震、海啸发生时流入海中的废墟[10]。

**3. 阶段性形成：挫折后的政策系统梳理与完善**

日本“3·11”大地震使日本付出了惨痛代价，也成为加快日本灾害废墟管理政策体系形成的“推动器”。日本国会以及环境省对当时的灾害废墟管理法律与政策进行了梳理与反思，作了大幅度的调整与补充。2013 年 5 月，在《第三次循环型社会形成推进计划》中，日本特别强调了大规模灾害的废弃物应对问题，要求相关部门与地方政府认真总结东日本大地震的经验教训，全面修改灾害废弃物处理方针，建立协作与支援机制，强化废弃物处理系统的灾害应对能力，在恢复与重建阶段灵活处理好废弃物的循环利用问题，并就部分法律政策的修订时间做出了具体进度安排。[11]2013 年底，日本政府汇总并制定了《国土强韧化政策大纲》，设定了“即便在大规模灾害发生后，也要创造能够迅速重建社会、恢复经济的条件”的目标，在理念上旨在推进韧性社会建设，提出要避免出现“导致灾害废弃物处理停滞，进而严重耽误重建、复兴进程的事态”，并制定了具体的推进计划。2013 年 12 月，日本颁布了《国土强韧化基本法》，以立法的形式确保防灾减灾措施落实。2014 年 6 月，日本编制完成了《国土强韧化基本规划》，该规划在日本的规划编制体系中属于最顶层规划，对全国空间规划、防灾减灾规划都具有指导性意义。同时，日本要求各级政府编制相应的地方强韧化建设规划。

依据《国土强韧化政策大纲》的政策规划与安排，2014 年日本环境省将《震灾废物对策指南》和《水害废物对策指南》进行了合并，编制了《灾害废物对策指南》，对都道府县以及市町村的灾害废物处理计划的制订做出要求并提供指导。相对于合并前的两份对策指南，合并之后的《灾害废物对策指南》更加强调对地震、洪水灾害综合发生时所产生的更为混合的废弃物的管理方式和方法，[12] 构成日本灾害废墟管理的核心政策文本。2015 年 7 月，日本政府对《灾害对策基本法》《废弃物处理法》两部法律进行了修改，增加了灾害废墟处理的相关事项。经过此次法律修订，灾害废墟管理有了更为明确的法律依据。[13]2015 年 11 月，日本环境省总结了东日本大地震以及其他大规模灾害的经验教训，编制了《大规模灾害发生时灾害废物对策行动指南》，旨在指导未来可能发生的大规模灾害情景下如何进行灾害废墟的处理。[14]

地方层面，都道府县以及市町村的环境部门根据《废弃物处理法》以及《废弃物处理设施发展计划》制定地方层面的《废物处理计划》和《一般废物处理计划》。依据《环境省防灾业务计划》中对地区防灾计划标准的规定与要求，都道府县防灾会议制定《都道府县地区防灾计划》，市町村防灾会议（或市町村长会议）制定《市町村地区防灾计划》。结合当地的废物处理计划以及防灾业务计划，各地分别制定《灾害废物处理计划》，计划内容包括废墟处理的实施方法、处理顺序和技术、组织体制、指挥命令系统和管理机制等。在灾害发生后，都道府县以及市町村灾害对策本部分别制定《灾害废物处理实施计划》，并尽早进行废物处理工作。都道府县和市町村所制定的相关计划要遵照《环境省防灾业务计划》，相互统合，不断演练，持续更新。另外，在可能发生大规模灾害的地区，要制定《大规模灾害发生时灾害废物对策行动计划》。

### （二）基本结构

在经历数次重大灾害之后，日本灾害废墟管理已经形成较为系统的政策体系，形成包含相关法律以及不同层次的防灾计划、管理指南等政策文本的有机统一体（见图 1）。其中，《灾害对策基本法》与《废弃物处理法》是灾害废墟管理的法律基础。在《灾害对策基本法》中明确了国家、地方政府、相关组织在灾害管理过程中的职责以及相互之间的关系；指出在大规模灾害发生后，环境大臣具有制定灾害废物处理方针的责任以及特殊权利。《废弃物处理法》提出要做好灾害废墟处理的准备工作，明确灾害废墟处理的基本理念，界定清楚国家、地方自治团体及企业等相关单位间的协作义务和各自的责任等；要求在《都道府废物处理计划》中增加紧急状态下废物处理的相关事宜。[13]中央防灾会议依据《灾害对策基本法》第 39 条规定，制定了《防灾基本计划》，要求地方机构设立面向受灾居民的服务窗口，宣传环境省实施的灾害应急措施，接受居民咨询。[15] 环境省根据《灾害对策基本法》《防灾基本计划》，制定了《环境省防灾业务计划》，对地震、台风、火山爆发等灾害所产生废墟的管理做出了原则性规定。

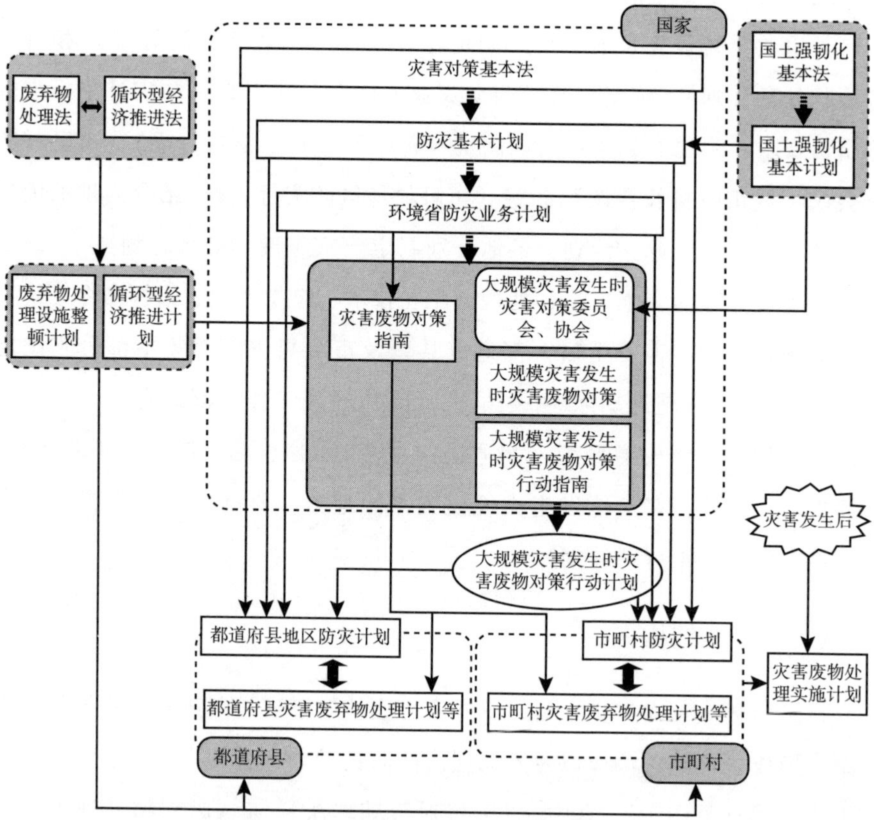


图 1　日本灾害废墟管理政策体系示意[12][14]

## 三　日本灾害废墟管理政策的形成机制

考察日本灾害废墟管理政策议程的构建过程是理解日本灾害废墟管理实践经验的关键之处。关于政策制定过程的分析，已有一些较为成熟的、代表性的理论解释模式产生，其中多源流理论模型解释了在模糊性条件下政策是如何制定的。该理论认为，一个社会问题之所以能够进入政策议程，并不是由单一因素主导，而是在多个因素共同推动与影响下的结果。这些因素包括问题流、政治流、政策流三个过程源流以及它们之间的结合时机。[16]其中，政策的问题流（Problem Stream）往往以社会指标的变动、焦点事件的发生以及现行政策的运行反馈（包括正式与非正式反馈）来体现和构建；政策流（Policy Stream）主要聚焦于政策共同体所产生的政策备选方案、政策倡议和问题解决途径，政策共同体实质上包含了专家学者、职业官僚、利益集团分析人员以及社会意见领袖等多元主体；政治流（Political Stream）同样深刻地影响着政策变迁，国民情绪变化、政党理念、政府变更以及利益集团的压力都构成了政治源流，对公共部门决策具有重要影响。[17]三股源流通常情况下各自独立运行，它们汇集的关键时间点被称为“政策之窗”。“政策之窗”开启的机会稍纵即逝，具有极大的偶然性，多由紧迫的问题（“问题之窗”）或政治源流中的重大事件（“政治之窗”）打开。

### （一）问题流：灾害多发与废弃物管理复杂化的时空交织

首先，日本面临灾害多发的客观生存环境。日本因位置、地形、地质、气候等诸多条件的影响经常受到地震、海啸、火山爆发、台风、暴雨等灾害侵袭，是世界上少见的灾害大国。其次，废弃物管理的复杂化。随着人类生活水平的不断提高，人们对物质生活需要也越来越多样化，“大量生产、大量消费、大量废弃”成为一种社会经济活动常态，“大量废弃”中不仅数量多而给传统废弃物管理模式带来挑战，还包括废弃物的多样化以及对自然物质循环的破坏，如电子垃圾、有害垃圾、危险物品、难以降解的其他垃圾等对自然环境的污染。突发自然灾害尤其是重大自然灾害会直接导致大量废墟产生，且种类极度混杂，在管理情景上更是区别于常态环境下的废弃物管理（见表1）。在时间紧迫、空间有限、资源紧缺的情况下如何进行灾害废墟的收集与分类、运输与处理，既有利于应急管理整体效能的提升又符合常态环境下废弃物管理制度的基本规定，这是应急管理者与环境治理者等相关主体必须考虑的一个迫切现实问题。

**表 1　灾害废墟管理与固体废弃物管理的差异**

| 项目 | 灾害废墟 | 固体废弃物 |
|---|---|---|
| 产生时间 | 短时间、瞬间产生 | 缓慢、日积月累 |
| 情景 | 非常态、灾害时期 | 常态环境 |
| 数量 | 数量庞大、失控 | 稳步积累、市政管理可控 |
| 复杂性 | 种类混杂、复杂性高 | 源头初步分类、复杂性低 |
| 所需资源压力 | 所需资源压力大(处理设备设施可能损坏、填埋空间有限) | 所需资源压力可承受(处理设施正常运行、填埋场可规划) |
| 参与主体 | 主体众多、权责模糊 | 主体明确、权责清晰 |
| 需求环境 | 高度不确定 | 通常可预知 |
| 最终去向 | 不明确 | 明确 |
| 价值导向 | 公平、效率、无害、资源化利用 | 资源化利用、无害 |
| 法律政策 | 可能产生冲突、不适用、影响操作 | 适用、按照法律政策规范操作 |

## （二）政治流：循环型社会发展理念与韧性社会建设理念的先后确立

### 1. 循环型社会建设的提出与推进

在废弃物管理上，自 20 世纪 80 年代日本就摒弃了以填埋与焚烧为主要手段的末端处理方式，将重点转向从生产和消费的源头预防，强调对废弃物进行“减量化、再使用与循环利用”。在这一过程中逐渐酝酿出循环型经济与社会发展理念，并通过制定发展战略、颁布法律等手段进行逐步推进与深化，相关法律法规的颁布与发展演化逻辑如图 2 所示。日本国会于 1991 年通过了《资源有效利用促进法》，并对《废弃物处理法》进行了大幅度修改。1993 年日本国会制定了《环境基本法》，依据此法律，1994 年 12 月制订《环境基本计划》，提出了“建设以循环为基调的经济社会体制”的新思路，此后以 6 年为周期重新制定新的环境基本计划。1995 年出台了《容器与包装物再生利用法》。1998 年，日本国会通过《家电资源再生利用法》，同年，日本政府制订《新千年计划》正式把循环社会作为 21 世纪日本经济社会发展的目标，并在《环境白皮书》中提出“环境立国战略”口号。

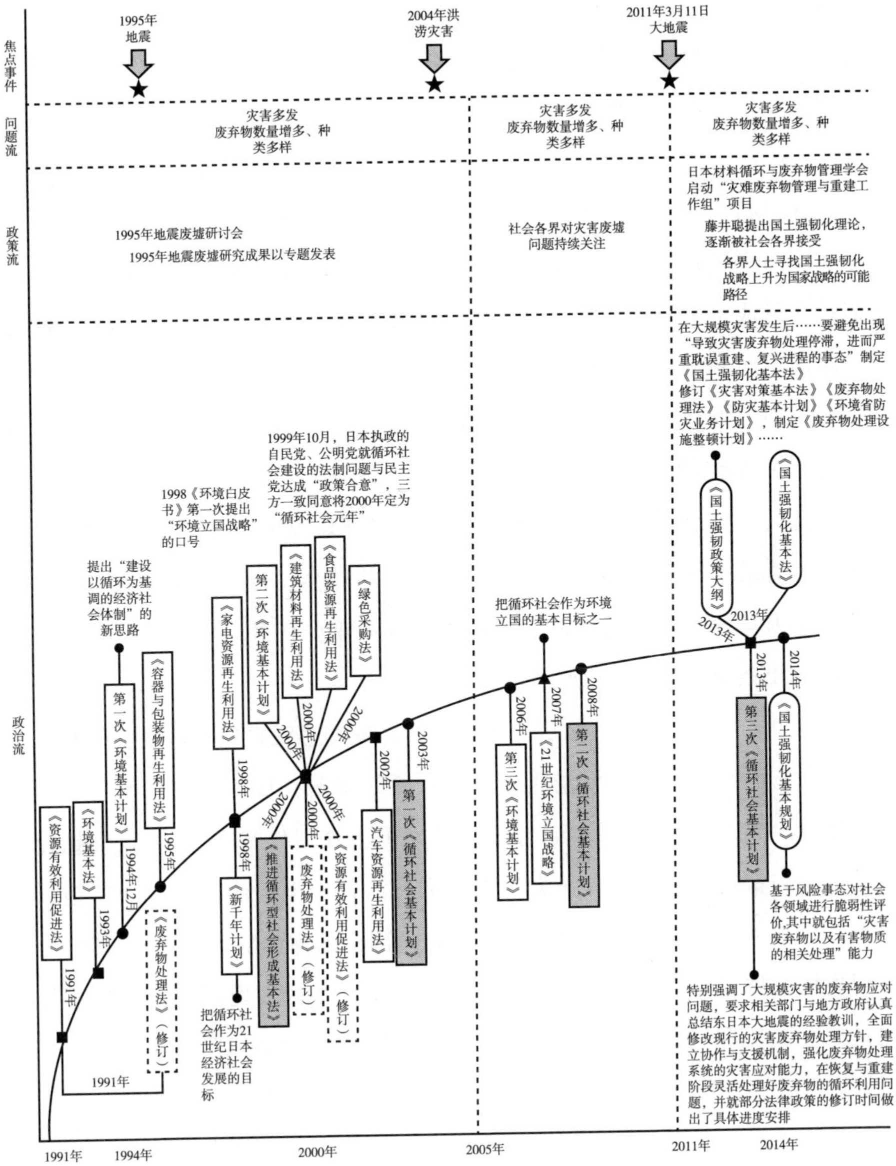


**图 2　三源流及其发展演化**

1999 年 10 月，日本执政的自民党、公明党就循环社会建设的法制问题与民主党达成“政策合意”，三方一致同意将 2000 年定为“循环社会元年”，并“尽早制定建设循环社会的基本法律”。日本国会 2000 年 5 月通过《推进循环型社会形成基本法》，即《循环社会基本法》，以立法的形式把建设循环型的可持续发展社会作为日本经济社会发展的总体目标；同年还对《废弃物处理法》《资源有效利用促进法》进行了修订，通过了《建筑材料再生利用法》《食品资源再生利用法》《绿色采购法》等相关法案。2002 年又颁布了《汽车资源再生利用法》，至此，较为完善的循环型社会保障法律体系基本形成。为推进循环型社会建设与法律实施，2003 年 3 月日本制订了《循环型社会形成推进基本计划》，即第一次《循环社会基本计划》，该计划以 5 年为周期重新制定。2007 年 6 月 1 日颁布《21 世纪环境立国战略》要求进一步修改和完善《循环社会基本计划》，推进循环社会建设。于是日本在 2008 年 3 月制定的第二次《循环社会基本计划》中，提出了 2015 年前建设循环社会的目标和具体任务，根据第三次《环境基本计划》的要求，以建设环境负荷最小化的循环社会为中心，把循环社会、低碳社会、人与自然和谐社会作为建设可持续发展社会的基本途径和重要任务。

**2. 国土强韧化建设的战略制定**

2011 年“3 · 11”地震之后，面对灾害多发的客观自然环境以及“3 · 11”地震所暴露的城市基础设施老化、灾后恢复等问题，日本政府开始思考韧性社会建设。2013 年 12 月日本政府颁布了《国土强韧化基本法》，为强韧化规划的编制和实施创造了具有强大约束效力的法律框架，确保了规划的地位和严肃性。2014 年 6 月，日本政府编制完成《国土强韧化基本规划》，指导全国空间规划、防灾减灾规划，以应对将来可能发生的特大地震和火山爆发等大规模灾害。《国土强韧化基本规划》列出了 45 个可能的风险事态，并基于风险事态对社会各领域进行脆弱性评价，其中就包括“灾害废弃物以及有害物质的相关处理”能力。这些法律法规的出台以法律的强制力推动灾害废墟管理政策继续优化，并形成了灾害废墟管理政策体系的顶层设计。

## （三）政策流：学术研究者与非政府组织的积极推动

**1. 创建灾害废墟管理研究议题，开展经验交流与共享**

专家学者所具备的专业素养和社会声誉使得他们在政策方案的形成和选

择上能够发挥重要的作用，他们往往能以学术论文、研究报告、媒体访谈、智库论坛等形式提出相应的政策倡议。阪神·淡路地震发生之后，1995 年 6 月 12 ~ 13 日，由日本废物管理顾问协会（Japan Waste Management Consultant Association，JWMCA）、国际固体废物协会（International Solid Wastes Association，ISWA）、联合国环境规划署国际环境技术中心（UNEP International Environmental Technology Centre，IETC）联合举办的地震废墟研讨会（Earthquake Waste Symposium）在日本大阪举行，形成论文集 *Earthquake Waste Symposium Osaka*。[18] 众多废弃物管理领域的专家学者围绕灾害废墟问题展开了讨论，系统总结出灾后可能面临的废墟问题以及阪神·淡路大地震灾害废墟管理的基本流程，并清晰地划分为三个阶段。其中，第一阶段的废墟管理活动包括临时存放地点设置、废墟收集与运输资源调配、处理设施维护等，第二阶段的废墟管理活动包括废墟量估算、制定管理计划、规划废墟运输路线等，进入第三阶段则需要依据对灾情的掌握进一步评估废墟量、调整废墟管理计划并促进区域协作关系建立。1995 年，学术期刊 *Waste Management Research* 以专题形式，发表了三篇灾害废墟管理的学术研究成果。[19][20] 此后，日本京都大学、九州大学、冈山大学、神户大学等高校的学术研究者持续关注灾害废墟问题，对灾害废墟的来源、评估程序、技术方法等基础性问题进行了探索性研究，是国际上灾害废墟管理研究的主要力量之一。

除了学术界，日本非政府组织与行业专家也在着力推动灾害废墟管理实践的发展。“3·11”大地震一周后，日本材料循环与废弃物管理学会（Japan Society of Material Cycles and Waste Management ，JSMCWM）便启动了“灾难废弃物管理与重建工作组”项目，来自不同领域的专家为处理灾害废物管理问题提出建议，并将工作成果汇编形成《分离和处理灾害废墟战略》（Strategy for Separation and Treatment of Disaster Waste）手册，供全世界共享参考。[21]

**2. 提出国土强韧化概念，促成韧性社会建设上升为国家战略**

日本京都大学教授藤井聪（FuJii Satoshi）在借鉴西方城市韧性理论的

基础上，提出了具有日本本土特征的国土强韧化概念，并提出了确保强韧的八大对策。3・11 地震的惨痛教训促使日本自民党政府、技术人员、规划师、社会团体、工商界及学界等利益相关者联合起来，思考如何整合现有行政资源和技术手段，寻找将实现国土强韧化等韧性理念上升为国家战略并加以落实的可能性。各界有识之士的大力推动，直接促成了《国土强韧化基本法》的出台。为了进一步促进法律的落实，在藤井聪的直接动议下，日本政府成立了专门的内阁官房——国土强韧化推进办公室，并发布了《国土强韧化基本规划》。[22]

### （四）“政策之窗”的打开与三源流耦合机制

日本灾害废墟管理政策体系的发展历经三个阶段，政策议程的设立在多源流理论视域下有三次“政策之窗”的打开机会。促使政策之窗开启的原因不只限于政治源流的变化，一个使公共决策者感到压力和迫在眉睫的问题也是推动政策之窗打开的关键。依据焦点事件，日本灾害废墟管理“政策之窗”的打开时机依次为“问题之窗”“问题之窗”“政治之窗”。促进政策议程设置的问题流、政治流、政策流在不同的“窗口”下呈现出不同的耦合逻辑与作用机制。

#### 1. “问题之窗”的打开与三源流耦合机制

在自然灾害多发的客观环境下，物质生活丰富所带来的潜在废墟问题形成了灾害废墟管理政策制定的问题流；1991～2002 年是日本循环型社会建设的关键阶段，这一时期不仅确定了循环型经济社会建设的基本理念，而且逐渐形成了循环型社会建设的法律保障体系，成为灾害废墟管理政策发展第一阶段的政治流；1995 年阪神・淡路地震、2004 年洪涝灾害分别形成的地震废墟问题和洪水废墟问题在与政治流的交互下充分暴露出来，如何处理短时间形成的大量混杂废墟是应急救援和恢复重建阶段必须统筹计划的迫切现实问题，固废管理协会、研究者对灾害废墟问题的关注与理论研究作为政策流，推动了《震灾废物对策指南》（1998 年）和《水害废物对策指南》（2005 年）的相继制定与出台。在第二阶段中，问题流的客观存在、政治流的不断深化与政策流的持续关注在2011年“3·11”地震发生后再次交互，从而导致大量专项废墟管理政策的制定，三源流的耦合机制如图3所示。

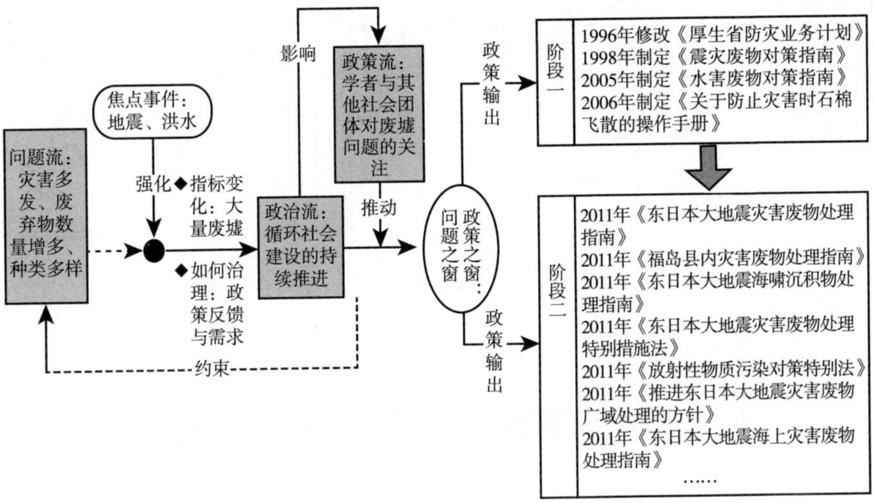


**图3 “问题之窗”的打开与三源流耦合机制**

### 2. “政治之窗”的打开与三源流耦合机制

日本学术界对灾害废墟管理问题的研究持续推进，围绕灾害废墟管理的基本流程、资源配置、技术优化等议题展开研究，并促进世界范围内灾害废墟管理经验分享，这些努力同“3·11”地震之后社会各界所倡导的国土强韧化建设战略一起构成了灾害废墟管理政策制定的政策流；2012年，自民党为赢得众议院选举，提出重振日本经济的“经济再生计划”，“国土强韧化规划”被列入其中，成为灾害废墟管理政策系统化制定的政治流；在国土强韧化战略的部署下，以可能发生的大规模灾害所形成的严重废墟问题为政策情景，相关部门自上而下开始修订或出台与灾害废墟有关的法律法规、专项规划与预案，灾害废墟管理政策体系的基本轮廓逐渐形成。

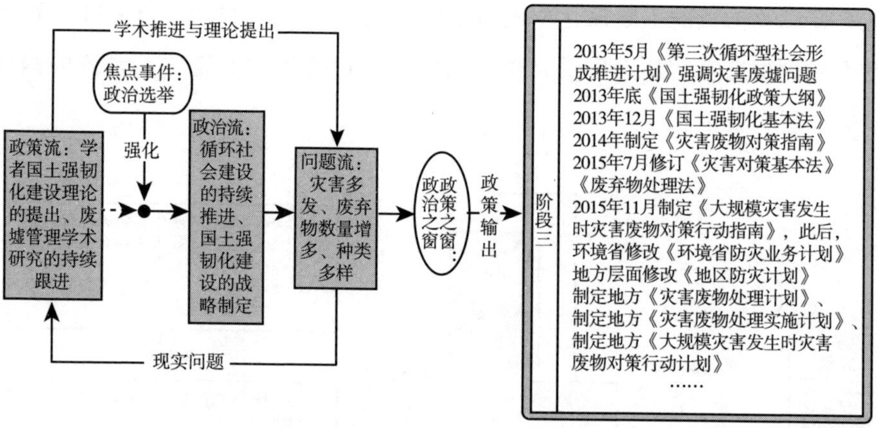


**图 4　“政治之窗”的打开与三源流耦合机制**

## 四　日本灾害废墟管理政策的体系特征

通过剖析日本灾害废墟管理政策体系结构以及理论解读政策形成的促发因素，可知灾害废墟管理政策是日本灾害应急管理政策的重要组成部分，灾害废墟管理是应急管理的重要内容，在价值导向上遵循循环型社会建设的核心理念与废弃物管理法律法规的基本原则与规定。总体来看，日本灾害废墟管理政策体系具有以下几方面的特征。

### （一）内外协调、统筹兼顾的系统性政策框架

日本是较早形成环境保护法律政策体系与应急管理法律政策体系的国家之一。然而，在最初的法律法规中，无论是环境保护还是应急管理，都没有灾害废墟管理的相关内容，“灾害管理”属于应急管理的内容，而“废弃物管理”属于环境保护的范畴。随着重大自然灾害的频发以及环境保护、应急管理实践的发展，日本逐渐意识到灾害所产生的废墟若管理不善，会影响灾后救援与重建进程，增加救灾成本，并形成潜在的环境风险。[12,14] 应急管理过程迫切需要环境保护部门的参与和指导，“灾害废墟管理”这一概念被

明确提出，并通过政策系统设计推动具体实践应用。从派生关系上看，灾害废墟管理政策是环境保护政策与应急管理政策相结合的产物，使得原本处于平行状态的两套政策体系出现了交叉融合。经过修订之后，《灾害对策基本法》和《废弃物处理法》都对灾害废墟管理从不同角度提出了原则与规定，要求地方政府与相关部门在防灾减灾以及灾害应对的过程中，既要贯彻落实环保理念，又要保证灾害救援与恢复重建的顺利进行，做到应急救援与环境保护的统筹兼顾。在政策系统内部，灾害废墟管理是一个逐级细化、层层落实的过程，政策制定主体、执行主体明确，能够实现执行过程中的协调联动，从而达到了系统内部的协调。

### （二）预防准备、有序应对的韧性化灾害管理理念

“3.11”大地震之后，日本对此次大地震的应对、救援等工作进行了全面反思，开始践行“韧性”（resilience）减灾理念，并形成了本土化“国土强韧化建设”概念，以弥补传统灾害管理中“单纯强化基础设施的防灾策略，在保护生命、财产、社会经济活动的可持续性”方面所存在的缺陷。[23]“韧性减灾”既注重防御能力的全面建设，又非常重视社会应对能力的整体提升。灾害废墟管理政策体系亦是在国土强韧化战略的指导与规划下逐步设计完成的，内容上涵盖了灾害发生之前的充分预防与准备、灾害发生之后的有序应对以及恢复重建阶段的废墟有效处置与资源化利用。具体表现为，在平时的灾害预防与准备工作中，通过提高日常建筑、废弃物处理设施等的抗震性，减少废弃物的产生并保证灾害发生后废弃物处理设施的正常运转与迅速修复能力；考虑临时厕所与避难所垃圾的收集与处理；构建灾害废墟处理的命令指挥系统、动员机制、信息收集与传达系统、合作与支援机制；加强对相关部门人员的教育训练等。灾害发生后，则强调基于日常准备工作，迅速启动灾害废墟应急响应程序。进入恢复重建阶段，需要进一步明确受灾地区的废墟处理能力，对灾害废墟管理计划等进行灵活调整。

### （三）政府主导、多元参与的制度化协调联动机制

在灾害应对过程中，日本特别强调民间资源的整合以及跨域政府间的

协作互助。通过灾害废墟管理政策体系，明确了受灾市町村是灾害废墟的应对主体，都道府县、国家根据灾害的级别，分别承担不同的职责，企业、事业单位等社会力量在灾害废墟处理中扮演着关键角色。灾害废墟管理政策就不同主体之间的协调联动与参与机制给出了指导，提出了灾害废墟处理广域协作支援机制（见图5）和灾害废墟处理支援网（见图6）的基本示范框架。

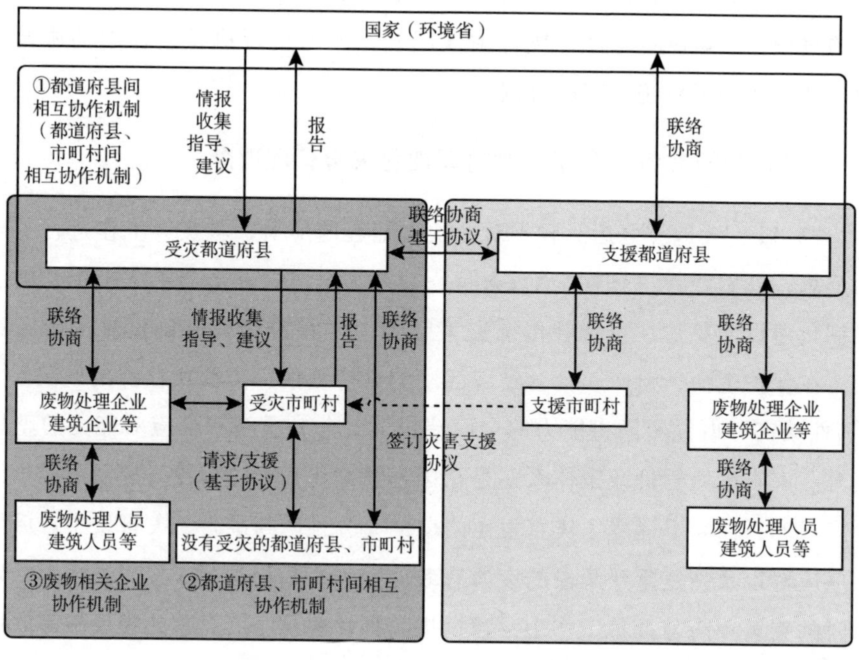


**图5　灾害废墟处理广域协作支援机制**[12]

灾害废墟处理广域协作支援机制是国家与地方政府、地方政府之间以及地方政府与废弃物处理企业之间所建立的有机协作网络。其中，环境省作为国家层面的协调机构，在灾害发生后负责收集受灾都道府县的相关信息，对受灾都道府县进行指导、建议以及提供资金援助，与支援都道府县进行联络协商。受灾都道府县负责收集受灾市町村的相关信息，将本区域内受灾情况上报国家，根据灾前协议与支援都道府县取得联络，同时也要联系本区域内未受灾的都道府县和市町村以请求支援。支援都道府县负责联络支援市町村

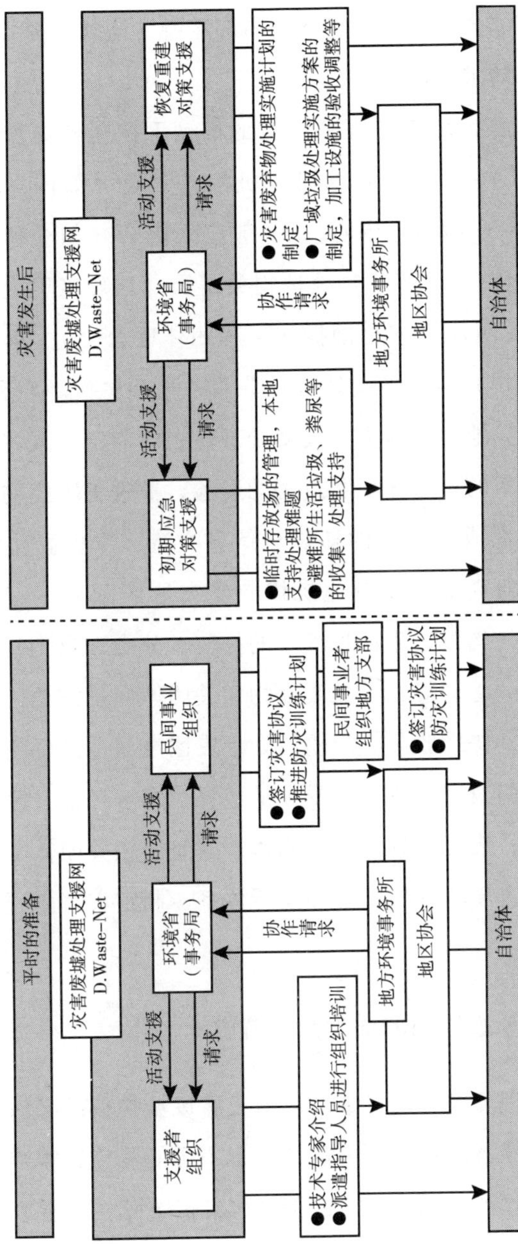


图 6　灾害废墟处理支援网（D. Waste-Net）[24]

和本地区的废物处理企业和建筑企业以对灾区进行援助。受灾市町村是处理灾害废物的主体，负责联系本地的废物处理企业和建筑企业进行灾害废物的处理，在超出自己处理能力范围的情况下，向都道府县请求支援或直接向未受灾都道府县或市町村请求支援。

为充分调动社会资源，2015 年在环境省的推动下构建了灾害废墟处理支援网（D. Waste-Net），主要成员包括研究机构或学会（如国立环境研究所）、专业机构（如日本环境卫生中心）、一般废物协会（如全国普通废弃物环境整备协同组合联合会）、废弃物处理相关团体（如环境卫生设施维持管理协会）、建筑业相关团体（如全国拆解工程团体联合会）、运输有关团体（如日本货物铁道公司）等，各团体责任分明、相互协作。在和平时期，灾害废墟处理支援网指导地方政府灾害废墟处理计划的制定、人才培养以及防灾训练，整合分析最新的科学知识和过去的经验，推进灾害废物对策的完善和修订，促进网络内部成员之间的知识与信息交流，以提高防灾减灾能力。在灾害发生初期，研究部门及专业机构向受灾地区派遣专家、技术人员，指导废墟处理体系的构建，生活垃圾等的排放、分类、收集，废墟量的初步预测，临时贮存场的管理等；一般废弃物相关团体向受灾地区派遣垃圾收集车辆、工作人员等，协助收集、运输、处理灾区废墟以及生活垃圾。在灾害恢复阶段，研究部门及专业机构为受灾地区提供废墟评估、废墟处理实施计划制定等后续支持；废弃物处理相关团体、建筑业相关团体、运输相关团体等负责协助建设灾害废墟处置管理和运行体系、制定灾害废墟广域处理方案等。

### （四）动态完善、分级适用的适度政策弹性

建立和完善废墟管理政策体系已成为应对灾害废墟挑战的必然选择。然而，灾害的复杂性和多变性决定了再好的计划也不可能涵盖灾害响应和恢复中的大量不确定和不可预测的因素。[25] 在立法和实施层面，灾害废墟管理的法律需要赋予其灵活性以适应各种情况。因此，在政策制定上，历次的重大灾害或防灾减灾演习，都会促使日本政府重新考虑如何设计最优的预防方案

与应对策略，对法律法规和相关政策进行调整与完善。《废弃物处理法》自颁布以来已经进行20余次的修订[26]，《灾害对策基本法》也经历了至少45次的修订[27]。在政策实施过程中，为了实现政策的协调运作，日本政府将灾害规模与灾害废墟管理政策进行了匹配，厘清了政策适用条件。应对一般小规模的灾害所产生的废墟，参照《废弃物处理法》进行处理即可；在应对稍大规模的灾害时，需要按照《废弃物处理法》的一些特例措施进行处理；在灾害规模较大时，如发生阪神·淡路大地震、“3·11”大地震等重大灾害并产生数万吨废墟的情况下，则依据《灾害对策基本法》制定处理指南、应用特殊标准等。

## 五　日本灾害废墟管理政策的实践启示

2008年汶川地震发生之后，面对突如其来的复杂灾害废墟问题，我国原环境保护部迅速制定了《灾后废墟清理及废物管理指南（试行）》，这是国内第一份灾害废墟管理专项政策文件。随后，住房和城乡建设部编制了《地震灾区建筑垃圾处理技术导则（试行）》，四川省颁布了《北川羌族自治县县城地震灾害现场及同类灾害现场清理保护规定》以及《汶川地震灾后建筑废弃物综合利用实施意见》。2010年4月，青海玉树地震之后，原环境保护部制定了《玉树抗震救灾及灾后重建固体废物安全处置技术指南》和《灾后危险废物和危险化学品清理指南——现场操作手册》，指导灾区开展污染防治工作，保障受灾群众健康和生态环境安全。尽管我国在灾害废墟管理实践上有了初步探索，但在全国范围内并未在应急管理框架下对废墟管理引起足够的重视。2010年8月，甘肃舟曲发生特大泥石流灾害，相关部门在事发一个月后才专题研究制定废墟处理的相关对策。这种被动、滞后的应对策略容易导致时间、资金的浪费，并且长远来看，存在环境风险。[28]

2018年我国成立了应急管理部，开启了建立更加统一的应急管理体制的历史进程，灾害废墟管理政策议程的启动也出现了新的契机。习近平总书记指出，提高自然灾害防治能力，就要针对关键领域和薄弱环节。[29]而灾害废墟管理恰是我们长期以来忽视的“关键领域”和“薄弱环节”之一。国内外的研究与实践也不断表明，有效的灾害废墟管理是提高抗灾能力的重要组成部分，有利于提升灾害管理的整体绩效。通过对日本灾害废墟管理政策形成历程、体系结构、体系特征及实践经验的梳理分析，我国未来可从以下几方面着手建设与完善灾害废墟管理政策，推动应急管理实践的深入开展。

### （一）逐步构建系统性灾害废墟管理政策体系

从政策体系的视角来考察，任何国家的应急管理至少应包括立法和执行两个过程。[30]日本灾害废墟管理政策体系有着坚实的法律基础，通过法律明确灾害废墟管理的地位，通过预案、指南等操作性文件促进灾害废墟管理的落地与执行。因此，为了推动灾害废墟管理实践的顺利进行，灾害废墟管理政策体系应该包括从中央到地方依次制定的法律法规、计划/指南等基本组成部分。根据我国的客观实际，这一体系的构建应该遵循以下步骤。

首先，进行灾害废墟管理元政策分析，即对制定政策的政策进行分析。单就灾害废墟处理环节而言，我国并非完全没有灾害废墟管理与操作的相关规范，只是相关规范散落在不同部门的不同政策里，被包含在常态环境下的固体废弃物与生活垃圾管理之中，出现了应急情景中的政策适用性问题。因此，在灾害废墟管理政策制定之前，需要对已有法律法规与政策体系进行研究梳理，必要时甚至需要重新设计元政策系统。

其次，进行灾害废墟管理政策顶层设计。一方面，将灾害废墟管理列入《循环经济促进法》《环境保护法》《固体废物污染环境防治法》以及《突发事件应对法》等法律中，以法律效力明确灾害废墟管理的地位，为灾害废墟管理实践提供强制性约束力。另一方面，在《国家自然灾害救助应急预案》《国家地震应急预案》等国家层面的应急预案中，增加灾害废墟管理的相关内容；同时制定《灾害废墟管理指南》，在流程上实现应急管理与灾害废墟管理的有效衔接。

再次，政策逐级细化与落实。地方政府特别是灾害易发区的地方政府结合当地实际，制定地方灾害废墟管理计划。在计划中充分考虑当地可能发生的灾害类型，不同类型灾害可能导致的废墟种类、废墟量以及废墟处理所需资源、废墟临时存储场、组织机构与责任、政企合作方式、跨区域协调等问题，以确保灾害发生之后废墟管理系统有效运行。

最后，保持政策的动态调整。在逐步形成灾害废墟管理政策体系之后，还要根据实践经验、灾害学习以及外部环境的变化等适时对政策系统进行动态调整，最终实现灾害废墟管理的“主动反应”和“制度化反应”。[31]

### （二）政策内容覆盖灾害废墟管理全过程

从其与应急管理的关系或者在应急管理中的地位来看，灾害废墟管理贯穿于应急管理的全过程，具有明显的生命周期性，包括灾前的减缓、准备、灾中的响应以及灾后的恢复。2008 年原环保部制定的《灾后废墟清理及废物管理指南（试行）》，是为灾害发生之后如何应对灾害废墟问题所给出的指导性意见，灾前减缓、准备环节的缺失不符合现代应急管理关口前移的理念，也会影响灾害发生之后废墟管理的绩效。因此，灾害废墟管理政策内容设计应该围绕应急管理的减缓、准备、响应、恢复四个阶段展开，对每个阶段废墟管理的目标任务进行规划与设计。

首先，补充制定减缓与准备阶段的政策内容。在灾难中完全避免废墟产生是不可能的，因此减少废墟的产生量以及提高灾害废墟处理系统的抗灾能力或韧性就成为主要的管理策略。[32]这些策略包括提升废墟处理设施抗灾性能，预测灾害发生概率、等级、可能产生的废墟量，灾害废墟应对能力评估，专项预案制定，跨部门与跨区域协作机制建立，知识与资源储备，专业人才队伍建设等。其中，在应急管理政策体系下，制定综合的灾害废墟管理计划或指南，是该阶段的主要工作。

其次，统筹协调应急响应阶段的政策内容。在应急响应阶段，灾害废墟管理工作既要协调好与应急管理的关系，有利于生命财产救援，又要兼顾恢复重建，减少救灾成本及保护灾区生态环境。为此，日本在灾害废墟管理计划中对应急响应阶段又进一步划分为初级响应阶段（72 小时之内）和中期响应阶段。初级响应阶段的主要任务是根据灾害类型与级别启动相应的灾害废墟管理预案，并启动废墟处理计划制定程序；在中期响应阶段主要执行灾害废墟管理计划，如确定废墟处理场地、对危险废墟进行拆卸和运输、制定废墟回收计划、对废墟进行初步分类、废墟量的再评估等。

最后，合理设计恢复阶段的政策内容。灾害发生之后，废墟管理的多数任务将在恢复阶段进行，并且可能会持续几周到几个月，重大灾害甚至需要3～5年或者更长时间。根据管理阶段的衔接顺序以及任务清单，灾害废墟管理的恢复阶段亦可分为早期恢复阶段和恢复阶段。早期恢复阶段的任务包括制定废墟处理计划，进行废墟量评估、环境影响评估、处理成本评估等；进入正式恢复阶段主要是对废墟处理计划的执行与动态调整，并在灾害恢复结束之后进行绩效评估。

### （三）形成政府主导、社会广泛参与的基本格局

从世界范围来看，政府机构、私人部门、社会组织共同发挥作用是各国应急管理实践的总体发展趋势。[30]灾害废墟的种类混杂性与管理活动的复杂性，决定了废墟管理需要在政府的主导下，强调多元主体的良序参与和相互协调，形成“上下联动、左右协同、内外合作”的基本格局。

首先，厘清中央与地方政府灾害废墟管理的职能与权责关系。从纵向上审视，废墟管理的战略化推进，依赖于中央政府的行政权威进行整体性制度设计与顶层政策规划，应急管理部、自然资源部、生态环境部等部门承担主要职责，在应急管理中明确提出灾害废墟问题与管理目标，制定废墟管理指导性政策，通过专项资金设置、绩效考核等政策手段配置，指导地方政府在应急管理过程中开展灾害废墟管理实践。省级政府做好政策承接，结合本省实际制定灾害废墟管理政策，统筹区域内的废墟管理资源配置与安排，并做好与周边省份的政策协同。市级及以下政府根据需要，全面分析可能面临的灾害废墟问题，视本地情况再次细化政策内容，厘清任务清单与部门职责关系，在实践中不断总结经验，做好政策执行与反馈。

其次，形成相关政府部门间的灾害废墟管理协同机制。覆盖全过程的灾

害管理模式决定了灾害废墟管理活动的系统性和复杂性，突发事件越复杂，越需要加强组织间的合作与沟通，这是应急管理组织合作的一般规律。[33]在灾前的准备与减缓阶段需要进行废墟管理预案的制定与演练、建筑物抗灾等级的设定、废弃物处理设施的运维与投资以及其他城市生命线建设与维护等，灾害发生后对废墟进行估算、收集、分类、运输、资源化利用以及最终处理等。与这些灾害管理活动对应的政府职能分散在不同部门，需要横向上的各职能部门建立协同机制，在政策制定、执行等实践环节广泛开展部门协作。此外，灾害发生后，灾区有可能面临着废弃物处理能力不足问题，因此，建立区域合作机制也是政府有效管理灾害废墟的必要之举。

最后，充分发挥专家学者、企业、NGO 等社会力量的作用，夯实媒体与公众的基础支撑力量，构建起强有力的开放性网络。专家学者、NGO 可为灾害废墟管理的政策制定、修订与完善提供智力支持，协助解决灾害废墟管理的技术性与制度性难题；在废墟收集、运输、分类以及资源化处理等方面则应坚持市场导向，充分发挥相关企业的作用，提高效率，节约成本，促进废墟管理及灾后重建工作的持续推进；常态环境下公众垃圾分类能力与习惯的培养、非常态环境下废墟管理政策的理解与支持，以及媒体对废墟管理知识的宣传与管理活动监督都是灾害废墟管理顺利推进的重要社会基础。

### （四）营造良好的政策实施环境

首先，树立正确的应急管理绩效观。在传统的应急管理思维逻辑下，灾害废墟往往被视为灾害产生的、会影响应急救援与恢复重建的“障碍物”或“废弃物”。但随着科技的进步与社会认知的改变，灾害废墟的资产价值以及文化价值逐渐得到发掘。灾害废墟管理政策的制定与执行需要打破传统的应急管理思维局限，将长期边缘化的甚至忽略的“废墟问题”纳入应急管理全过程中，摒弃“障碍物”观和“废物”观，把“公共性”和“责任性”作为重要价值尺度，寻求科学的方法系统破解废墟难题，提升应急管理的整体绩效。

其次，促进先进技术研发与废墟处理相关企业成长。灾害废墟的分类、分解与资源化利用，需要相应的处理技术以及有生产处理能力的企业支持。但目前我国灾害废墟处理与废墟资源化利用的能力与技术水平还不高，相关企业也较少。以因灾倒塌建筑物所形成的建筑废墟为例，目前我国建筑垃圾资源化整体利用率不足 10%。因此，要使灾害废墟管理政策顺利实施，灾害废墟处理先进技术的研发、专业化企业的培育是必要之举。

再次，加强灾害废墟管理理论研究。从历史角度审视，灾害废墟本身并不是一个新事物，其管理问题的日益“显化”是时代发展、技术进步、人类认知深化以及灾害治理复杂性提升等多重因素促成的必然结果。发达国家在 20 世纪 90 年代以后，将废墟管理作为一个重要的领域予以研究并进行了大量有益的探索。[34]但作为应急管理的一个新的分支领域，灾害废墟管理正寻求由废墟处理转向废墟经济、由简单的废墟清理到科学的废墟管理的转变，管理内涵重构和管理模式重建等一系列问题均需要学术界给予理论回应，以更有效地支持废墟管理政策的制定与实践发展。

## 参考文献

[1] 沙勇忠，赵盼盼．灾害废墟管理论纲［J］．兰州大学学报（社会科学版），2016，44（5）：38－47.

[2] C. Brown，M. Milke & E. Seville. Disaster Waste Management：A Review Article［J］. Waste Management，2011，31（6）：1085－1098.

[3] G. Karunasena，D. Amaratunga，R. Haigh. Post－Disaster Construction & Demolition Debris Management：A Sri Lanka Case Study［J］. Journal of Civil Engineering and Management，2012，18（4）：457－468.

[4] 新浪网．日本地震灾区重建进展缓慢，民众称汶川经验难学［EB/OL］. http：//news. sina. com. cn /w/2012－03－31/073924205092. shtml，2012－03－31/2020－03－04.

[5] 搜狐网．联合国称日分类处理地震垃圾经验值得各国借鉴［EB/OL］. http：//it. sohu. com20120306/n336872825. shtml.

[6] 中国法学网．日本大地震与日本防震减灾法律制度［EB/OL］. http：//www. iolaw. org. cn/showarticle. aspx？id＝2955，2011－03－21/2020－05－10.

[7] 环境保护部污染防治司，巴萨尔公约亚太地区协调中心．灾害废墟管理——各国灾害废墟管理指南与实践［M］．北京：化学工业出版社，2009：181，203.

[8] 日本厚生省．震災廃棄物対策指針［EB/OL］．http：//eprc. kyoto – u. ac. jp/saigai/archives/001231. html，1998 – 10 – 31/2020 – 04 – 25.

[9] 日本環境省．水害廃棄物対策指針［EB/OL］．http：//www. env. go. jp/houdou/gazou/6059/6839/2321. pdf，2005 – 06 – 22/2020 – 04 – 25.

[10] 日本環境省．東日本大震災への対応［EB/OL］．http：//www. env. go. jp/jishin/index. html，2011 – 11 – 18/2020 – 04 – 25.

[11] 日本環境省．第三次循環型社会形成推進基本計画［EB/OL］．http：//www. env. go. jp/recycle/circul/keikaku/keikaku_ 3. pdf，2013 – 05 – 13/2020 – 04 – 25.

[12] 日本環境省．災害廃棄物対策指針［EB/OL］．http：//kouikishori. env. go. jp/action/guidance/guideline/pdf/position_ of_ pointer_ main. pdf，2014 – 03 – 22/2020 – 04 – 25.

[13] 日本環境省．廃棄物の処理及び清掃に関する法律及び災害対策基本法の一部を改正する法律の概要［EB/OL］．http：//kouikishori. env. go. jp/action/guidance/reform_ bill/，2015 – 07 – 17/2020 – 04 – 25.

[14] 日本環境省．大規模災害発生時における災害廃棄物対策行動指針［EB/OL］．http：//kouikishori. env. go. jp/action/guidance/guideline _ action/pdf/h2711shishin _ full. pdf，2015 – 11 – 26/2020 – 04 – 25.

[15] 贾倩，曹国志，於方等．日本环境管理和灾害应急体系剖析与启示［J］．环境保护前沿，2015（6）：175 – 180.

[16] 约翰·W. 金登．议程、备选方案与公共政策［M］．北京：中国人民大学出版社，2004：145 – 153.

[17] 黄扬，李伟权．网络舆情推动下的网约车规制政策变迁逻辑——基于多源流理论的案例分析［J］．情报杂志，2018，37（8）：84 – 91.

[18] E. K. Lauritzen. Emergency Construction Waste Management［J］. Safety Science，1998，30（1 – 2）：45 – 53.

[19] H. Takatsuki，S. Sakai，S. Mizutani. Disaster and Waste Problems—Per Unit Generation of the Disaster Waste and the Composition Changes of Municipal Solid Waste［J］. Waste Management Research，1995，6（5）：351 – 359.

[20] T. Shimaoka. An Investigation on Solid Waste Generation by Natural Disasters and Disposal Measures［J］. Waste Management Research，1995，6（5）：360 – 372.

[21] A. Periathamby，F. S. Hamid，S. Sakai. Disaster Waste Management Challenges［M］. 2012：113 – 114.

[22] 邵亦文，徐江．城市规划中实现韧性构建：日本强韧化规划对中国的启示［J］．城市与减灾，2017，4（115）：75 – 80.

[23] 伍国春．日本弹性社会建设对我国城市综合减灾的启示［J］．中国民政，2016（17）：61 – 62.

［24］日本環境省 . D. Waste – Net ［EB/OL］. http：//kouikishori. env. go. jp/action/d_waste_ net/, 2015 – 10 – 13/2020 – 04 – 25

［25］Analysis of State Disaster Debris Management Plans ［EB/OL］. https：//digital. library. txstate. edu/bitstream/handle/10877/3689/fulltext. pdf；jsessionid = ACC6A1B0A2E27BA1ECB9D26D1F922597？sequence = 1, 2000 – 08 – 13/2020 – 03 – 15.

［26］蒲生彦，张红艳，杨金艳等 . 日本震后固体废弃物分类处置的实践经验与启示［J］. 环境污染与防治，2014，36（1）：84 – 88.

［27］滕五晓 . 应急管理能力评估——基于案例分析的研究［M］. 北京：社会科学文献出版社，2014：35.

［28］M. C. Bruner. Dealing with Disaster Debris ［J］. Environmental Practice，2000，2（3）：232 – 233.

［29］搜狐网 . 关于提高自然灾害防治能力的"九个坚持"原则和"九大重点工程"［EB/OL］. https：//m. sohu. com/a/295768359_ 100006512/, 2019 – 02 – 19/2020 – 10 – 10.

［30］张海波，童星 . 中国应急管理结构变化及其理论概化［J］. 中国社会科学，2015（3）：58 – 84.

［31］钟开斌 . 风险治理与政府应急管理流程优化［M］. 北京：北京大学出版社，2011：6.

［32］G. Karunasena，D. Amaratunga. Capacity Building for Post Disaster Construction and Demolition Waste Management：A Case of Sri Lanka ［J］. Disaster Prevention and Management，2016，25（2）：137 – 153.

［33］张海波，陶志刚 . 公共卫生事件应急管理中政府部门间合作网络的变化［J］. 武汉大学学报（哲学社会科学版），2021，74（4）：114 – 126.

［34］E. K. Lauritzen. Economic and Environmental Benefits of Recycling Waste from the Construction and Demolition of Buildings ［J］. Industry & Environment，1994，17（2）：26 – 31.

# Policy System of Disaster Waste Management in Japan：Formation Mechanism，Characteristics and Practical Enlightenment

Sha Yongzhong　ZhaoPanpan

**Abstract**：Disaster waste management is one of the important contents of emergency management. The level of integral management has become one of the important indicators to judge the government's ability to deal with sudden natural disasters and the quality of restoration and reconstruction. The systematic policy arrangement is necessary because the waste management is a matter of overall importance and with complex characteristics. Japan is one of the countries that practiced disaster waste management earlier. In the long-term natural disaster response process, Japan has gradually accumulated rich management experience and formed a relatively perfect policy system. The development process of disaster waste management policy in Japan has been reviewed in this research, the promoting factors and coupling mechanism of the formation of the policy system combined have been explored with the multi-source flow theoretical model, and the basic characteristics of the policy system have been deeply interpreted. In the future, China should gradually build a special policy system for disaster waste management, plan and design the objectives and tasks of waste management in each stage around the four stages of mitigation, preparation, response and recovery of emergency management, form a basic pattern of multiple participation in the main body, and create a good environment for the promotion of disaster waste management practice.

**Keywords**: Disaster Waste; Japan; Emergency Management; Multiple Streams Theory

风险灾害危机研究第十四辑
第 138—159 页


# “一人分饰多角”：中小学校园安全事件应急处置中班主任的角色分配与行为研究*

郭春甫　唐　敬　余泓波**

**摘　要**：应急处置中行动者与系统的关系影响应急处置效果。基于 47 个中小学校园安全处置案例的质化分析，本文探讨中小学班主任在校园安全事件应急处置中的角色分配与行为。研究发现：班主任是校园应急处置系统的重要行动者，承担着风险监测者、紧急处理者、风险协调者、舆论引导者等应急角色。班主任的角色分配与应急处置行为呈现“一人分饰多角”的治理关系。应急处置的即时反应阶段，班主任作为风险监测者开展信息沟通行为；应急处置的中期应对阶段，班主任分饰紧急处置者与舆论引导者两种角色，主要执行应急协作行为；应急处置的善后处理阶段，班主任作为风险协调者实施信息评估行为。应急处置过程中班主任的应急行为受专业能力需求、规范

* 基金项目：本文系重庆市教委科学技术研究重点项目“社区风险监测与综合防控的规范体系与运行机制研究”（项目编号：KJZD－K201900302）、西南政法大学校级重点项目“西部地区多民族高校风险防控体系治理质量提升研究”（项目编号：2016XZZD－12）阶段性研究成果。

** 作者简介：郭春甫，西南政法大学政治与公共管理学院副教授，重庆市高校维护稳定研究咨政中心副主任，硕士研究生导师，主要研究方向为公共安全治理；唐敬，西南政法大学政治与公共管理学院公共管理硕士研究生，主要研究方向为风险治理；余泓波，南京师范大学公共管理学院讲师，博士，主要研究方向为政治文化、心理与行为研究。

化处置要求、注意力分配差异等因素影响。研究的政策启示是，需要明晰班主任在校园应急处置中的角色与职责、建构集成高效的校园应急处置系统以及提升班主任参与校园应急处置的专业能力。由于存在缺乏"反向"案例样本的证伪、缺少环境变量分析等研究局限，尚待从提升案例研究质量、评估行动者应急决策与执行行为间关系等方面进行理论拓展。

**关键词：**中小学校园安全；应急处置；班主任；角色分配

# 一 引言

应急处置中行动者与系统关系的研究逐渐跨越应急管理专业范畴，成为公共管理学界关注的重要议题。作为公共安全的薄弱环节，校园安全是中国公共安全治理的重中之重。[1]其中，中小学校校园安全更是亿万家庭瞩目的焦点。2020 年，我国共有 23.52 万所中小学校，在校学生共计 19767.24 万人。[2]中小学校学生数量众多、人口密集，加之中小学生的身心发展不成熟、社会关注度高等因素，相较于其他场景，校园安全事故在中小学校园将造成更为严重的后果与影响。[3]因此，维护中小学校园的正常运行秩序，保障学生的生命健康与安全，是建设更高水平平安中国的重要任务之一。教育部、公安部等部门曾对部分省市进行了一次联合调查，调查数据显示，北京等十省市平均每天约有 40 名学生非正常死亡。[4]由此可以得出一个结论：降低中小学校园安全事件发生率，减少各类安全事件的影响，重要的是建立系统性的应急处置治理结构，提升应急处置效能。中小学校园应急管理的主体众多，班主任是重要行动者，也是基层应急处置流程的主要执行者，对班主任的探讨吸引了理论界与实务部门的关注，班主任在应急处置中的地位日益重要，所承担的角色日益凸显，一些校园安全事件评估报告①已呈现出对班主任角色的复合价值评判。作为应急处置一线的行动者，中小学班主任往往承担着多项职责，经常出现“一人分饰多角”的治理图景。行动者面对不确定性，更容易应用自身角色所具有的权力。[5]由此产生的一个“合理”推论是，既然班主任的应急行为影响校园安全事件的处置效果，那么班主任有效的应急处置行为可以更好地提升校园安全事件应急处置的治理效能。因此，“学习”成功的校园安全事件处置案例经验，是提升校园应急治理效能的有效方式，并为后续类似校园安全事件的应急处置提供情景模拟与“学习”机制。从规范意义上说，在既定的时间与环境约束条件下，行动者需要有效执行应急处置要求。但问题在于，应急处置实践过程中行动者承担了哪些职责与角色？行动者如何根据不同的职责与角色展开行动？不同角色与行动之间存在什么关系？这些仍然是应急管理、应急政策执行的一个“黑箱”，亟待通过实证方法进行探索及检验。

基于此，本文以班主任在中小学校园应急处置中的角色与行为作为切入点，运用案例分析方法，使用 Nvivo 11 软件对 47 个中小学校园应急处置案例进行本文编码，描述班主任在校园应急处置不同阶段的角色分配与行为，分析不同安全事件类型中班主任的角色分配与行为的关系，并就班主任在校园应急处置中的角色与行为优化提出合理建议。

## 二 文献综述

应急管理过程中行动者与系统的关系是理论界与实务部门共同关注的议题。就校园风险处置而言，学界从校园应急处置效果的影响因素、教师的应急预防功能与培训价值、教师在应急处置中的行为等方面形成了一批有借鉴价值的成果。

---

① 如《中国应急教育与校园安全发展报告》书系，分专栏专章探讨了中小学校园安全的行动主体。

### （一）校园应急处置效果的影响因素研究

校园应急管理技术的发展，推动校园应急管理开始从学校内部单一部门参与的管理方式，发展为综合的、全面的、全流程的现代校园应急管理模式。[6]这种发展源于对校园应急管理实践经验的分析、总结、推广。总结校园应急管理经验，最重要的是识别出应急管理的关键成功因素，进而有针对性地优化应急管理。[7]奥米德瓦登（Omidvarden）等学者在分析23所学校的校园应急管理计划后发现，校园应急管理一般流程主要包括资源组织、成立咨询委员会、选择管理人、为委员会的活动提供时间表、监测与评估风险、执行应急管理计划。[8]在探讨校园应急处置效果时，学者们建议，学校在合理的应急管理计划基础上，建立高效灵敏的应急管理运行机制，并通过对重点项目采取针对性的预防与应急措施，确保发生突发事件时，学校相关部门都能够各司其职、协调配合、妥善处置。[9]已有研究普遍认同全危害综合应急计划、行动计划的连续性、应急管理机制与流程、领导支持、社区伙伴关系等是建立成功的应急管理组织的最重要的因素[10]，上述因素也是影响校园应急处置效果的现实因素。

### （二）教师的应急预防功能与培训价值研究

教师应急处置行为的有效性是对其应急管理知识与技能训练的直接检验。[11]基于风险预警及其预防功能的显著效益，学者们强调校园应急管理预防阶段对教师进行应急知识、技能以及其他专业培训的价值。校园应急管理预防阶段最重要的措施是进行应急管理培训，以提高教师的应急管理综合素质。[12]由于应急管理能力是教师及时、有效地应对各类突发事件的重要保障，如何提升教师的应急管理能力也引发了学者们的研究兴趣。[13]从应急技术角度来看，学校管理者应加强针对教师的安全教育和安全演习训练，[14]强化教师的急救知识与技巧、心理急救知识[15]、危机咨询技能[16]等。教师经过这些方面的良好培训，有能力成为校园应急管理团队的一员，帮助他们在紧急情况下做出及时而合理的应急决策，为学校应急响应提供有效支持。[17]

### （三）教师在应急处置中的角色转换与行为研究

斯莫菲尔德（Smawfield）系统探讨了教师在应急处置中应如何从“教书育人的老师”转变为应急处置专家以及心理危机干预专家的过程。[18]在应急处置过程中，教师首先把学生的安全需求放在首位，[19]然后通过自身的应急管理知识与技能，在资源匮乏与工作量增加的应急响应环境中进行有效的应急管理，并在必要的时候为遭受伤害的学生及其家人提供社会心理支持。[20]同时，教师还要做好心理辅导的工作。越来越多的证据表明，在遭受校园安全事件后，学生易遭受不良心理后果的影响，[21]因此，校园安全事故的善后处置至关重要，这种善后行为也体现了教师的责任感。通过必要的心理辅导，学生希望有教师指导他们如何应对危机，如何采取合理的方法帮助自己适应甚至“将令人恐惧的事件转变为学习体验”。[22]而在这一过程中，教师处于独特而适当的位置，可以帮助学生从安全事件的影响中恢复并发挥重要的监测和支持作用。[23]因此，学校管理者应调动教师力量建立科学、有效的覆盖全校的干预网络，[24]为遭受伤害的学生提供重要的支持，从而消除安全事件对学生心理的负面影响。[25]在我国中小学教师群体中，班主任的角色恰恰兼容了教师与行政管理者的双重特性，并亟待在应急处置时转化为应急管理角色。

### （四）研究述评

较多研究从宏观层面探讨了学校应急管理系统结构以及安全治理体系，少量研究从微观视角初步探讨了教师的应急处置作用及行为。这些研究对增进应急管理的理论研究与实践指引起到了非常重要的作用，有助于拓展公共管理研究中的应急议题。但是，已有研究更多是从规范意义上讨论教师在应急处置中的角色与行为，尚缺乏从实证层面探讨校园应急处置行动者的作用研究，尤其缺乏班主任在应急处置过程中的角色分配及行为的系统性研究。基于此，本文拟通过实证研究，探讨班主任在校园应急处置不同阶段的角色分配与行为，扩展应急处置中微观行动者行为研究的解释范围。

# 三 案例与方法

本文运用案例研究方法，使用 Nvivo11 软件工具，对 A 市 47 个中小学校园安全的案例文本进行多级编码。在此基础上，对案例的编码内容及其关系进行分析。

## （一）案例样本选择及类型

### 1. 案例选择

本文采取归纳式多案例的研究设计。多案例研究遵循复制法则。从研究目标出发，本文主要采用目的抽样选择案例。本文选取案例的标准是：①案例含有本文研究对象的基本元素；②案例包含的基本元素满足构建分析框架的需要；③案例情节与叙事结构基本完整。基于上述标准，研究人员选择了 A 市教育主管部门组织的一次优秀校园安全案例评选活动的全部案例，从中遴选出 47 个案例作为本文的观察与分析对象。

本文使用三角互证方法对案例数据进行验证。从案例样本选择结果来看，这些案例分布在 A 市 12 个区县的 35 所中小学，并非局限于某一地区或某一学校，从而保证本文所使用的案例具有一定程度的抽样代表性。案例均由参与校园安全事故处置的班主任口述或亲自撰写，然后由其所在学校的安全稳定办公室或德育处工作人员整理并提交，每个案例都留存了作者的联系方式以及所属学校。研究人员使用三角互证的方法验证案例的真实性。首先，通过电话回访班主任，向其咨询其所参与的案例详情，根据班主任的再次描述对案例进行修正与补充。其次，通过电话回访入选案例所在学校安稳办或德育处，获得来自学校的信息，以验证班主任对案例真实性的描述。最后，通过安稳办或德育处，对学生及其家长进行回访，以再次验证事件的真实性。上述步骤接续推进，从数据来源、过程等方面形成三角证据链，确保案例的完整性与真实性。

**2. 案例类型**

本文分析使用的案例共有 47 个，涉及传染病安全、精神卫生安全、突发疾病、非正常死亡、校园暴力、校园周边安全事故、校内意外受伤、溺水事故、拥挤踩踏事故、交通事故等多个校园安全事件类型。根据校园安全案例的发生领域，将案例进一步归类为卫生安全、社会安全、事故灾害及校园暴力四种类型，其中卫生安全类 15 个、社会安全类 10 个、事故灾害类 17 个、校园暴力类 5 个（见表 1）。

**表 1　校园安全事故类型划分**

| 案例类型 | 校园安全案例(数量) |
|---|---|
| 卫生安全 | 传染病安全(5)、精神卫生安全(4)、突发疾病(6) |
| 社会安全 | 非正常死亡(2)、校园周边安全事故(3)、溺水事故(4)、交通事故(1) |
| 事故灾害 | 校内意外受伤(15)、拥挤踩踏事故(2) |
| 校园暴力 | 校园暴力(5) |

## （二）编码过程

**1. 开放式编码**

开放式编码是在原始案例资料分析基础上不断进行概念化和范畴化，需要经历将原始资料拆散、重组、摘要、编码的一系列过程，从而形成一系列的初始概念。[26] 利用 Nvivo11 软件对班主任在不同校园安全事件中的行为进行标记，共获编码 315 个，获得开放式编码节点 18 个（见表 2）。

**表 2　班主任的应急行为初始编码结果**

| 应急行为 | 原始文本 |
|---|---|
| **即时反应阶段** | |
| 例行检查 | 在班上进行晨检工作，仔细检查学生的身体情况 |
| 发现问题 | 发现学生感冒面色不佳，右耳有肿胀包块，初步判断是腮腺炎 |
| 了解情况 | 向学生询问事情发生的具体情况 |
| 送至就医 | 将学生送到医院做进一步的治疗与观察 |
| 联系家长 | 及时联系家长并汇报病况 |
| 上报学校 | 通过检查得知学生腿骨骨折，立即将该情况向校长进行汇报 |

**续表**

| 应急行为 | 原始文本 |
| --- | --- |
| 其他措施 | 紧急疏散现场学生，告诉他们不要围观 |
| **中期应对阶段** | |
| 与家长沟通 | 向家长说明事情经过和学生的诊断情况，并交流后续处理意见 |
| 正确引导舆论 | 在班上公开事情经过和学校的积极态度，引导学生不信谣不传谣 |
| 落实学校应急要求 | 应学校要求，在不惊动其他学生的情况下，核实涉事学生详情 |
| 与医院沟通处理 | 与医生进行交流，以便更多地了解学生的发病原因与预防措施 |
| 沟通校医协作 | 马上通知校医，利用体育课时间对教室进行仔细地消毒处理 |
| 跟进陪伴处理 | 陪同学生到医院做了一系列检查与处理后返回学校 |
| 与其他老师协作 | 联系学校的心理辅导老师共同对学生进行心理疏导 |
| 与当事学生沟通交流 | 对学生进行生命教育，帮助其认识生命可贵、要珍惜生命 |
| 动员班级学生协作 | 暗中叮嘱其他同学随时注意涉事同学的动向，不让其有自杀的机会 |
| **善后处理阶段** | |
| 加强安全教育 | 分析这类事件的严重性和危害性，对全班学生进行安全教育 |
| 排查安全隐患 | 开展班级安全教育工作，排查班上存在的各种安全隐患问题 |

**2. 主轴编码**

主轴编码是在开放式编码的基础上，探索初始概念之间的相互联系，通过重新组织并探索构建出初始概念之间的类属关系。[26]本文将开放编码所得到的 18 个应急行为进行归类，将其分别归于应急处置流程的即时反应、中期应对和善后处理三个阶段。具体而言，即时反应阶段的编码节点包括例行检查、发现问题、了解情况、送至就医、联系家长、上报学校以及其他应急措施。中期应对阶段的编码节点包括与家长沟通、正确引导舆论、落实学校应急要求、与医院沟通处理、沟通校医协作、跟进陪伴处理、与其他老师协作、与当事学生沟通交流以及动员班级学生协作。善后处理阶段的编码节点包括加强安全教育和排查安全隐患。

## 四　研究结果

### （一）应急处置过程中班主任的角色类型

中小学班主任在校园应急处置中扮演着多重角色。对班主任的角色要求早有规范。2009 年教育部颁布的《中小学班主任工作规定》，就要求中小学的每个班级应当配备一名班主任，以全面负责一个班级学生的思想、学习、健康和安全等工作。[27]《中小学校岗位安全工作指南》则对班主任的安全管理职责与角色进一步做了规定。[28]相较于文件表述，本文的编码分析结果更为丰富：班主任除了承担相关规定要求中的职责与角色，还承担风险监测者、紧急情况处置者、风险协调者、舆论引导者等四种角色。

**1. 风险监测者**

研究结果发现，班主任是校园安全的风险监测者，主要负责其职责范围内的风险预警与防范监测，为有效应对各类校园风险提供较为充分的、准确的信息来源。班主任的风险监测者角色主要体现为承担检查班级设施设备安全、排除安全隐患、进行晨（午、晚）检以及仔细查看学生精神和身体状态等岗位职责。这意味着，班主任在安全事件发生前进行了例行检查、观察学生身体状况、安全隐患排查等工作，通过一系列的应急管理预防行为来搜集信息、发现风险，进而排查危险源。

**2. 紧急情况处置者**

班主任承担紧急情况处置者的角色，需要运用各类应急管理知识与技能，及时有效地处理校园安全事件。案例编码显示，在安全事件发生时，班主任在了解事故具体情况的基础上，要么紧急疏散围观学生，对身处风险中的学生进行急救，要么立刻将受伤的或身体处于不适状态的学生送至就医。由于临近校园安全事故的发生场所或者直接“在场”，班主任往往是安全事故的第一责任人，所以班主任发现学生在校出现身体不适或危险情况时，要立即采取措施、组织抢救。显然，在校园应急处置的关键环节，案例中的班主任需要承担紧急情况处置者的角色，为校园安全事件的后续处理奠定基础。

**3. 风险协调者**

班主任作为班级安全管理的负责人，在校园安全事件发生后，有责任协调当事学生及相关各方处理安全事件，承担风险协调者的角色。案例编码显示，校园安全事件发生后，班主任一般会在第一时间与当事学生的家长进行联系沟通，同时将事件详情上报给学校管理者，根据学校的要求落实应急措施，并积极地与当事学生以及医生进行沟通交流。在特殊情况下，班主任还需要借助其他教师的力量甚至是动员班级学生进行协作。从风险协调角度而言，班主任处于校园安全事件处置过程中各主体信息沟通的关键节点，是校园安全事件处置过程中重要的协调者。

**4. 舆论引导者**

从案例呈现的编码信息来看，班主任在安全事件处置过程中发挥着积极的信息传递功能。在校园安全事件发生后，由于信息的不对称以及对风险的不确定性，学生以及家长们往往会倾向于传播基于主观判断的信息，并由此形成内容杂糅、传播方向不确定的风险信息流，一定程度上影响风险处置的应对策略及社会舆情的发展。校园安全事件的成功处置案例经验启示我们，班主任会及时地向学生以及家长公开事件起因、经过等信息，告知学校处置安全事件的进程，同时回应社会关切以及不良的舆论消息，形成良好的舆论氛围，消除错误信息对社会舆情的影响，有效缓解家长与社会的过度关注情绪。

## （二）班主任的角色分配与应急处置行为的关系

一般而言，应急管理的全过程各阶段应该均衡分布。[29]校园应急处置过程中，班主任角色在即时反应、中期应对、善后处理各阶段均发挥了重要作用。[30]参照马奇（Mutch）的研究，本文建构了班主任在校园应急处置阶段的角色与行为的分析框架，观察班主任在应急处置过程中的行为类型，描述班主任的角色分配与应急处置行为的关系（见表3）。

**表3　班主任在应急处置不同阶段中的主要角色分配与行为**

| 应急阶段 | 应急行为 | 主要角色分配 | 主要行为 |
|---|---|---|---|
| 即时反应 | 例行检查（7.52%）、发现问题（17.80%）<br>了解情况（10.50%）、上报学校（15.60%）<br>联系家长（14.16%）、送至就医（15.30%）<br>其他措施（19.12%） | 风险监测者 | 信息沟通 |

续表

| 应急阶段 | 应急行为 | 主要角色分配 | 主要行为 |
|---|---|---|---|
| 中期应对 | 与家长沟通(33.85%)、跟进陪伴处理(9.46%)、落实学校应急要求(14.38%)、与医院沟通处理(1.58%)、沟通校医协作(2.63%)、与其他老师协作(6.07%)、与当事学生沟通交流(15.55%)、动员班级学生协作(4.17%)、正确引导舆论(12.30%) | 紧急情况处置者<br>舆论引导者 | 应急协作 |
| 善后处理 | 排查安全隐患(28.73%)<br>加强安全教育(71.27%) | 风险协调者 | 信息评估 |

注：括号内数据是该行为占此阶段所有应急行为的比例。

**1. 即时反应阶段重视信息沟通行为**

案例编码显示，在校园应急处置的即时反应阶段，班主任主要承担风险监测者的角色，主要进行了一系列的信息沟通行为，这些行为包括例行安全检查、发现安全隐患、了解安全情况、向学校上报风险信息以及联系学生家长等。

在这一阶段，班主任了解事件具体情况的行为占比达到10.5%，将受伤学生送至就医的行为占比15.3%，选择上报学校的行为占比15.6%。这表明，校园安全事件发生后，作为紧急情况的主要负责人，无论其是否在现场，班主任都要在第一时间将安全事件情况传递至学校管理部门以及学校领导，以寻求学校上级管理部门的支持与帮助。此外，班主任联系家长的行为占比达到14.16%，这表明，班主任在安全事件发生的第一时间与学生家长取得联系，使其知晓或了解学生情况，有助于避免发生事后纠纷。此外，班主任还实施了“及时组织疏导，防止事态进一步扩大”“对倒地学生实施急救措施”等其他应急行为，由于这些措施相对分散，无法聚类，本文将其归类为“其他措施”。

**2. 中期应对阶段关注应急协作行为**

校园安全事件应急处置的中期应对阶段是校园安全事件有效处置的关键环节。案例编码显示，这一阶段班主任承担两种角色：紧急情况处置者与舆论引导者。这两种角色汇聚起来，促使班主任解决“分身乏术”的问题，进行一系列应急协作行为就成为必然，相关应急协作行为包括：与学生家长沟通交流、跟进事件与陪伴学生处理、落实学校的应急要求、正确引导舆论以及与当事学生沟通交流等。

首先，当事学生家长开始介入事件处置流程，班主任花费大量精力与学生家长进行交流沟通，以期能合理有效地解决紧急情况。案例中班主任与家长沟通交流的行为占比高达33.85%。其次，学校安全管理部门在获得校园安全事件的详细信息后，一般会提出相应的应急目标与处置要求，要求班主任正确及时地应对当时的紧急情况，而班主任对学校应急指示的准确执行会推动紧急情况的有效解决。因此，落实学校的应急要求也是班主任的重要任务，这一行为占比14.38%，处于较高水平。再次，由于校园安全事件中受到损害的大多是中小学生，他们往往难以通过自身力量应对校园安全事件，需要班主任主动与其沟通交流，以求达到从风险源头解决问题。这一行为在案例中的比例达到15.55%。中小学生应急心理素质较弱，班主任需要及时向班级学生公开事件信息以及提供心理疏导，以正确引导舆论，消除班级学生的恐慌心理，防止事态的扩大造成不良影响。案例中引导舆论的行为占比为12.3%。最后，在某些特殊的紧急情况下，班主任需要借助其他力量的参与处置安全事件。分析表明，班主任还通过动员其他教师或非当事学生获得帮助。虽然这两类行为的占比较少（分别为6.07%与4.17%），但在某些校园安全事件的有效处置中发挥着重要作用。

**3. 善后处理阶段强化信息评估行为**

在校园风险处置过程中，中期应对阶段的各类治理策略的成功实施，并不意味着校园应急管理过程的结束，校园安全事件的善后处置仍是不可或缺的环节，包括校园安全事件遗留的环境安全隐患排除、学生身体心理的创伤消除等任务。善后处理阶段班主任主要承担风险协调者的角色，总结安全事件的经验教训，以防止或减少此类安全事件为目标，并以此强化班级的安全教育工作，这一行为占比高达71.27%。同时，某些外部环境引致的校园安全事件，需要班主任在事后进行安全隐患的排查工作，这类行为的占比达到28.73%。

### （三）班主任应急处置行为与校园安全事件的关系

#### 1. 处理校园安全事件的专业能力需求影响班主任应急处置行为

班主任不但需要在校园安全事件应急处置不同阶段承担多种角色，还需要根据校园安全事件类型分配其注意力。部分案例显示，由于卫生安全类校园安全事件对应急处置的专业性要求较高，班主任在处置此类事件的过程中，除了强化信息沟通渠道外，还需要经常向其他力量寻求帮助，包括其他老师、非当事学生特别是掌握专业技能的校医和校外医院等。相对而言，对专业技能水平要求不高的初步救治处理、教室消毒等工作，班主任往往会自己独立操作或与校医进行协作处理。当面对超出自身能力或校医技术水平的紧急救助要求时，班主任会首先选择校外专业医疗机构进行救助，并与医生进行沟通交流，以确保当事学生得到及时的救治。校园卫生安全类事件的这种专业属性使得“班主任在简单的紧急情况下只需与校医进行沟通开展协作”“在复杂的情况下需要与其他老师、班级学生以及校外医院沟通处理危机”等多种应急行为在同一类型事件中呈现。

#### 2. 校园安全事件的规范化处置要求影响班主任应急处置行为

学校往往对班主任在安全事件中的行为与责任有规范化要求，并以此塑造了班主任特定的应急行为。首先，部分发生在校园外的社会安全事件往往会超过班主任的处理能力与权限，这类事件的后续处理通常由学校接管，而此时班主任的主要职责就是帮助梳理校园安全事件的各类信息，以协助学校解决此类事件。其次，在事故伤害类事件中班主任的“送至就医”行为占比达到 11.92%，远高于其他三种事故类型中的同类行为，班主任成为应急处置中的关键行动者，这恰恰回应了应急管理的规范化处置要求。同时，正是这种紧急送医行为一定程度上遏止了安全事件的恶性发展。最后，在校园暴力事件中，班主任执行学校应急要求的行为占比达 13.33%，远高于其他三种安全事故类型中的同类行为占比，其原因在于，中小学校对校园暴力的防范治理往往有一套完整行之有效的程序与制度，班主任可以根据上级要求，依据既有的规章制度处理好校园暴力事件（见表 4）。

表 4　不同安全事件类型中应急行为的分布

单位：%

| 应急行为 | 卫生安全类 | 社会安全类 | 事故伤害类 | 校园暴力类 |
|---|---|---|---|---|
| 例行检查 | 4.37 | 1.69 | 1.04 | 0 |
| 发现问题 | 8.23 | 7.52 | 5.98 | 0 |
| 了解情况 | 0 | 17.38 | 6.6 | 11.76 |
| 联系家长 | 6.18 | 11.41 | 3.22 | 0 |
| 其他措施 | 7.31 | 6.94 | 9.09 | 4.48 |
| 上报学校 | 4.69 | 6.94 | 8.95 | 8.24 |
| 送至就医 | 3.71 | 8.63 | 11.92 | 0 |
| 与家长沟通 | 16.08 | 12.91 | 20.3 | 18.79 |
| 落实学校要求 | 6.58 | 9.34 | 6.36 | 13.33 |
| 跟进陪伴处理 | 5.78 | 0 | 5.4 | 0 |
| 与当事学生沟通交流 | 7.68 | 0 | 6.66 | 28.48 |
| 沟通校医协作 | 2.26 | 0 | 0 | 0 |
| 与其他老师协作 | 5.21 | 0 | 0 | 0 |
| 动员班级学生协作 | 3.19 | 0 | 0.9 | 0 |
| 与医院沟通处理 | 1.36 | 0 | 0 | 0 |
| 正确引导舆论 | 8.07 | 4.15 | 3.98 | 0 |
| 加强安全教育 | 7.46 | 7.78 | 5.59 | 10.42 |
| 排查安全隐患 | 1.82 | 5.32 | 4.01 | 4.48 |
| 总计 | 100 | 100 | 100 | 100 |

### 3. 不同校园安全事件的注意力分配差异影响班主任应急处置行为

班主任的应急行为在不同校园安全事件类型中存在注意力分配差异，这也导致班主任在不同安全事件类型中发挥重要作用的应急管理阶段有所差异（见表5）。具体而言，在卫生安全类事件与校园暴力类事件中，班主任的应急行为主要集中于应急处置的中期应对阶段，占比分别为 56.27% 与 60.61%。值得注意的是，在社会安全类事件中，班主任的应急行为主要表现在即时反应阶段，其占比高达 60.51%，与卫生安全类事件和校园暴力类事件形成了明显差异。此外，在事故伤害类事件中，班主任的应急行为均衡分配于即时反应与中期应对两个阶段，分别占比 47.45% 与 42.81%。一个值得关注的现象是，作为校园应急管理流程不可或缺的善后环节，上述四种类型的校园安全事件的社会关注度普遍较低，这反映出目前中小学校园应急管理容易忽视善后阶段的作用。未来对善后阶段的探讨或许将成为校园应急管理的重要理论增长点。

**表 5 班主任应急处置行为与校园安全事件的关系**

单位：%

| | 卫生安全 | 社会安全 | 事故伤害 | 校园暴力 |
|---|---|---|---|---|
| 即时反应 | 34.26 | 60.51 | 47.45 | 24.48 |
| 中期应对 | 56.27 | 26.39 | 42.81 | 60.61 |
| 善后处理 | 9.47 | 13.1 | 9.74 | 14.91 |
| 总计 | 100 | 100 | 100 | 100 |

# 五 讨论与建议

## （一）研究结论

虽然校园应急处置流程及其相关研究已被诸多学者关注，但对校园应急处置的行动者与系统的关系研究却鲜有涉及。本文基于 47 个中小学校园安全案例，分析班主任在校园应急处置中的角色分配与行为，研究得出以下结论。

第一，班主任在校园安全事件的应急处置中扮演着风险监测者、紧急情况处理者、风险协调者、舆论引导者等四种角色，承担风险信息识别与处理、紧急救治、风险沟通、消除舆论影响等功能。

第二，班主任在校园安全事件应急处置的不同阶段承担的角色不同，执行的应急处置行为也不同。在即时反应阶段班主任承担风险监测者的角色，主要进行信息沟通。中期应对阶段班主任分饰两角，作为紧急情况处置者与舆论引导者执行应急协作行为。善后处置阶段班主任承担风险协调者的角色，主要进行风险信息评估行为。

第三，校园安全事件的特征属性影响班主任应急处置行为。具体而言，校园安全事件的专业能力需求、规范化要求以及注意力分配差异影响班主任应急处置行为。面对不同类型事件实施差异性的应急行为，是各类校园安全事件得以妥善处理的理性选择。值得注意的是，与 Mutch 相关研究中所描述的“教师需要对学生进行关心和支持”等行为不同，我国中小学班主任在即时反应阶段的应急处置行为更为复杂多样，善后处理阶段班主任额外承担安全教育与排查安全隐患的工作任务显然比国外中小学教师承担的管理任务更为繁重。

第四，校园应急管理行动者之间的有效协作与交流是应对危机事件的必要条件[31]，应急全过程的多元参与可以营造多方共治的校园应急管理氛围[32]。较多案例呈现出班主任高频执行“上报学校”“与家长沟通”“落实学校应急要求”“加强安全教育”等应急行为，这些行为是校园应急管理相关者之间有效沟通协作的具体表现。值得关注的是，这四种应急行为表达贯穿于案例中的校园安全事件处置的三个阶段，进而形成以班主任为关键核心节点的应急处置信息网络。

### （二）政策意义

依据研究结论及校园安全相关研究的发展，未来校园应急管理可以从以下层面进一步发挥班主任的重要作用。

#### 1. 明晰班主任在校园应急处置中的角色与职责

《学生伤害事故处理办法》规定了学校、班主任以及其他教职工在校园安全管理中的责任和义务。此外，《教育系统突发公共事件应急预案》对班主任在各种紧急情况发生时的职责和要求也做了详细规定。从分析结果来看，班主任是重要的一线应急处置行动者，角色多样，事繁责重，在具体执行应急处置任务时，可能存在角色混淆、职责不清的问题。因此，应明晰班主任在校园应急处置中的角色与职责，匹配基层应急行动者的管理幅度，建立明确的权责体系，合理划分班主任与学校管理部门的责任分配；建构良好的基层应急决策参与氛围，推动班主任深度参与校园安全应急管理计划制定与实施全过程，提升班主任对校园应急管理计划的遵守水平以及执行能力，降低校园安全事故的发生率，帮助学生在危机期间重获稳定与安全感[33]。

**2. 建构集成高效的校园应急处置系统**

中小学校园安全事件复杂多样，涉及不同专业领域、不同层级或部门的行动者，行动者之间良好的协作关系是有效处置各类校园安全事件的必要条件。因此，需要建构集成高效的校园应急处置系统。首先要重视关键行动者的应急处置作用。班主任的应急管理职能复杂多样，在应急处置不同阶段之间进行多重角色转换，容易形成注意力竞争，增加班主任的工作负荷，影响其应急处置注意力的分配效率，通过合理的激励措施与绩效管理办法，激发班主任参与校园应急管理的积极性、能动性，有效发挥班主任的风险信息处理的关键节点作用。[34]其次要协调整合各方力量共同应对校园安全事件，合理分配系统中其他行动者的应急处置责任，平衡应急处置资源。最后，优化校园安全事件分类处置规范化操作流程。通过对不同校园安全事件建立类型化处置规范，优化应急处置流程，提升应急处置效率。

**3. 提升班主任参与校园应急处置的专业能力**

充分考量班主任时间支配的有限性，小规模、多频次地开展校园应急处置演练；开展系统化的应急处置专业培训，通过典型案例剖析、应急情境模拟等方式，对不同行动者进行多轮次的专业能力培训；适应数字治理发展需求，增加应急数字技术应用，以“线上线下融合”的方式，创新校园应急处置的案例宣导、经验展示、方法训练，提升班主任参与校园应急处置的专业能力。

### （三）研究局限与展望

**1. 研究局限**

（1）缺乏“反向”案例样本的证伪

本文根据研究目标进行样本案例的选择，并使用三角互证的方法形成证据链，以提高研究结论的有效性。在案例选择时试图通过考量样本的典型性和差异性来提高结论的可信度。遗憾的是，由于本文更多使用“优秀案例”进行分析，缺乏“反向”案例样本的证伪，本研究结论无法对失败的校园安全事件处置进行解释或解读。

（2）缺少对环境变量的分析

囿于案例文本的内容及分析框架，本文没有纳入班主任在应急处置过程中的环境变量。一般来说，基层行动者在做出决策、执行政策时，都受到既定法律法规、政策条文等环境变量的影响，其行为并非完全理性，尤其是在应急决策情境下，班主任在信息获取、备选方案、有效执行方面受到诸多限制，难以科学有效地遵循应急处置流程的规定要件，而这些应急处置的"真实世界"在案例文本中鲜有呈现。缺少环境变量的探讨，影响本文的分析过程与研究结论。

**2. 研究展望**

为了进一步提高本文所述研究结论的有效性，弥补当前研究存在的诸多不足，后续研究中，需要从方法论、理论拓展等方面进一步提升相关研究的价值。首先，将成功与失败的案例进行整体性研究或者比较研究，以提供更为广泛的理论解释。其次，教师作为典型的"街头官僚"，其决策尤其是应急决策对校园安全事件有效处置有非常重要的影响，因而可以结合街头官僚理论对教师的应急决策与执行行为关系进行深入研究。此外，值得关注的是，对班主任这一类应急处置行动者而言，应急预案的示范演示及指导作用尚不明朗，需要进一步探索。最后，以应急管理中的行动者与系统的关系为起点，尝试与应急管理执行力、应急管理网络、应急管理的执行结构、应急处置的协作机制进行理论对话，厘清应急处置情境中基层行动者的执行资源、时间约束与控制技术的关系，拓展应急管理相关理论的解释力与适用性。

## 参考文献

［1］张海波，童星．专栏导语：中国校园安全研究的起步与深化［J］．风险灾害危机研究，2017（3）：1－3.

［2］中华人民共和国教育部．2020 年全国教育事业统计主要结果［EB/OL］．http://www.moe.gov.cn/jyb_xwfb/gzdt_gzdt/s5987/202103/t20210301_516062.html，2021－

3 - 1/2021 - 3 - 5.

[3] 高小平，彭涛．学校应急管理：特点、机制和策略［J］．中国行政管理，2011，26（9）：13 - 17.

[4] 教育部，公安部．北京等十个省市调查：每天40名学生非正常死亡［EB/OL］．https：//www. eol. cn/ruo_ shi_ qun_ ti_ 2077/20060323/t20060323_ 91382. shtml，2004 - 03 - 30/2020 - 12 - 23.

[5] 米歇尔·克罗齐耶，艾哈尔·费埃德伯格．行动者与系统——集体行动的政治学［M］．上海：上海人民出版社，2007：11.

[6] 姚军玲，闫东．校园重大突发事件应急管理的国际经验与启示［J］．焦作师范高等专科学校学报，2019，35（4）：44 - 47.

[7] X. Zhou，Y. Shi，X. Deng，Y. Deng. D - DEMATEL：A New Method to Identify Critical Success Factors in Emergency Management［J］. Safety Science，2017，91：93 - 104.

[8] B. Omidvarden，K. Kayvan，T. S. Sadegh，D. Hassan. Disaster Management Structure of Universities：Case Study of the Central Campus of the University of Tehran［J］. Disaster Medicine and Public Health Preparedness，2017，11（6）：1 - 13.

[9] 辽宁省大连市应急管理办公室．强化防灾意识建设平安校园——大连市实验小学加强应急管理工作的实践与经验［J］．中国应急管理，2014，7（4）：45 - 48.

[10] N. Kapucu，S. Khosa. Disaster Resiliency and Culture of Preparedness for University and College Campuses［J］. Adm Soc，2013，45（1）：3 - 37.

[11] 吴静静．挖掘班级"突发事件"的育人价值［J］．教学与管理，2020，36（2）：17 - 18.

[12] 战明侨，柳青．中小学教师校园应急处置能力培训探讨［J］．卫生职业教育，2013，31（11）：26 - 27.

[13] 韩自强．应急管理能力：多层次结构与发展路径［J］．中国行政管理，2020（3）：137 - 142.

[14] 郝宁，袁欢，熬然，刘玫瑰．中小学教师应急能力结构模型［J］．上海教育科研，2013，32（7）：36 - 39.

[15] 杨安华．教师灾害培训与学校灾害管理能力建设——基于日本兵库县学校教师应急救援队的分析［J］．贵州师范学院学报，2014，30（10）：71 - 74.

[16] 周宇，崔延强．新时代教师安全素质培养体系的构建［J］．教师教育学报，2020，7（1）：26 - 32.

[17] A. R. Elangovan，S. Kasi. Psychosocial Disaster Preparedness for School Children by Teachers［J］. International Journal of Disaster Risk Reduction，2015（1）：119 - 124.

[18] D. Smawfield，Education and Natural Disasters［M］. New York：Bloomsbur，2013：115.

[19] L. Parmenter. Community and Citizenship in Post Disaster Japan：The Roles of Schools and Students［J］. Journal of Social Science Education，2012（11）：6 - 21.

[20] P. O'Connor, N. Takahashi. From Caring about to Caring for Case Studies of New Zealand and Japanese Schools Post Disaster [J]. Pastoral Care in Education, 2014, 32 (1): 42-53.

[21] B. Pfefferbaum, J. A. Shaw. Practice parameter on Disaster Preparedness [J]. Journal of the American Academy of Child & Adolescent Psychiatry, 2013, 52 (11): 1224-1238.

[22] A. Sakurai, M. B. F. Bisri, T. Oda, et al. Exploring Minimum Essentials for Sustainable School Disaster Preparedness: A Case of Elementary Schools in Banda Aceh City, Indonesia [J]. International Journal of Disaster Risk Reduction, 2018 (29): 73-83。

[23] J. Kenardy et al. Childhood Trauma Reactions: A Guide for Teachers from Preschool to Year 12, (Teachers Manual and Tip Sheet Series) [M]. School of Medicine, University of Queensland, 2011.

[24] 陈光辉，杨晓霞，张文新．芬兰反校园欺凌项目 KiVa 及其实践启示 [J]．中国特殊教育，2018，24 (9)：80-85.

[25] E. Alisic, M. Bus, W. Dulack, et al. Teachers' Experiences Supporting Children after Traumatic Exposure [J]. Journal of Traumatic Stress, 2012, 25 (1): 98-101.

[26] L. Richards. Using NVIVO in Qualitative Research [M]. London: Sage Publications, 1999: 45.

[27] 教育部．关于印发《中小学班主任工作规定》的通知 [EB/OL]. http://www.moe.gov.cn/srcsite/A06/s3325/200908/t20090812_81878.html, 2009-8-12/2020-12-6.

[28] 教育部．中小学岗位安全工作指南 [EB/OL]. http://www.qinyuan.gov.cn/qyxxgk/zfxxgk/bmxxgk/xzfgzbm/jkj/qzqd021/zwgksx/xyaq_222978/xyaqgl/202101/t20210106_2229459.html, 2013-3-25/2019-12-23.

[29] 张海波．应急管理的全过程均衡：一个新议题 [J]．中国行政管理，2020，35 (3)：123-130.

[30] C. Mutch. Quiet heroes: Teachers and the Canterbury, New Zealand, Earthquakes [J]. Australasian Journal of Disaster and Trauma, 2015, 19 (2): 27-35.

[31] 胡倩．应急管理组织间网络研究的新进展 [J]．公共管理与政策评论，2020，9 (1)：36-43.

[32] 申霞．我国应急管理的四大转变 [J]．人民论坛，2020，28 (4)：64-65.

[33] E. S. Rolfsnes, T. Idsoe. School-based Intervention Programs for PTSD Symptoms: A Review and Meta-analysis [J]. Journal of Traumatic Stress, 2011, 24 (2): 155-165.

[34] 张桂蓉．后真相时代校园危机管理如何实现"抽薪止沸"？[J]．南京社会科学，2020，30 (7)：77-84.

# "One Person Playing Multiple Roles": A Study on the Role Allocation and Behavior of Class Directors in Emergency Response to Campus Security Incidents in Primary and Secondary Schools

Guo Chunfu Tang Jing Yu Hongbo

**Abstract**: The relationship between actors and system in emergency disposal affects the effect of emergency disposal. Based on the qualitative analysis of 47 primary and secondary school campus safety disposal cases, this paper discusses the role allocation and behavior of primary and secondary school head teachers in campus safety emergency disposal. It is found that the head teacher is an important actor in the campus emergency response system, undertaking the emergency roles of risk monitor, emergency handler, risk coordinator, public opinion guide and so on. The role allocation of head teachers and emergency response behavior show a governance relationship of "one person plays multiple roles". In the immediate response stage of emergency disposal, the head teacher carries out information communication as a risk monitor; In the medium-term response stage of emergency response, the head teacher plays two roles: emergency responder and public opinion guide, mainly performing emergency cooperation; In the post-treatment stage of emergency disposal, the head teacher acts as a risk coordinator to implement information assessment. In the process of emergency disposal, the head teacher's emergency behavior is affected by professional ability needs, standardized disposal requirements, attention distribution differences and other factors. The policy enlightenment of the research is that it is necessary to clarify the roles and responsibilities of head teachers in campus emergency response, construct an integrated and efficient campus emergency response system, and improve the professional ability of head teachers to participate in campus emergency response. Due to the research limitations such as the lack of falsification of "reverse" case samples and the lack of analysis of environmental variables, it is necessary to expand the theory from the aspects of improving the quality of case research and considering the relationship between actors' emergency decision-making and executive behavior.

**Keywords**: Primary and Secondary School Campus Safety; Emergency Response; Headmaster; Role Assignment

风险灾害危机研究第十四辑
第 160—186 页


# 城市复合型突发事件应急救援组织合作研究

## ——以新冠肺炎疫情期间泉州“3·7”坍塌事故为例*

刘纪达　安　实　王　健**

**摘　要**：随着我国城市安全风险种类不断增加，城市突发事件不再完全以独立形式出现，城市复合型突发事件应急救援逐步成为常态。本文运用社会网络分析方法，构建了应急救援“组织机构－救援职能”2－模网络与组织机构合作网络，分析了网络中应急救援组织与应急救援职能的类型与分布，识别了组织合作网络的网络结构和各类应急组织在救援网络中的角色与定位。在此基础上，就应急组织间的跨界与平行两类互动关系进行了考察，并探究了各类应急组织在合作网络中对网络稳定性的影响水平。研究表明：各类应急组织在应急救援合作中扮演着不同角色，依据各类组织的功能定位定向赋予其救援资源

* 基金项目：本文系国家社会科学基金重点项目“大国竞争时代一体化国家战略体系和能力研究”（项目编号：21AZD084）的阶段性研究成果。

** 作者简介：刘纪达，哈尔滨工业大学经济与管理学院博士研究生，研究方向为应急管理与应急救援；安实，哈尔滨工业大学经济与管理学院教授，博士生导师，研究方向为系统工程与风险治理；王健，哈尔滨工业大学经济与管理学院教授，博士生导师，研究方向为应急管理与风险治理。

和保障资源，有助于提高应急救援整体效率。同时，引导边缘应急组织参与、强化应急组织间合作、保持中介应急组织连通将是提升应急救援整体效能的重要手段。进而，从协作机制保障、指挥架构协调、力量整合部署、资源统筹配置四个方面对城市复合型突发事件应急救援体系的完善与优化提出了对策建议。

**关键词**：城市突发事件；应急救援；社会网络分析；复合型突发事件

2020 年新冠肺炎疫情突袭而至，我国发生了多起事故灾难与公共卫生事件、自然灾害与公共卫生事件叠加的复合型突发事件。尽管我国部分城市针对单一突发事件已建立较为完善的风险防控和救灾处置体系，但对于复合型突发事件，尚未形成有效破解风险叠加等重难点问题的应对模式。[1]从近期实践来看，做好复合型突发事件的应急救援工作、提升城市应急救援效能，有利于政府和相关部门第一时间展开突发事件救援处置、控制与减轻复合型突发事件引起的社会危害。[2]党的十八大以来，党中央、国务院做出一系列有关加强城市应急救援工作的重要决策部署。2018 年 1 月，中办、国办印发了《关于推进城市安全发展的意见》，该意见从完善事故应急救援预案、加强各类专业化应急救援基地和队伍建设、完善应急救援联动机制等方面提出了健全城市安全生产应急救援管理体系、提升应急管理和救援能力的目标任务与方法路径。现阶段，我国城市应急救援力量体系已形成综合性消防救援队伍与地方专业队伍、志愿者队伍相结合的发展模式。[3]然而，城市突发事件应急救援的统一指挥机制与救援组织间的合作模式尚不清晰，各类应急组织在救援处置过程中的信息沟通与资源分配机制有待进一步明确。

在城市复合型突发事件应急救援中，各应急组织间的互动与合作加强了应急救援模式的复杂性。[4]明晰应急救援指挥部的指挥模式、厘清各应急组织间的关联关系、确立应急救援中的资源分配机制，对提升城市应急救援整体效能具有重要价值。[5]现阶段，在城市突发事件发生后，政府、军队、社会应急力量等应急组织相互配合、协同处置，形成现场救援指挥部统一领导下的应急救援合作网络，这已成为一种普遍现象。[6]然而国内应急救援研究多局限于经验介绍、案例研讨等形式，鲜有从网络视角对应急救援中组织间关系进行分析的研究成果出现。为此，本文将采用网络分析方法，以典型城市复合型突发事件——泉州市欣佳酒店“3·7”坍塌事故为例，分别构建并绘制城市复合型突发事件应急救援“组织机构-救援职能”2-模网络与组织合作网络，考察城市复合型突发事件应急救援中的组织与功能的类别和特征，分析不同类型组织与不同职能的对应关系和不同类型组织间的互动关系，并据此提出完善与优化城市复合型突发事件应急救援体系的对策建议，以期为做好新冠肺炎疫情常态化防控期间城市突发事件应急管理工作提供参考。

## 一 文献述评

### （一）城市突发事件应急管理研究

现阶段，城市安全基础、城市应急管理水平与城市社会发展要求不协调、不匹配、不适应的问题较为突出，如何加强城市突发事件应急管理工作、提高城市安全保障水平成为现阶段学界研究的重要内容。[7][8]从突发事件种类看，城市应急管理研究在初期阶段主要关注城市火灾、交通安全事故、建筑工程安全事故、群体性事件、公共卫生事件等突发事件的应急管理和处置工作，近年来随着自然灾害事件愈发复杂化、多样化，城市应急管理系统如何有效应对地震、内涝、飓风等自然灾害突发事件成为城市应急管理研究的新方向。从研究内容看，现阶段城市应急管理研究普遍从城市应急管理体系建设、城市风险认知与识别和应急管理能力培育与评估三个维度展开。其中，城市应急管理体系建设是学界普遍关注的重点内容，相关研究主要从体制、机制、政策视角出发，在城市防灾预警、应急管理模式、应急救援处置等方面梳理了城市应急管理体系的现存问题和实践经验，并对应提出了多项城市应急管理能力提升的对策建议和应急体系建设框架的实施路径。随着城市安全问题愈发多样、扩散，传统单中心应急管理模式已难以有效应对各类突发事件。因此，部分学者还根据不同突发事件的特点，提出了城市区域内部与城市群间在应对城市突发事件时的应急管理联动机制。

同时，随着我国城市化进程加速，新业态、新领域、新产业迅速发展与新能源、新工艺、新材料广泛普及，城市安全风险种类不断增多、风险防控难度不断增大，城市突发事件也不再完全以独立形式出现。城市复合型突发事件应急管理成为近一时段理论界与实务管理部门面临的重大挑战与新兴课题。复合型突发事件是对在同一空间下或时间内，发生两种或多种类型突发事件的概括性表述，是多种风险要素相互叠加、耦合的结果。从风险类型看，复合型突发事件是常规风险与非常规风险、自然风险与人为风险、宏观风险与微观风险相互交织的结果。而从突发事件本身来看，复合型突发事件多表现为多种突发事件的群发与并发、链发与递进关系。2020 年以来，我国发生了多起自然灾害与公共卫生事件、事故灾难与公共卫生事件叠加、共生的复合型突发事件，呈现出更强的复杂性与跨域性特征，在一定程度上超越了城市日常风险承载力，对社会发展和人民生活带来了严重冲击[9]。复合型突发事件的形成与增多，对我国城市应急管理体系完善、各部门协同处置机制建设、应急组织救援模式优化提出了更高的要求。

### （二）应急管理合作网络研究

近年来，为更好地识别参与应急管理的组织机构类型、阐释与刻画组织机构在应对突发事件过程中所表现出的互动和协调关系，学者们在应急管理组织网络方面取得了多项理论研究和案例分析成果。[10]各项研究结果表明，不同级别、不同类型的突发灾害事件对应急管理网络的形成和规模均具有较大影响，同时突发事件的日益增多和耦合风险的不断加深进一步促成了应急管理网络。[11]现阶段应急管理网络研究主要具有以下特征：从应急组织类型来看，应急管理合作网络一般是基于不同区域政府间、政府机构间、党政机构与社会组织间三个层面的交互和关联关系形成的。[12]跨区域应急组织增援、军警民应急组织协同、公共部门与社会应急力量合作、群众志愿服务参与等研究内容是现阶段应急管理合作网络研究的重点方向。[13][14]从突发事件种类看，学界多以案例分析为切入点，收集有关地震、飓风、森林火灾、冰雪灾害的应急预案[15]与新闻报道的文本数据[16]，构建了不同灾害事件的应急管理合作网络，探究了应急组织的角色定位与组织间的合作模式。从网络分析方法运用看，有学者应用随机行动者模型（SAOM）、指数随机图模型（ERGM）、二次指派程序（QAP）等数据分析方法，分析了应急管理网络形成与发展的影响因素（组织的同质性、网络关系的互惠性、救援任务的依赖性、信息与资源传递性等），还有学者从整体网（密度、凝聚力、聚类系数、中心势等）、个体网（中心度、结构洞、限制度等）中的不同指标入手，解析了应急管理网络的整体结构和组织特征。[17]

此外，由于突生性、动态性、不确定性是组织机构在应对突发事件时的重要特征，因此还有学者从阶段网络演化和事前事后对比两个视角开展了动态应急管理网络的研究工作。在阶段网络演化视角中，研究人员通过划分时间区间，分析了不同阶段应急管理网络的特征，并对应梳理了应急管理网络的演化模式，得到了应急管理网络的动态演变规律，相关结论为应急管理决策的动态调整提供了数据支撑；在事前事后对比视角中，相关学者通过对比根据应急预案与机构设置和突发事件实际案例两种数据来源所绘制的应急管理网络，探究了目标状态和实践模式的异同，为应急管理的事后学习反馈机制提供了一个可观测的分析路径。[18]

### （三）应急救援模式研究

应急救援是国家应急管理体系建设的重要一环，是政府应急管理决策指挥部门的核心职能。[19]应急救援与广义应急管理相比，更注重应急管理过程的响应与处置环节，开展救援行动、控制突发事件恶化与扩大、组织人员疏散避险是应急救援工作的主要内容。一般情况下，决策处置机制是突发事件应急救援活动核心内容，在程序上主要划分为先期处置、信息上报、增援响应、协同救援和应急结束五个阶段。现阶段，应急救援力量体系建设、应急救援合作机制设计、应急救援功能研究是应急救援模式研究的三个主要方向。[20]在应急救援力量体系建设方面，学界根据参与应急救援的不同力量组成，探讨了综合性消防救援队伍与地方专业队相结合、社会力量参与应急救援、军队及相关部门参与应急救援等力量体系的建设模式和实践路径；在应急救援合作机制设计方面，相关研究主要围绕应急救援统一指挥机制、应急救援物资合作保障机制、应急救援合作宣传机制、应急救援预案联合响应机制、应急救援制度供给等方面展开；在应急救援职能设计研究方面，学者针对不同的突发事件的特点，梳理了不同类型应急救援组织在救援处置过程中的具体职能，并着重从应急救援指挥框架、应急救援组织分工等维度就应急组织的资源、信息分配机制进行了深入研究。以上研究结果为应急管理决策机构实施应急救援行动提供了行动指南与实施策略，但从整体上看，我国有关应急救援的研究成果以质性分析为主，相关内容多局限于经验介绍、案例研讨等形式，研究问题和结论缺乏应急救援实践的支撑。

综上所述，现阶段应急管理网络研究的案例来源以单一自然灾害、事故灾难、公共卫生事件为主，鲜有文献探究复合型突发事件应急管理中的组织合作模式，相关研究结论与对策建议对复合型突发事件的应急管理体系建设与能力提升不具有普遍适用性。同时，城市突发事件应急管理研究虽已有对复合型突发事件应急处置和跨界危机处置的相关认识，但缺乏从量化视角和网络视角切入的研究成果。[21]此外，多数研究虽考虑到了时间范畴对应急管理网络形成的影响，但研究更偏向于从应急协作的全过程展开，未能针对应急管理响应、处置、重建等不同阶段的不同应急网络特征进行分析，不便于应急管理决策机构在应急救援过程中调整应对策略与部署。因此，本文将重点关注城市应急管理实践，并从复合型突发事件的应急救援视角着手，以泉州市欣佳酒店“3·7”坍塌事故为例，构建城市复合型突发事件的应急救援合作网络，识别各应急组织与应急救援职能的关联关系，并进一步分析应急救援协作网络中的节点属性、网络结构和组织机构定位等内容，力争突破已有研究重梳理经验而轻机制挖掘的局限，以可视化的形式研究城市复合型突发事件应急救援的组织合作问题，把握应急救援组织合作网络形成的特点及一般规律。

## 二　研究设计

### （一）泉州市欣佳酒店“3・7”坍塌事故案例

2020 年 3 月 7 日 19 时，福建省泉州市鲤城区的欣佳酒店发生坍塌事故，直接经济损失 5794 万元。事故发生后，党中央、国务院高度重视，应急管理部与福建省立即启动应急响应，各级政府及应急、消防、公安、住建、卫健、电力等相关部门和单位积极参与救援工作。3 月 12 日 11 时现场人员搜救工作结束，共计搜救出被困人员 71 名，其中 42 人生还，29 人遇难。具体来看，该案例具有以下特点。

（1）该案例是 2020 年新冠肺炎疫情期间发生的一起城市事故灾难，同时欣佳酒店作为泉州市鲤城区新冠肺炎疫情防控外来人员集中隔离健康观察点，在同一时空范围内出现了多重风险的叠加与耦合，与复合型突发事件的多类型突发事件群发与并发特征相一致，是复合型突发事件的典型案例。此外，坍塌建筑东侧毗邻加油站，使得此次事故具有救援难度大、防疫压力大、二次坍塌与爆炸等次生事故风险突出等特征。

（2）该案例是一次多类型突发事件交织叠加的典型事件，事故受困人数多、处置时间长，性质严重、影响广泛，政府官网发布、各级媒体报道及救援单位战评资料相对完整，可为研究工作提供良好的数据支撑。

（3）该起坍塌事故应急救援过程中涉及党政机构、军队、社会应急力量、志愿者队伍等多组织参与，各类应急组织间交互配合形成了复杂、密集的救援网络，为研究城市复合型突发事件应急救援合作关系提供了可行的观测视角。

### （二）研究方法

本文将从网络视角分析城市复合型突发事件应急救援中各组织机构间的协作关系。具体来看，主要从以下两个研究内容展开。

（1）通过文本识别建立泉州市欣佳酒店“3·7”坍塌事故应急救援组织机构与应急救援职能间的对应关系，构建“组织机构－救援职能”异质关系矩阵，进而绘制“组织机构－救援职能”2－模网络，考察城市复合型突发事件应急救援协作网络的节点属性与分布。同时，本研究将对城市应急救援协作网络中组织按机构属性划分出不同的组织类型，依据不同类型组织承担职能情况绘制“组织机构－救援职能”相关性桑基图，识别各类组织在应急救援中的角色与定位。

（2）由于应急救援“组织机构－救援职能”关系矩阵为多值数据，因此本研究将采用最小值方法将2－模网络转化为组织机构合作网络（1－模网络），进而对城市应急救援合作网络中各组织机构的角色定位和机构间的互动关系进行分析。[22]同时，本研究为分析不同类型组织间的整体协作关系，会进一步绘制不同类型组织间关系弦图，尝试完成厘清不同类型组织之间的信息流通、资源配置与跨界互动等情况的研究目标。

### （三）数据收集与处理

为确保得到“3·7”坍塌事故案例的完整应急救援数据，如实反映事故应急救援的全貌，本文将采取新闻报道内容识别与半结构访谈的混合数据收集方法。在新闻报道内容识别中，研究通过网络爬虫方法抓取了2020年3月7～13日有关该起坍塌事故救援处置的数据资料，在去除重复及不相关数据资料的基础上，根据资料文本内容筛选了与应急救援组织协调相关的有效数据，共计319条。在半结构访谈中，研究人员前往福建省消防救援总队、泉州市消防救援支队开展实地调研，与总队指挥中心、支队指挥中心、事故辖区消防站共10名消防指战员进行了交流，完成了数据收集工作。在此基础上，研究根据《国家安全生产事故灾难应急预案》《国家突发公共卫生事件应急预案》《福建省突发公共事件总体应急预案》《福建省突发事件应对办法》等相关文件内容，结合国务院安委会、应急管理部、国家卫健委、福建省安委会职能规定，确定了 15 项城市复合型突发事件的应急救援职能（Emergency Rescue Functions），如表 1 所示。

**表 1　城市复合型突发事件应急救援职能**

| ERF1 应急调度 | ERF6 装备保障 | ERF11 医疗救治 |
| --- | --- | --- |
| ERF2 调派部署 | ERF7 交通管制 | ERF12 防疫洗消 |
| ERF3 现场指挥 | ERF8 现场警戒 | ERF13 信息发布 |
| ERF4 先期处置 | ERF9 通信保障 | ERF14 善后处置 |
| ERF5 协同救援 | ERF10 后勤保障 | ERF15 新闻报道 |

## 三　复合型突发事件应急救援网络组织 - 功能测度

通过建立“组织机构 - 救援职能”异质关系矩阵，本研究绘制了泉州“3 · 7”坍塌事故“组织机构 - 救援职能”2 - 模网络，如图 1 所示。桑基图依据流量平衡思想，将呈现出不同类型组织与所承担不同职能的对应关系，有助于分析网络中各救援职能在不同类型组织中的分布和不同类型组织在网络中所扮演的角色等情况。

### （一）应急救援组织要素分析

在泉州“3 · 7”坍塌事故中，共有 130 支应急组织参与了救援行动，各支应急组织与 15 项救援职能间共形成了 253 对关联关系。按照组织类型看，应急救援组织可以划分为党政机构（36 支）、消防救援队伍（15 支）、地方专业救援队（8 支）、社会应急力量（33 支）、国有企业（11 支）、事业单位（18 支）、军队及相关部门（9 支）七类。各类组织在相互合作的大环境下，通过信息共享、资源流动、任务分配等形式，开展了跨组织应急救

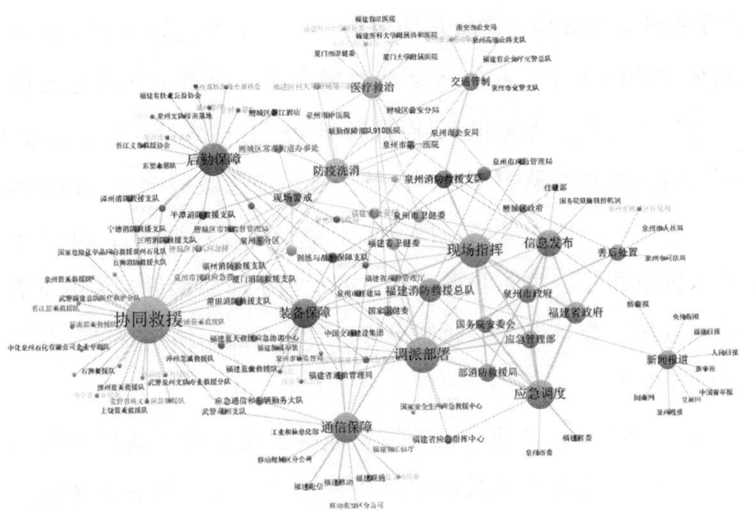


**图1 泉州“3·7”坍塌事故“组织机构–救援职能”2–模网络**

援合作。在应急救援过程中，各类组织的任务、角色、定位与职能各不相同。

（1）党政机构。党政机构作为制度供给、目标确定、责任承担的主要单位，掌握着应急救援网络中较多资源和信息。同时，党政机构由于承担着战略制定与指挥部署职责，其各项行动决策对网络中的其他组织分工合作具有较大的影响力度。事故发生后，应急管理部和福建省立即启动应急响应，福建省和泉州市、鲤城区党委政府主要负责同志及时赶赴现场，应急管理部主要负责同志与现场全程连线，各级政府以及公安、住建等有关部门和单位积极参与救援工作。同时，由于本次事故发生在疫情防控阶段，各级卫健委亦调派部署专家组及泉州市各医院力量，开展了现场医疗救治和疫情防控工作。总体来看，在城市复合型突发事件应急救援中，党政机构体系形成了“国家主管部门调度部署–地方政府协调应对–业务机构实施处置”的运作模式。

（2）消防救援队伍。国家综合性消防救援队伍面向“全灾种”“大应急”任务需要，是应急救援的主力军和国家队，是政府应急救援力量的主体。在城市突发事件发生后，消防救援队伍根据事故等级，在纵向上形成了

"应急管理部消防救援局－省级消防救援总队－市级消防救援支队－城市消防站"的应急响应体系。在本次事故救援中，泉州市消防救援支队作为属地单位，事故发生后立即派出67辆救援车402名指战员开展应急救援工作。同时，福建消防救援总队第一时间实施跨区域应急救援响应，调集福州、厦门、漳州、莆田、三明、龙岩、南平、宁德、平潭及训保等10个支队增援处置。在救援过程中，消防救援队伍主要承担了应急调度、调派部署、先期处置、协同救援、装备保障、通信保障、后勤保障、防疫洗消、信息发布等9项应急救援职能。

（3）地方专业救援队伍。地方专业救援队伍是应急救援力量体系中的重要组成部分，在本次应急救援中主要扮演了支撑与补充的角色，协助消防救援队伍开展人员搜救、安全观察、现场检测等任务，履行协同救援职能。参加本次救援的地方专业救援队伍包括：国家危险化学品应急救援泉州石化队、中化泉州石化有限公司企业专职队、国网海丝之光共产党员服务队、中交二航局救援队、中国红十字福建救援队、泉州红十字迅捷应急救援队等。

（4）社会应急力量。社会应急力量作为政府应急体系的重要补充，是协助配合政府应急体系处置突发事件、实施救援行动的关键力量，社会应急力量主要由志愿救援队与志愿者协会等相关组织构成[23]。参与此次事故救援的志愿救援队共21支，其中泉州雷霆救援队、阳光救援队、荒野召唤义务应急救援队等作为属地志愿救援队迅速前往事故现场协助救援工作，福建蓝天救援队通过福建蓝天救援应急协调中心共调度10支本省蓝天救援队实施省内跨区域救援行动，罗源蓝豹救援队、晋江市义务救援队、石狮救援队、漳州龙溪救援队、厦门曙光救援队等是其余各地响应的社会应急力量。志愿者协会主要为救援人员提供食品、衣物、水和其他必需品等物资的后勤保障工作，参加本次事故救援保障的志愿者协会包括泉州慈济、福建省扶老公益协会、泉州真情在线公益协会、泉州微公益协会等。

（5）国有企业。在应急救援行动中，国有企业作为政府职能的延伸组织，一般以保障机构的形式出现。国有企业在事故救援中积极配合政府决策、响应政府部署，为救援现场提供通信、油料、电力等应急资源的保障与支撑。在本次事故救援中，中石化润滑油福建销售公司和泉州石油公司主要为救援车辆提供油料供应保障和其他物质保障；福建移动、福建联通、福建电信等通信运营商为救援现场提供通信保障，一方面是确保现场指挥体系畅通、实现网络全覆盖，另一方面保障了应急管理部、福建省指挥中心、福建省消防总队与泉州现场的视频连线指挥；国网福建电力有限公司泉州供电公司为救援现场提供应急照明保障，并为救援指挥部接通应急备用电源，同时国网福建电力应急指挥中心还从国网厦门供电公司调派救援基干分队与应急照明车开展了跨区域增援。

（6）事业单位。事业单位在本次应急救援活动中，主要参与了医疗救治、防疫洗消、新闻报道三项救援职能。其中，医疗救治与防疫洗消主要由各医院参与，既有泉州市本地区的医院（泉州市第一医院、福建医科大学附属第二医院、泉州市中医院），也包括国家卫健委与福建卫健委调派的医疗组成员医院（福建医科大学附属协和医院、福建医科大学附属第一医院、福建省立医院、中山大学附属第一医院）。

（7）军队及相关部门。军队是参加抢险救援工作的重要力量组成，其参加突发事件应急救援工作应遵循《军队参加抢险救灾条例》的相关规定。在应急救援中，军队及相关部门主要承担着协同救援、现场警戒等相关职能。本次参加应急救援工作的主要军队及相关部门包括武警福建总队、武警福建支队以及泉州军分区和鲤城区人武部抽调的泉州市民兵应急营、鲤城区民兵应急排等相关组织。同时，由于本次事故的特殊性，解放军联勤保障部队 910 医院也在地方政府的统一协调下，参与到了事故应急救援的医疗救治与防疫洗消等相关工作中。

### （二）应急救援功能要素分析

单一组织或网络单中心仅承担某一项任务与职能已不适用于应急救援实践。在事故应急救援处置中，不同职能的实施与运作需要组织间的合作与配合，但同时不同类型组织在承担应急救援职能中所扮演的角色也不一样，既包含推动应急救援职能运行的牵头组织，也有响应救援处置的支撑组织。[24] 该部分内容将不同类型组织视为类群体，从宏观视阈识别组织与职能的关联关系。图 2 显示了组织与职能间的相关性，连接带越宽代表该类型组织在应急救援合作中承担了更多的救援职能。

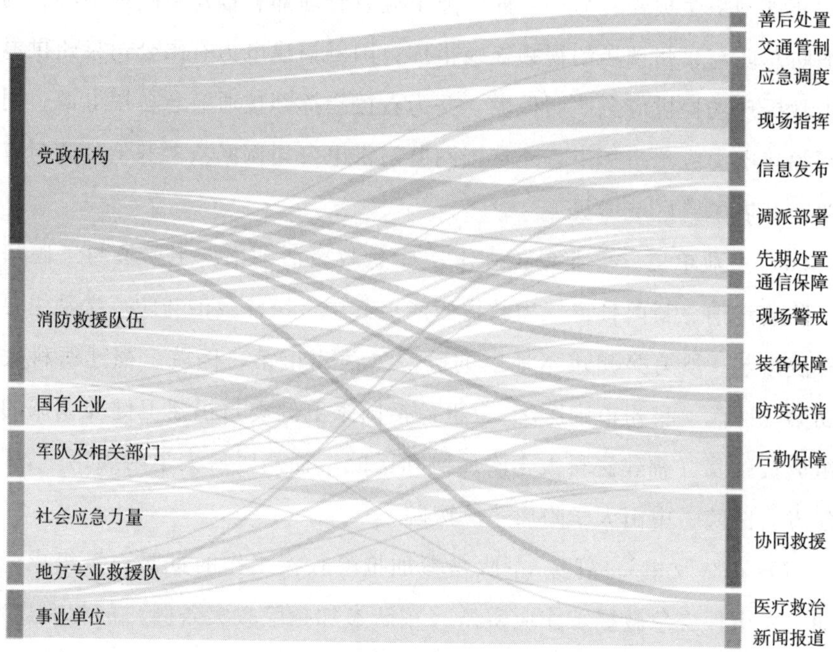


**图 2　不同类型组织与应急救援职能相关性桑基图**

对于应急调度、调派部署、现场指挥、交通管制、现场警戒、善后处置职能，党政机构是绝对的领导部门和主要责任单位，国家、省、市三级政府及相关部门各司其职、协同配合，是各项职能的牵头组织。其中，国家、省两级应急管理部门、卫健部门是应急调度、调派部署的主要组织。公安机关是现场警戒、交通管制方面的主要力量，为维护事故应急救援现场秩序提供保障。卫健部门主要承担医疗救治与卫生防疫职能的指导与牵头作用。同时，市场监管部门在特种设备协调、民政部门在社会力量引导方面也履行了应急支撑职能。消防救援队伍在各项应急救援职能中均发挥了关键作用，其中消防救援局、福建省消防救援总队是调派部署和现场指挥的主要机构，先期处置、协同救援职能主要由各城市消防站负责，通信保障、装备保障、后勤保障、防疫洗消等主要由省市消防救援队伍的指挥中心及战勤保障部门负责。此外，医疗救治、新闻报道等职能主要由医院、新闻媒体等事业单位负责，协同救援职能由地方专业救援队、社会应急力量、军队及相关部门共同承担，后勤保障、装备保障与通信保障等保障职能则更多是由社会应急力量与国有企业负责的。

## 四　复合型突发事件应急救援组织合作模式分析

本研究将“组织机构 – 救援职能”2 – 模网络进行转化，绘制了以组织间关系为基础的应急救援组织合作网络，如图 3、图 4 所示。该部分内容将从网络结构与节点属性两方面讨论网络中应急组织的角色定位和组织间在应急救援中的合作关系。各类应急组织间往来的频率，是判别应急组织间关系类型及其紧密、疏离程度的可视化指标。

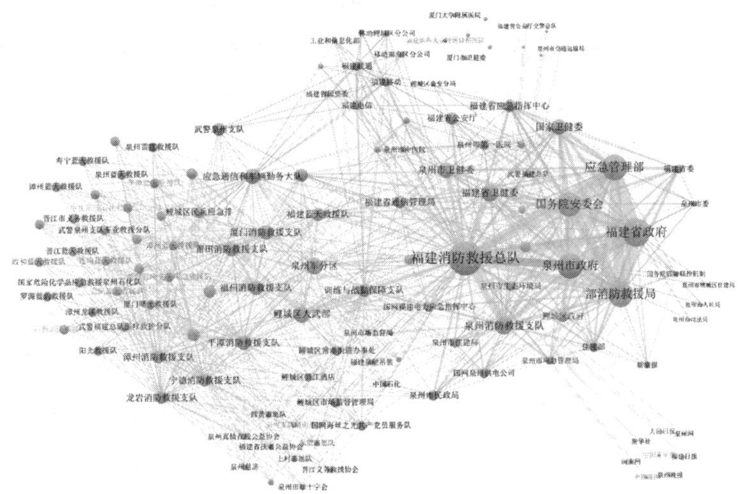


**图 3　泉州“3・7”坍塌事故应急救援组织合作网络**

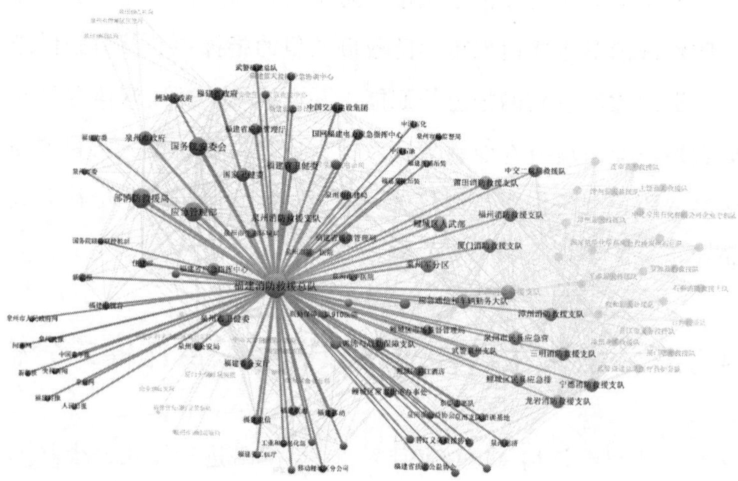

图 4　应急救援核心组织合作网络

## （一）应急救援组织合作网络结构分析

在网络结构分析中，本研究重点选取了网络密度、网络中心势、平均路径长度、网络凝聚力、聚类系数等网络指标对网络的相关属性和特征进行了分析与讨论。其中，网络密度表征了网络中应急组织联系的密切程度，网络中心势衡量了网络向一个或多个核心节点集聚的趋势，平均路径长度是衡量机构间关系的指标，网络凝聚力显示网络对核心节点的依赖程度，聚类系数是评价应急组织集聚程度的指标。

此次泉州“3 · 7”坍塌事故应急救援组织合作网络中，130 支应急组织间共形成了 2041 对关联关系，合作网络的网络密度为 0.243，这表明合作网络的组织间联系不频繁、网络密集程度较弱。合作网络的网络凝聚力与网络中心势分别为 0.597 与 42.99%，表明网络聚集程度处于适中的水平，且各应急组织是通过核心组织节点建立联系的。网络结构对核心组织节点具有一定依赖性，整体上各应急组织在网络中分布较均衡且具有较好的信息、资源传递效率。同时，合作网络平均路径长度为 1.919，说明网络整体连通程度处于一个较高的水平，应急救援组织间信息、资源交流距离较短，网络中的应急组织平均需要通过1个组织便可以与其他应急组织建立联系，说明应急救援组织间的联系不易受网络外部环境影响且整体合作效率较高。此外，合作网络的聚类系数达到0.849，表明虽然网络密度较低，但合作网络中仍存在一些聚集程度较高的应急组织集团，网络为组织间各类信息的传播提供了开放的传递环境与运作空间。

应急救援组织合作网络的整体效能和结构韧性有赖于各节点间的关联强度。由以上分析结果可知，在事故应急救援中，在少数核心组织节点的指挥、部署下，虽因应急救援过程中网络收拢了许多边缘机构和形成多元网络发展趋势而造成整体合作规模不理想，但应急组织间具有较强的分工协作、资源共享能力、信息传递空间，应急救援组织合作网络呈现出具有弱集聚与强协同特征的应急救援松散耦合型网络结构。

### （二）应急救援组织合作网络节点属性测度

为全面识别网络中应急组织的角色与定位，本研究基于社会网络分析的核心－边缘理论和结构洞理论，利用核心度与限制度两类指标分别对应急组织靠近网络中心的程度与应急组织对网络资源信息的传递水平进行测度，考察网络中的核心组织节点和扮演“桥梁”“中介”角色的组织机构，其中核心度越高代表组织在网络中的控制力与影响力越大，限制度越小表示组织的信息传递与协调能力越大。

#### 1. 应急组织核心度分析

从网络整体层面看，核心度由大到小排前十位的核心组织节点依次为：福建消防救援总队、福建省政府、应急管理部、应急管理部消防救援局、国务院安委会、泉州市政府、泉州消防救援支队、福建省卫健委、泉州军分区、泉州市卫健委。这表明应急救援组织合作网络中党政机构与消防救援部门占据了网络的主要地位，与其他应急组织形成的联系最为紧密。从组织类型看，党政机构核心度前三位组织依次为：福建省政府、应急管理部、国务院安委会；消防救援队伍核心度前三位组织依次为：福建消防救援总队、应急管理部消防救援局、泉州消防救援支队；其他应急力量核心度前三位依次为：福建蓝天救援队、福建蓝天救援应急协调中心、中交二航局救援队。这说明在政府机构层面，上级指导、属地为主的应急合作模式是城市应急救援工作的主要实施路径。同时可以看出，与单一、零散的其他应急力量相比，具有统一响应、调度机制的福建蓝天救援队在应急救援过程中扮演着更为关键的角色，一方面与政府部门和消防救援队伍建立联系、接受救援任务，另一方面整合了省内 11 支市级蓝天救援队实施救援的统一调度。

**2. 应急组织限制度分析**

限制度由小到大排名前十位的应急组织依次为：福建消防救援总队、泉州消防救援支队、福建省卫健委、训练与战勤保障支队、鲤城区政府、泉州军分区、泉州市公安局、泉州市卫健委、泉州市政府、应急通信和车辆勤务大队。其中，福建省消防救援总队与泉州市消防救援支队作为应急救援现场处置的主力军，在应急救援组织合作网络中承担了纽带的作用，如接受上级政府部门调度指挥、向社会应急力量传递任务指令等，网络中绝大部分资源需要通过他们进行传递；训练与战勤保障支队、应急通信和车辆勤务大队则主要负责救援力量与保障机构间装备、信息、物资等资源的协调工作；泉州军分区、泉州市公安局分别是参与应急救援的军队力量与警察力量的主要管理部门，跨军地救援、现场治安维护、交通道路管制等相关行动的实施依赖于管理部门的协调；鲤城区政府、泉州市政府作为坍塌事故发生的属地政府，在应急救援过程中承担着多项沟通与串联工作，为应急救援行动的顺利展开提供支撑与保障；此外，由于欣佳酒店作为区级疫情隔离点，此次应急救援行动对卫生防疫的要求较高，福建省卫健委、泉州市卫健委在网络中发挥的中介作用也很突出。

综上所述，基于泉州“3·7”坍塌事故的应急救援组织合作网络呈现了“关键核心组织 - 串联配合组织 - 边缘互动组织”的结构框架，网络中各应急组织间具有较强的合作深度与广度。其中关键核心组织是应急救援合作网络的主导者，具有较高的核心度属性。串联配合组织是关键核心组织与边缘互动组织间的桥梁与纽带，具有较低的限制度属性。

## (三) 应急救援组织间合作模式分析

从资源依赖理论看，在应急救援组织合作网络中，不同类型应急组织间存在着资源依赖关系。当应急组织需要从其他组织处获取网络资源时，应急组织间的合作与互动就很重要。图 5 显示了不同类型应急组织间的互动关系，互动关系既包括不同类型应急组织间的跨界合作，也包括同类应急组织间的平行合作。图中应急组织间连接谱带的宽度越宽，代表合作频率越高、合作关系越强，组织间关系越紧密。

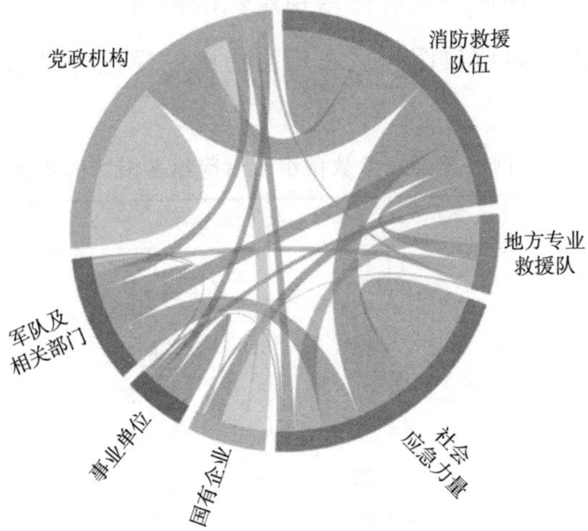


**图 5　不同类型组织间相互关系**

从网络整体看，应急救援中各类组织间的跨界合作频数总计 3540 条，占据所有组织合作关系的 63.05%，要高于同类组织间的平行合作频数。这表明此次事故救援中，不同类型应急组织间的跨界合作是网络的主导组织合作模式。从各类组织层面看，不同类型组织间合作关系频次前三位的依次为消防救援队伍、社会应急力量、党政机构，其中消防救援队伍与其他类组织的跨界合作频次为 989 条，占跨界合作关系全部的 27.94%。同类型应急组织间的互动关系最频繁的是党政机构，共形成了 806 条合作关系，占平行合作关系总数的 38.84%。这说明，在应急救援行动中作为指挥、协调角色的党政机构更倾向于组织内部间形成平行合作关系。而消防救援队伍作为政府应急救援的主体，易与地方专业救援力量、社会应急力量、军队及相关部门等其他救援力量形成多元、丰富的合作模式。

### （四）基于网络稳定性的应急救援组织功能与定位

为进一步量化考察各类应急救援组织在应急救援组织合作网络中的功能与定位，本研究将观察剔除某一类应急救援组织合作网络的网络密度、网络中心势、平均路径长度三个关键网络指标的变化情况，分析各类应急救援组织对网络密度、网络连通程度和网络稳定性的影响以及在合作网络中发挥的作用。在剔除各类应急救援组织后，网络指标的变化情况如表 2 所示。

**表 2　剔除网络某类应急救援组织后网络各指标的变化情况**

| 网络结构指标 | 网络密度(%) | 网络中心势(%) | 平均路径长度(%) |
|---|---|---|---|
| 剔除政府机构 | 14.14 | -16.59 | -5.26 |
| 剔除消防救援队伍 | -20.83 | -12.70 | 13.71 |
| 剔除地方专业救援队 | -3.66 | 6.77 | 0.47 |
| 剔除社会应急力量 | -1.27 | 23.52 | -0.94 |
| 剔除国有企业 | 7.56 | -9.56 | 0.42 |
| 剔除事业单位 | 12.72 | -6.47 | -5.73 |
| 剔除军队及相关部门 | -9.16 | 1.42 | 5.90 |

在应急救援组织合作网络中，当剔除政府机构后，网络中心势指标发生了明显下降，同时根据网络密度和平均路径长度指标，发现网络密集程度与连通程度均有所提升。这是由于事故应急救援工作复杂，需要较多类型和不同级别的政府机构参与，政府机构中既存在着主导合作网络发展和运行的核心组织节点，也包含了大量占用网络资源且处于网络边缘的组织节点，在一定程度上影响了网络的密集程度和连通程度。当剔除消防救援队伍的相关节点后，网络向中心聚集程度、网络密集程度与网络连通性均有明显下降，这反映了消防救援机构既是应急救援合作网络的核心应急组织，也能够为网络中相关节点提供重要的串联作用和平台支撑，同时发挥了稳定网络结构和联

系节点互动的双重作用。当剔除社会应急力量节点后，合作网络的网络中心势得到了明显的提升，而其他两类指标变化并不明显。这表明社会应急力量节点在合作网络中多是以边缘角色和末端组织出现，且与网络核心的互动性较差。当剔除网络中国有企业与事业单位节点后，网络合作属性均表现出了网络密度增大、网络中心势下降的趋势，这说明国有企业与事业单位节点在网络中虽处于偏向核心的位置，但与网络中的其他应急组织合作关系较少，影响了原合作网络的紧密程度。当剔除军队及相关部门后，合作网络属性表现出网络密度降低、平均路径长度加长的趋势，这反映出网络中军队节点能与各应急组织形成有效的合作，且发挥了一定的串联和组织功能。

总体来看，各类应急组织在合作网络中所发挥的作用各不相同，提升应急救援合作网络的整体效能应着重关注以下方面：一是优化边缘政府机构参与应急救援合作的积极性和制度建设；二是强化消防救援机构在应急救援中的主力军地位，充分发挥消防救援机构专业优势、组织优势与制度优势；三是加强对社会应急力量在应急救援行动中的串联和引导；四是从预案、演练等多个维度加强国有企业、事业单位与其他应急组织合作，同时充分发挥军队及相关部门的职能作用，提升网络节点的紧密性与连通性。

## 五　结果与讨论

本文以泉州市欣佳酒店“3·7”坍塌事故为例，采取新闻报道内容识别与半结构访谈的混合数据收集方法，得到了泉州“3·7”坍塌事故应急救援“组织机构－救援职能”2－模网络与应急救援组织合作网络。研究首先结合组织与职能相关性桑基图，对城市应急救援组织要素和应急救援功能要素进行了分析，识别了不同类型应急组织的角色和定位。其次，依据组织间关系弦图，从网络结构与节点属性两个维度探究了应急救援组织合作网络的主要特征和组织间的合作模式与互动关系，主要得出以下结论：①城市复合型突发事件应急救援行动中，7 种不同类型应急组织承担了 15 项不同的应急救援职能。各类应急组织通过信息共享、资源流动、任务分配等形式，开展了跨组织应急救援合作，并在城市复合型突发事件应急救援合作网络中处于不同位置、扮演着不同角色。在应急救援中，依据网络中各类组织的功能定位定向赋予其救援资源和保障资源，有助于提高应急救援网络整体效率。②城市应急救援组织合作网络呈现出弱集聚与强协同特征，形成了松散耦合型网络结构。各类应急组织在"关键核心组织 - 串联配合组织 - 边缘互动组织"网络组织框架下，彼此间存在着不同程度的依赖关系，对外表现出跨界合作与平行协作两类合作模式。同时，各类应急组织在合作网络中对网络稳定性具有不同的影响水平，引导边缘应急组织参与、强化应急组织间合作、保持中介应急组织连通将是提升应急救援整体效能的重要手段。

结合以上结论，本研究指出如何形成应急救援协同优势、提升应急救援合作效能仍是城市复合型突发事件应急管理工作需要认真解决的关键议题。以下，作者结合城市应急救援实践，从协作机制保障、指挥架构协调、力量整合部署、资源统筹配置四个方面对城市复合型突发事件应急救援体系的完善与优化提出了对策建议。

## （一）完善复合型突发事件应急处置与救援组织合作机制建设

组织间协同的基础是合作机制的建立。应急处置与救援组织合作机制的建设需要发挥各级、各类组织的资源优势，破除条块分割与部门利益对信息交换与资源交互的阻碍。一是要完善复合型突发事件应急救援的跨组织协作机制的制度保障。[25]各级政府要根据部门职能划分情况，同时针对城市可能发生的复合型突发事件模式，加紧构建完备、准确、合理的应急救援政策保障体系和预案体系，以期实现应急管理部门与相关职能部门在复合型突发事件应对与处置、后勤保障与物资运输、信息传递和交互等方面的分工协作与协同配合。[26]同时消防救援部门也要加大对跨区域救援响应与增援工作的部署和演练，不断提升应急救援协作的技战术水平和实战能力。二是要发挥府际横向协调机制的衔接与串联作用。要充分发挥各级安委会、减灾委、防汛抗旱指挥部、抗震救灾指挥部、森林草原防火指挥部在日常应急管理中的桥梁作用，坚持常态化管理与非常态化管理相结合，加深各部门、各组织间在复合型突发事件应急救援中的协作配合理念，提升城市应急救援综合能力。[27]三是要加快新兴复合型突发事件救援合作模式探索。泉州市欣佳酒店“3·7”坍塌事故是典型的事故灾难与公共卫生事件交织叠加的突发事件，应急救援行动在处置建筑坍塌、搜救被困人员的同时还要兼顾医疗救护、洗消防疫等多重问题，对应急、消防、公安、卫健等部门在救援协作内容和形式上提出了更高的要求，亟须总结经验，探索复合型突发事件应急救援合作与配合的新战法、新模式。

### （二）强化复合型突发事件多级指挥调度组织架构的协调统一

研判准确、执行果断、架构完整的应急救援指挥体系是实现信息传达快速、救援高效处置、资源合理配置的重要基础。现阶段，我国重特大突发事件应急救援的指挥组织架构都是按照“指导－指挥”与“战略－战术”相结合的模式搭建的。[28]在泉州市欣佳酒店“3·7”坍塌事故发生后，应急管理部、福建省委省政府均通过视频实时连线救援现场，调度福建应急管理厅、福建消防救援总队开展救援工作；国务院安委会办公室第一时间派出由应急管理部、住建部、应急管理部消防救援局等相关部门组成的工作组赶赴现场，指导协助地方开展救援处置工作；国家卫健委调派两批国家级医疗卫生应急专家组支援现场，开展医疗防疫等卫生应急处置工作。同时，事故现场成立了由省、市、区三级应急、消防、公安、住建、卫健、环保部门组成的现场指挥部。从整体上看，事故应急救援指挥体系形成了“指导调度－工作组下沉－现场指挥”相互呼应的三级组织架构，实现了事故应急救援指挥结构的扁平化。在实践中，城市复合型突发事件应急救援指挥一方面要积极推行和不断强化“分级负责、属地管理”的应急指挥模式，调动中央和地方两个积极性；另一方面，则要进一步巩固“后方总指挥部－派出工作组－前方现场指挥部”的指挥架构模式，正确把握战略决策、战役指挥、战术行动的对立与统一，实现各级应急力量与保障资源充分整合和有效协同，强化前方与后方的信息交互，避免信息不对称和信息流动失真现象，全面提高应急救援指挥效率。

### （三）突出复合型突发事件多层次应急救援力量体系的整合部署

在泉州市欣佳酒店“3·7”坍塌事故应急救援过程中，消防救援队伍、地方专业救援队伍、社会应急力量、军队救援力量响应迅速、配合默契，为高效救援创造了条件。但在救援初期，出现建制规模不清、装备配置单一、人员素质参差不齐等问题，致使现场指挥部对各支应急力量的定位把握不准，出现了各方应急力量无序“汇集”、应急救援指挥工作不顺、命令传达受阻的突出问题。为此，首先要加快推进不同力量体系的衔接和融合，建立以国家综合性消防救援队伍为核心，多种形式社会应急力量为保障，解放军、武警、警察等应急力量为支撑的立体化救援协作体系。其次，应急、民政、消防等相关部门要对本区域内地方专业救援队伍和社会应急力量进行摸底，全面掌握辖区地方救援队、工程机械力量的人员装备、职业资格、技能资质、专长领域以及公益慈善领域社会组织、志愿服务组织、网络新媒体和宣传领域社会组织的规模及建设等情况，强化对社会救援力量的管理和行业指导，促进社会应急力量发展。再次，突发事件的属地政府及相关部门要加强对救援现场的管理保护、秩序引导和警戒管制工作，加强与各类救援力量的对接沟通，促进各类救援力量的应急调度模式有序、应急通信渠道统一，实现有序救援。

### （四）实现复合型突发事件应急救援保障体系的一体化统筹配置

应急救援保障是应急救援实施的重要支撑，实现应急救援保障体系的一体化统筹配置应从装备、信息、后勤物资三方面具体考量。一是要突出救援装备的统一调度。各级救援力量要在现场指挥部的统一指导下，实行应急救援装备的统一调度，形成装备共享、优势互补的良性循环。同时，市场监管部门、电力部门、石化企业要根据救援需要及时调集区域内的特种设备、大型工程器械、照明设施等应急装备，为救援工作提供保障与支撑。二是要实现通信网络的稳定畅通。地方政府与应急救援力量要完善与地区通信管理部门和移动通信运营商的应急联动机制，围绕现场移动应用深化增效的实战要求，保障现场指挥与后方指导调度间应急通信网络畅通，确保救援现场通信覆盖、定位精准、传输可靠。三是要加强后勤物资的供给配送。要进一步深化“政府领导、部门参与、社会联动、协同配合”的社会联勤保障机制，按照“模块化管理、模块化运输、模块化保障”的要求，积极与高铁、物流等单位建立快速机动运输协作机制，同时注重引导志愿力量有序参与后勤保障的相关工作，形成遂行支撑、属地保障、跨域高效投送的全流程后勤物资供给模式。

## 参考文献


[1] 朱正威，刘莹莹．韧性治理：风险与应急管理的新路径［J］．行政论坛，2020，27（5）：81－87.

[2] 岳清春．我国应急救援多元协同机制研究［J］．中国应急救援，2016（3）：26－28.

[3] 张勤，范如意，林菁菁．组织化建设：志愿服务应急救援不可或缺的要素［J］．理论探讨，2016（5）：149－154.

[4] 刘蕾，赵雅琼．城市安全应急联动合作网络：网络结构与主体角色——以寿光洪灾事件为例［J］．城市发展研究，2020，27（3）：91－99.

[5] 时立荣，常亮，周芹．应急救援社会组织联动协同关系研究［J］．江淮论坛，2017（6）：90－94＋78＋193.

[6] 胡倩．美国应急管理组织间网络研究述评［J］．公共管理与政策评论，2019，8（1）：31－39.

[7] 童星．中国应急管理的演化历程与当前趋势［J］．公共管理与政策评论，2018，7（6）：11－20.

[8] 林雪，张海波．城市系统的软实力：地方政府韧性能力概念框架的构建［J］．行政论坛，2020，27（5）：88－94.

[9] 钟开斌，钟发英．跨界危机的治理困境——以天津港“8·12”事故为例［J］．行政法学研究，2016（04）：74－83＋144.

[10] 刘纪达，麦强．自然灾害应急协同：以议事协调机构设立为视角的网络分析［J］．公共管理与政策评论，2021，10（3）：54－64.

[11] N. Kapucu，Q. Hu. Understanding Multiplexity of Collaborative Emergency Management Networks［J］. The American Review of Public Administration，2014，46（4）：399－417.

[12] 康伟，陈茜．公共危机协同治理视角下的组织合作问题研究［J］．行政论坛，

2015, 22 (1): 14 - 17.

[13] 张海波, 尹铭磊. 应急响应中的突生组织网络——"鲁甸地震"案例研究 [J]. 公共管理学报, 2016, 13 (2): 84 - 96 + 156 - 157.

[14] 张海波. 应急管理中的跨区域协同 [J]. 南京大学学报 (哲学 · 人文科学 · 社会科学), 2021, 58 (1): 102 - 110 + 161.

[15] 张海波, 陶志刚. 公共卫生事件应急管理中政府部门间合作网络的变化 [J]. 武汉大学学报 (哲学社会科学版), 2021, 74 (4): 114 - 126.

[16] 郭雪松, 黄纪心. 灾害应对组织网络演化机制研究——以台风"利奇马"应对为例 [J]. 风险灾害危机研究, 2020 (1): 128 - 150.

[17] 刘纪达, 安实, 王健, 等. 一体化应急应战协作网络结构与演进——以自然灾害和事故灾难事件为例 [J]. 北京理工大学学报 (社会科学版), 2020, 22 (6): 96 - 106.

[18] L. Du, Y. Feng, L. Tang, et al. Networks in Disaster Emergency Management: A Systematic Review [J]. Natural Hazards, 2020, 103 (3): 1 - 27.

[19] 钟雯彬.《突发事件应对法》面临的新挑战与修改着力点 [J]. 理论与改革, 2020 (4): 24 - 37.

[20] 郑寰, 燕继荣. 基层综合应急救援体系建设中的跨部门协同——以云南省文山州消防改革为例 [J]. 中国行政管理, 2011 (5): 57 - 61.

[21] 钟开斌. 如何处置跨界危机——天津港"8 · 12"事故分析 [J]. 行政管理改革, 2016 (4): 64 - 68.

[22] 康伟, 陈茜, 陈波. 公共管理研究领域中的社会网络分析 [J]. 公共行政评论, 2014, 7 (6): 129 - 151 + 166.

[23] 康伟, 杜蕾, 曹太鑫. 组织关系视角下的城市公共安全应急协同治理网络——基于"8 · 12 天津港事件"的全网数据分析 [J]. 公共管理学报, 2018, 15 (2): 141 - 152 + 160.

[24] 雷尚清. 作为大部制的应急管理部: 历史渊源与关键议题 [J]. 风险灾害危机研究, 2018 (1): 228 - 241.

[25] 孔静静, 韩传峰. 应急组织合作的结构逻辑及运行机制——以 2008 年汶川地震应对为例 [J]. 公共管理学报, 2013, 10 (4): 88 - 101 + 141 - 142.

[26] 薛澜. 学习四中全会《决定》精神, 推进国家应急管理体系和能力现代化 [J]. 公共管理评论, 2019, 1 (3): 33 - 40.

[27] 张海波, 童星. 中国应急管理结构变化及其理论概化 [J]. 中国社会科学, 2015 (3): 58 - 84 + 206.

[28] 钟开斌. 从强制到自主: 中国应急协调机制的发展与演变 [J]. 中国行政管理, 2014 (8): 115 - 119.

# Urban Compound Emergency Rescue Organization Cooperation

## —*Taking "3 · 7" Collapse in Quanzhou During the COVID-19 Epidemic as an Example*

LiuJida An Shi Wang Jian

**Abstract**: With the continuous increase in the types of urban security risks in China, there is no longer appearing completely in an independent form of urban emergencies. Emergency rescue of urban compound emergencies has gradually become the norm. Taking the "3 · 7" collapse accident in Quanzhou during the COVID-19 Epidemic as an example, social network analysis methods were used in this article. Emergency rescue "organization-rescue function" 2-model network and organization cooperation network was constructed. The types and distribution of rescue organizations and emergency rescue functions were analyzed. The network structure of organizational cooperation networks, the roles and positioning of various emergency organizations in emergency rescue networks were identified. On this basis, the cross-border and parallel interactions between emergency organizations were examined. And the level of influence of various emergency organizations on the stability of the network in the cooperation network was explored. Research shows that: various emergency organizations play different roles in emergency rescue cooperation. According to the functional positioning of various organizations, the rescue resources and guarantee resources are assigned to them, which could help to improve the overall efficiency of emergency rescue. At the same time, guiding fringe emergency organizations to participate, strengthening cooperation between emergency organizations, and maintaining the connectivity of intermediary emergency organizations will be the important measures to improve the overall effectiveness of emergency rescue. And then, countermeasures and suggestions were put forward for the improvement and optimization of the urban compound emergency rescue system from four aspects: cooperation mechanism guarantee, command structure coordination, force integration deployment, and resource overall allocation.

**Keywords**: Urban Emergencies; Emergency Rescue; Social Network Analysis; Compound Emergency

# 社会风险治理研究

风险灾害危机研究第十四辑
第 189—212 页


# 当老龄化与灾害碰撞：灾害冲击下老年人脆弱性研究综述*

梁思佳　葛　怡**

**摘　要**：21 世纪是老龄化的世纪，也是灾害多发的高风险世纪，因此，关注灾害冲击下的老年群体脆弱性就显得尤为必要与重要。本文探讨了老年人脆弱性的内涵，概括了此类研究的主要领域、问题及方法，重点梳理与归纳了老年人脆弱性的影响因素及呈现方式。研究发现：面对灾害，老年人是脆弱的，有越来越多的老年人会因自然因素与社会因素的交互影响而遭受威胁，最终在身体、心理、生活等方面受到伤害。但老年人依然具有韧性，一生中丰富的生活经验与灾害经历能够帮助他们从创伤经历中恢复过来。因此，未来研究在关注老年人灾害脆弱性的同时，也应重视对其韧性优势的探讨，这对于实现老年群体与风险“和平共存”的战略目标具有重要的现实意义。

**关键词**：灾害；老年人；脆弱性

* 基金项目：本文系江苏省社会科学基金专项课题“韧性城市研究——现代化进程中人与自然和谐共生的新思路”（项目编号：17JDB010）的阶段性研究成果。

** 作者简介：梁思佳，南京师范大学社会发展学院硕士研究生，主要从事老年人脆弱性研究；葛怡，南京师范大学社会发展学院副教授，主要从事灾害脆弱性、韧性与风险管理研究。

21 世纪是老龄化的世纪。随着生育率以及中老年死亡率的持续下降，世界各国将持续普遍出现人口老龄化的发展态势，老龄化进程不断加快[1]。根据联合国的预测，到 2050 年，全球 20% 的人口或每五个人中就有一个人的年龄在 60 岁以上，而“高龄老人”（85 岁及以上）的比例预计将增加一倍[2]。其他研究也表明，世界人口的年龄结构正在发生巨大的转变，预计到 2100 年，全球 65 岁以上的人口将达到 23.7 亿[3]。然而 21 世纪也是灾害多发的世纪。人类遭受了几次重大灾害事件，如 2004 年印度洋大海啸、2005 年美国卡特里娜飓风、2008 年中国汶川大地震、2011 年东日本大地震及海啸、2014 年西非埃博拉疫情以及 2020 年暴发至今仍在全球流行的新冠肺炎疫情等等。因此，在当前社会，当越来越高龄化的人口结构特征与越来越频繁、严重的灾害特征发生相互“碰撞”时，对灾害冲击下老年群体脆弱性的关注就显得尤为必要与重要。

大量研究证实，虽然灾害对所有受灾人口有负面影响，[4]但老年人通常面临更大的风险，更有可能受到伤害。[5]例如，2005 年卡特里娜飓风袭击美国墨西哥湾期间至灾后第一年，死亡的老年人比其他群体都多，在灾后发现的尸体中约 75% 为 60 岁以上的人；[6]2008 年中国汶川地震中，65 岁以上的受灾老人超过了 350 万人，其中需要紧急安置的老年人至少有 100 万人，失去亲人的孤寡老年人约有 3 万人；[7]目前正在全球范围内蔓延的新冠肺炎疫情也对老年人的生命健康产生巨大威胁，来自不同国家的死亡率数据表明，老年人比年轻人更容易受到此次疫情的影响。[8]

尽管老年人深受灾害的影响，但值得注意的是，并非所有的老年人同等地受到灾害的负面影响，因为构成老年人口的个体并不是同质的。在大多数情况下，当面对灾害时，相对健康、富裕、活跃和独立的低龄老年人会比晚年没有这些特征的高龄老年人更不容易受到伤害。[9]换句话说，除了“年龄”这一基本因素外，还存在一些其他因素影响着老年群体的脆弱性，而在这些因素的共同作用下，这一群体成员的脆弱性会呈现出高、低之分。那么，在灾害越发频繁与严重的背景下，到底有哪些因素会对老年人的脆弱性造成影响？他们的脆弱性又表现在哪？这两个问题亟待审视与探讨。基于这种考量，本研究尝试在综述国内外老年人脆弱性研究进展的基础上，探讨老年人脆弱性的内涵，概括主要研究领域、问题及方法，并详细归纳总结灾害冲击下老年人脆弱性的影响因素及呈现方式，以期为减弱老年人应对灾害的脆弱性、减少灾害带来的风险提供一定的科学依据与参考。

## 一 老年人脆弱性的概念界定

老年人，通常被定义为年龄在65岁及以上的人。[10]但实际上，国际社会对老年人的界定标准并不统一。例如，在中国，按照《老年人权益保障法》的规定，“老年人是指六十周岁以上的公民”，而当前国家统计局却是以“65岁”作为老年人口界定的起始年龄。[11]此外在美国，老年人口的年龄结构更被进一步划分为：65～74岁是“低龄老人”（the young-old），75～84岁是“中龄老人”（the aged），85岁及以上是“高龄老人”（the oldest old）。[9]可以说，尤其在当今老龄化现象日益严重的背景之下，似乎很难用一个准确的数字将老年人和中年人之间模糊的界限标记开来。研究中界定老年人年龄段的标准也不尽相同，不过总体来看，绝大多数研究还是将“65岁及以上人口”作为老年人口，少数研究则把“50岁及以上”[12]、“60岁及以上”[8][13]、“70岁及以上”[14]或“75岁及以上”[15]作为划分老年人口的年龄标准。

在对“老年人脆弱性”的内涵进行概括之前，首先需要对“脆弱性”这一核心术语进行简单的介绍。“脆弱性”一词来自拉丁语“vulnerable”，原指“受到伤害的可能性”。目前该术语已经被广泛运用到不同的学科和研究领域，然而学者们对脆弱性的理解不同，就导致脆弱性的概念及定义存在较大的差异。[16]较为普遍的观点认为，脆弱性是指影响个人或群体受灾概率及其灾后恢复能力的一种特质，[17]如威斯纳（Wisner）等将脆弱性定义为一个人或群体预测、应对、抵抗自然灾害并从其影响中恢复的能力。[18]而纵观脆弱性的研究历程，其研究内容大致可归纳为两个方面：自然脆弱性和社会脆弱性。[19]目前，越来越多的国际组织以及研究学者将关注重点放在人类社会系统对脆弱性的影响，即社会脆弱性。[16][19][20]社会脆弱性的概念也同样存在诸多分歧与争论，我国学者周利敏将其典型定义总结归纳为“冲击论”“风险论”“社会关系呈现论”“暴露论”四种类型。[17]尽管界定各不相同，但总体来看，社会脆弱性的概念倾向于构建出的逻辑是：暴露在风险范围内的所有人是脆弱的，但风险对社会的影响并不是均衡的。[16]由于阶级、族群、性别、年龄等灾前社会不平等因素的存在，同一地区的个人及家庭的受灾风险呈现出不平等现象。[20]因此，在灾害中受灾最深和最严重的群体往往是一些弱势群体，如穷人、少数民族、妇女、儿童、老年人等，他们由于受自身的个人特征限制而缺乏应对风险事件的能力，在遭受灾难后，又缺乏必要的知识及资源，最终难以从灾害中恢复。[16][20]综上所述，从社会脆弱性视角对灾害进行探讨或许能够很好地回答“为什么老年人更容易遭受灾害风险”这一问题。

较为遗憾的是，有关灾害背景下老年人脆弱性的研究基本上没有涉及对“老年人脆弱性”概念的探讨，相关研究仅着重解释了两个核心术语（“脆弱性”或“社会脆弱性”）的内涵。个别研究探讨了“脆弱的老年人”这一概念，如认为脆弱的老年人是年龄在65岁及以上的人，该群体所具有的基本特征，如身体、认知、社会、心理或经济状况，会限制其在灾中应对和灾后恢复的能力。[10]因此，在笔者看来，“老年人脆弱性”可以借鉴“脆弱性”概念的界定，将其限定为影响老年群体受灾程度及灾后恢复的一种特质。而根据已有研究，“老年人脆弱性”的内涵可以进一步引申为：在发生灾害时，由于受到高龄、性别差异、慢性疾病、残疾、贫穷、受教育程度低、独居等灾前因素的影响，老年群体普遍缺乏应对、抵抗灾害并从中恢复的能力，最终在灾害的直接和长期影响下，老年群体会遭受健康恶化、心理疾病、生活困难、社会支持减弱等方面的问题。

## 二 老年人脆弱性的研究领域、问题与方法

老年人在灾害背景下面临的问题研究始于20世纪60年代[21]，而从80

年代开始，“脆弱性”研究在灾害研究中得到越来越多的关注[22]。但至今，老年人灾害脆弱性的研究仍然是一个小众的研究方向[23]。

### （一）研究领域

灾害对老年群体脆弱性的影响分析是涉及多种学科的综合研究[23]，主要涉及医学、心理学、地理学、社会学、建筑学等不同学科（见表1）。医学视角下的老年人脆弱性研究重点关注灾害发生后老年群体的发病率和死亡率，主要从身体健康状况的角度探讨暴露在灾害下的最脆弱的老年群体。例如，格伦隆德（Gronlund）等人的研究关注了肾、热及呼吸系统疾病住院与高温之间的联系是否会因老年人自身特征而不同。[24]心理学视角下的研究更关注灾害发生后老年群体的心理应激反应，对老年人与其他年龄段人群的心理应激差异以及心理问题预防与应对措施给予重视。例如，贾（Jia）等人的研究比较了地震后老年幸存者和年轻幸存者的心理健康差异。[25]地理学视角下的脆弱性研究则在掌握老年群体空间分布的基础上，分析某特定区域内灾害发生的类型、频率与程度，并利用社会脆弱性指数和风险地图定位以及寻找区域内暴露于潜在风险下的不同脆弱程度的老年人。例如，王（Wang）和亚纳尔（Yarnal）的研究通过制作风险地图以及构建社会脆弱性指数，分析了佛罗里达州地区老年人在飓风中的脆弱性差异。[9]社会学视角下的老年人脆弱性研究认为造成老年群体脆弱的主要因素是社会结构因素，如年龄、性别、贫穷、种族、阶级等，并对这些因素作用下老年人受到灾害负面影响的具体过程予以重点关注。例如，费伯（Faber）的研究重点调查了社会结构因素（种族、收入、年龄）是如何影响飓风对纽约市所造成的威胁。[26]建筑学视角下的研究则更关注灾害发生时老年群体的现居住所，并强调住房的建筑设计、材料、配套设备或设施以及建造年份等因素会对老年人的脆弱性产生影响。例如，费尔南德斯（Fernández）等的研究分析了老年人住宅发生火灾的因素，其中就涉及房屋的建造年份以及配备的电器设备。[27]

表1　老年人脆弱性研究的多学科视角

| 学科 | 研究视角 |
| --- | --- |
| 医学 | 关注灾害发生后老年群体的发病率和死亡率,并主要从身体健康状况的角度探讨暴露在灾害下的最脆弱的老年群体 |
| 心理学 | 关注灾害发生后老年群体的心理应激反应,对老年人与其他年龄段人群的心理应激差异以及心理问题预防与应对措施给予重视 |
| 地理学 | 在掌握老年群体空间分布的基础上,分析某特定区域内灾害发生的类型、频率与程度,并利用社会脆弱性指数和风险地图定位以及寻找区域内暴露于潜在风险下的不同脆弱性的老年人 |
| 社会学 | 认为造成老年群体脆弱的主要因素是社会结构因素,如年龄、性别、贫穷、种族、阶级等,并对这些因素作用下老年人受到灾害负面影响的具体过程予以重点关注 |
| 建筑学 | 关注灾害发生时老年群体的现居住所,并强调住房的建筑设计、材料、配套设备或设施以及建造年份等因素会对老年人的脆弱性产生影响 |

## （二）核心问题

灾害背景下老年人脆弱性研究聚焦老年人的灾后经历，着重探讨了灾害对老年群体的负面影响，并试图通过分析社会结构、地理等因素寻找受灾害影响最大的老年人。具体来看，现有的老年人脆弱性研究聚焦于三大问题展开：①灾后老年人经历了什么？研究普遍发现，灾后老年人会面临更高的健康恶化风险，并出现严重的心理创伤问题。此外，老年人还会经历住房、饮食、经济和社会支持等多方面问题。②哪些老年人受灾害影响最严重？相关学者从不同的学科视角分析了受各种灾害影响最严重的老年人（见表2）。从这些观点中可以发现，年龄、性别、健康状况、收入、教育等灾前既有因素对扩大或减少老年人脆弱性有影响。③怎样提高老年人应对灾害的能力？研究从不同的角度提出多种降低老年人脆弱性的意见措施，如加强老年人身体锻炼，鼓励老年人社会参与，创建“老年人友好社会”等。[2]但无论采取哪种举措，其应遵循的基本逻辑就是将导致灾前差异的脆弱性因素努力降至最低，并在灾害发生后，将资源与已知的脆弱性相匹配，即时减少老年人灾后损失。[23]

**表 2　老年人脆弱性特征的多学科观点**

| 学科 | 脆弱老年人的特征 | 文献来源 |
| --- | --- | --- |
| 医学 | 受灾害影响最严重的老年人是那些自身身体虚弱，因疾病或残疾而行走困难、需要医疗设备的老年人 | 麦圭尔（Mcguire）等[28] |
| | 患有精神和行为障碍的老年人在热浪期间的死亡率增加 | 汉森（Hansen）等[29] |
| | 虽然人群普遍易感染新冠肺炎，但老年人的发病率和死亡率高于年轻人，特别是那些有严重潜在并发症的人 | 魏（Wei）等[30] |
| 心理学 | 地震后，年龄较大、处于严重危险之中、失去家人以及对某人的死亡或受伤感到内疚的老年人更有可能出现PTSD 症状 | 贾（Jia）等[25] |
| | 灾后两年，那些经受过挫败的寻求支持的老年人，会产生更为负面的情绪、思想、行为 | 约瑟夫（Joseph）等[21] |
| 地理学 | 生活在内陆的老年人尽管遭受风暴潮和洪水威胁的程度较小，但由于他们更加贫穷，因此表现出了高度的经济敏感性和对这些灾害的有限适应能力 | 王（Wang）等[9] |
| 社会学 | 生活在洪水暴露地区的人比生活在干旱地区的人更老、更穷 | 费伯（Faber）[26] |
| | 面对战争，老年人（特别是受过高等教育的老年人）、阿拉伯人、妇女极可能遭受高度的死亡焦虑 | 罗恩（Ron）[31] |
| 建筑学 | 农村地区普遍使用泥土以及木材来搭建房屋，因此地震后，老年人由于来不及反应通常会被倒塌的房屋掩盖 | 曹（Cao）等[32] |
| | 面对火灾，居住在私人住宅中的老年人是一个特别脆弱的群体 | 费尔南德斯等[27] |

## （三）研究方法

分析灾害对老年群体的负面影响，并对老年群体的脆弱性进行评价是灾害背景下老年人脆弱性研究中重要的两块内容。从已有研究来看，定量研究和定性研究都有所涉及，但前者在研究中的运用明显多于后者。在定量研究中，某些方法已经变得越发普遍。例如，在分析灾害对老年人的身体、心理等影响时，多通过问卷调查或利用官方统计数据收集资料信息，并根据研究问题进行相应的统计分析，主要包括回归分析[8][12][24][33][34]、t 检验[25][35][32]、卡方检验[14][25][32]、方差分析[14]等。此外，专门对老年人脆弱性进行评价的研究则以建立社会脆弱性指标体系，并通过不同的数理分析方法计算脆弱性指数为主，以脆弱性指数作为衡量老年人脆弱程度的依据，例如，有综合指数法[15][9][36]、图层叠置法[9]等。在这些研究中，很明显的一个特征是数据的来源多为官方统计机构及其相关部门。而在定性研究中，对老年人脆弱性的探讨则主要以案例研究[21][37]、民族志研究[38]、叙事研究[39]的方式展现出来。其中，研究者大多采用观察法和访谈法来收集第一手资料，具体会涉及实地观察[40]、参与观察[6]、半结构化访谈[6][40][41]、焦点小组讨论[40][37][42]等调查技术。

## 三　老年人脆弱性的影响因素

陶鹏、童星认为，导致群体脆弱性分布存在差异的主要原因在于，这种分布通常具有自然分布过程与社会分布过程的双重特性：[43]自然分布过程常与个体或群体的自身特征（如年龄、性别、健康状况）、设备属性、环境特点等自然因素相联系，社会分布过程则与社会制度、政治经济、文化背景等社会因素有关。在自然分布过程中，先天形成的自然条件及其变化会直接造成群体脆弱性的不平等，而社会分布过程则会一定程度上增加或减少脆弱性。因此，依据这一观点，确定自然分布与社会分布过程中的影响因素也同样可以成为解答老年人脆弱性分布差异的关键。笔者基于已有研究，发现在面临诸如高温、洪水、飓风、地震、海啸、火灾、传染疾病、战争等灾害冲击时，主要包括年龄、性别、健康状况、居住方式的自然分布因素以及涵盖收入、教育、文化的社会分布因素或多或少增加了老年群体的敏感性，影响了他们的应对能力，最终使他们不同程度地受到灾害的影响。

### （一）自然分布过程

#### 1. 年龄

相较其他群体，高龄是老年人具有高脆弱性的根本原因。随着年龄的增长，老年人的身体和认知能力下降，行动能力往往受到限制，这导致他们在灾害发生后无法或难以及时疏散与逃生。[44]此外，高龄也与慢性病的发病率有很大的关系，[15]这增加了老年人在灾害期间的潜在风险。例如，谷田（Tanida）发现日本神户地震对老年群体的打击尤为严重，虽然神户60岁以上的老年人占比不到20%，但震后一半以上的死亡人数都源于该群体。[45]值得注意的是，不同年龄段的老年人的受灾风险往往也不尽相同。一般而言，高龄的老年人（85岁及以上）比低龄（65～74岁）、中龄（75～84岁）的老年人的脆弱性要高。例如，佩特科娃（Petkova）等通过对保加利亚极端冷热天气下老年人死亡率的研究，发现85岁及以上人群的总死亡率高于65～84岁人群。[46]不过依然有研究强调，年龄并不一定是影响脆弱性的"精确变量"，因为仍然可能存在一些高龄的老年人健康强壮，而一些低龄的老年人需要依靠定期的医疗来生存的情况。[9]

**2. 性别**

学者们的广泛共识是，与男性相比，女性面临着不同的挑战和不同程度的脆弱性，并且这种性别差异性在灾害过程中的各个阶段都非常明显。[47]例如，弗兰肯伯格（Frankenberg）等发现在印度洋海啸中儿童、老人和妇女的死亡率高于15～44岁年龄段的男性，并认为老年妇女是最脆弱的人群，因为她们身体虚弱，不太能够奔跑和撤离危险区域。[48]斯蒂恩（Steen）等的研究也认为，面对高温热浪天气，老年妇女比男性具有更高的风险，并且随着年龄的增加，这种风险似乎会变得越来越大。[49]不过也有学者提出了不同的看法，认为高温灾害下老年男性往往比女性更容易受到伤害。[13][50]此外，也有研究发现在火灾灾害下老年男性的脆弱程度会更高，例如，费尔南德斯等通过对西班牙住宅火灾数据的分析，认为经历致命火灾风险最高的群体是65岁以上的男性。[27]

**3. 健康状况**

老年人的身体健康状况也会对其脆弱性产生影响，而在研究中探讨最多的是慢性疾病和残疾。慢性疾病和残疾在老年人群中比较普遍。[15]大约80%的老年人至少患有一种慢性疾病，这使得他们在灾难中比健康人更容易受到伤害。[51]研究表明，身体先前存在的疾病，如心血管疾病、脑血管疾病、糖尿病和呼吸系统疾病可能会增加人们对热相关疾病和死亡的易感性。[13]与此同时，慢性疾病也经常导致残疾或无法进行基本的日常生活活动，[51]身体、感官或认知等方面的障碍会大大削弱老年人在灾害发生后疏散和逃生的能力。例如，汉默（Handmer）等发现在澳大利亚维多利亚森林火灾中超过 44% 的死者是残疾人、老年人或儿童，其中有 9% 的死者为患有慢性残疾的老年人。[52]此外，听觉和视觉上的障碍也会降低老年人在灾害发生前后获取信息的能力。[15]尤其对于新冠肺炎疫情这样的灾害事件来说，残障老年人往往缺乏可获得的公共卫生信息，难于获得卫生设施，一旦感染新冠肺炎，他们更可能出现严重的健康状况，危及生命。[53]

**4. 居住方式**

研究重点关注了“独居”老年人、居住在养老机构的老年人的灾后情况。①独居。独居的老年人更容易在危急情况下受到伤害，因为周围没有人帮助他们意识到危险，及时提供应急关照或救助。[54]例如，研究认为独居会增加老年人在热浪期间的死亡风险。[13][33]尤其是那些身体健康情况差甚至卧床的老年人，如果没人照顾，他们在热浪中的死亡率最高。[54]②居住在养老机构。研究强调，居住在疗养院（或养老院①）的老年人也通常具有较高的脆弱性。[53][55]周（Chau）等认为，这些老年人的高脆弱性不仅是因为他们大多身体虚弱、残疾或卧床不起，更重要的原因在于面对突发灾害时，疗养院可能人手不足或缺乏特殊车辆来及时疏散居民。[15]例如，卡特里娜飓风发生后，一些疗养院未能及时实施疏散方案，最后仅在新奥尔良的疗养院就有 150 多名老年人死亡。[6]与之类似，新冠肺炎疫情发生后，疗养院普遍存在防护设备不足、医护人员短缺等问题，许多国家也因此出现了疗养院发生集体感染的糟糕情况。

---

① 外文文献中的养老机构为疗养院（nursing home），中文文献中的养老机构指养老院。

## （二）社会分布过程

### 1. 收入

对于老年人来说，经济收入决定了其获取维持日常生活所需资源的能力。[15]例如，贫穷的老年人一般没有能力购买空调来应对极端高温天气：美国 1979 年的热浪夺去了几千名老年人的生命，而造成这场悲剧的原因就是这些老年人非常贫穷，买不起空调，也无法通过在更凉爽的地方度假来躲避热浪。[22]并且，老年人灾后恢复的能力也会受到经济收入的影响。那些贫穷的老年人可能无法获得有限的灾后恢复服务和资源，包括衣服、交通或住宿。[15]康德赫拉（Khandlhela）和梅（May）对南非林波波省洪水灾害的研究就发现，那些贫穷、庞大、以女性或老年人为户主的家庭在许多方面变得更加脆弱，并且灾后 5 个月，很少有家庭表现出恢复能力。[40]此外更糟糕的是，生活贫困的老年人往往集中在灾害多发地区。[15]因为社会经济地位较低的家庭更有可能居住在自然灾害频发的“第一线”，以及建筑质量较低、减灾功能最弱的住宅中。[35]例如，在卡特里娜飓风期间，生活贫困的家庭通常居住在低质量的建筑中，所以在飓风的袭击下，他们最终遭受到了不成比例的更高的人员和住房损失。[15]

### 2. 教育

老年人的教育水平也是影响他们灾前准备、灾中反应、灾后恢复和重建的重要因素。研究普遍认为，受教育程度较低的人往往更容易受到伤害，因为他们产生收入的能力和获得资源与服务的机会较少。[5]这一规律同样适用于老年群体。金姆（Kim）和扎库尔（Zakour）的研究结果就证实，教育程度和收入较低的老年人在准备灾害应对资源方面的程度和能力都相对欠缺。[56]另外，对于老年人来说，教育水平与他们的自学能力密切相关，进而影响他们对于预防灾害措施以及紧急求助热线的了解和使用情况。[15]此外，由于身体、精神和社交技能的衰退，那些受教育程度较低的老年人可能会对如何与政府机构、保险公司等进行沟通与谈判而感到茫然与困惑。[9]最终，这些老年人可能会难以妥善获得补偿资源，无法就地弥补损失，从而导致被迫迁移甚至流离失所。例如，莫罗－琼斯（Morrow-Jones）等的研究发现，女性、老年人、收入较低以及教育水平较低的人可能会因为灾难而发生迁移，因为他们权利较小，无法获得资源以及补偿。[57]

**3. 文化**

目前有关灾害与文化之间的关系研究表明，文化对于灾害应对过程存在积极与消极的双重影响。[58]积极影响体现在，那些有着个人文化信仰或风险与危害的丰富认识和经验的老年人能够有效地应对灾害，降低脆弱性。例如，阿尔马赞（Almazan）等通过对有台风经验、无台风经验老年人的访谈，发现在灾难中进行祷告或参与宗教活动能够保持老年人对上帝的信仰，进而增加他们的适应能力。此外还发现，过往的经验对于应对台风有着重要作用，因为这种经验使老年人能够有机会获得有用的技能和见解，以便为即将到来的灾害做好准备。[37]亚当斯（Adams）等对卡特里娜飓风幸存者的研究发现，一些老年人在飓风后的第一年没有因洪水或疾病而死亡的部分原因是他们意识到这不是他们第一次处理这样的困难和逆境。[6]蔡廷（Chaitin）等研究了生活在加沙边境战区的以色列老年人，发现对于这些老年人来说，恐怖袭击导致的安全危机并不是一个重要的问题，因为他们一生中已经历了许多困难。[39]但也有研究认为，老年人丰富的生活经验和以往的灾害经历也会一定程度上产生消极影响，因为他们可能会倾向于质疑自己是否需要听从灾害警告以及遵守疏散规定。[9][23]

根据上述文献资料，最后归纳总结得到自然与社会分布过程中老年人脆弱性影响因素及其作用方式，如表3所示。

**表3　老年人脆弱性的影响因素及其作用方式**

| 分布形式 | 影响因素 | 作用方式 |
|---|---|---|
| 自然分布过程 | 年龄 | 年龄越大，脆弱性越高 |
| | 性别 | 一般认为女性脆弱性高于男性，但也存在男性脆弱性相对较高的情况 |
| | 健康状况 | 身体健康状况越差（如患慢性疾病、残疾），脆弱性越高 |
| | 居住方式 | 独居、居住在养老机构，脆弱性高 |

续表

| 分布形式 | 影响因素 | 作用方式 |
| --- | --- | --- |
| 社会分布过程 | 收入 | 经济收入越低,脆弱性越高 |
| | 教育 | 教育水平越低,脆弱性越高 |
| | 文化 | 生活经验、灾害经历越匮乏,脆弱性越高 |

## 四　老年人脆弱性的呈现方式

脆弱性是潜在的、通常无法观察到的能力，但它呈现在灾难后果中。一般而言，更大的脆弱性导致更大的暴露和伤害。[53]基于现有研究，笔者发现面对灾害的强烈冲击，在前述自然因素与社会因素交互作用下，老年群体往往不成比例地受到威胁，在身体、心理、生活等方面呈现出不同的脆弱性模式，具体表现在老年群体会遭受健康恶化、心理疾病、生活困难、社会支持减弱与社会孤立这四个方面的问题，如图 1 所示。

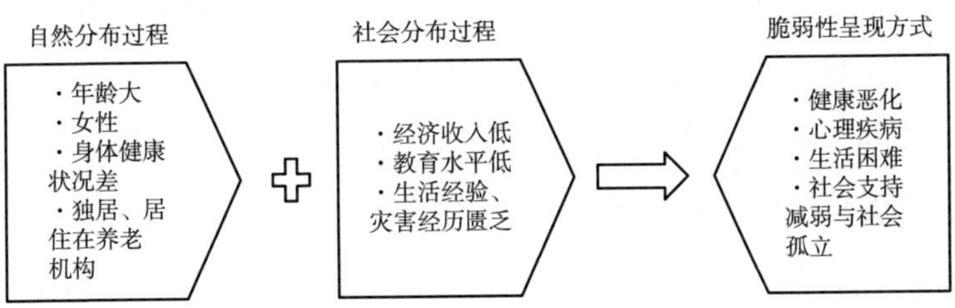


**图 1　老年人脆弱性的呈现方式**

**1. 健康恶化**

研究认为，由于老年群体具有明显的“带病生存”特征，[59]因此灾害发生后，在衰老、疾病、灾害的多重作用下，老年人更有可能遭受与健康有关的后果，需要更多的时间从灾害中恢复。[15]而最常见的健康影响就是原有疾病和残疾的恶化，特别是与行动能力有关的疾病和残疾，或是新的健康问题的出现。[4]例如，尹银发现，汶川地震除了直接导致老年人的大规模死亡外，还会造成各种伤害，与地震前相比，震后 4 个月老年人患骨和关节病、心血管系统疾病等略有增加。[60]此外，部分研究也已证实，老年人在灾后会面临慢性疾病诊疗的难题，[51][61]这可能会“加快”疾病的恶化速度从而导致死亡。例如，卡特里娜飓风发生后，许多人死于慢性疾病药物的缺乏，特别是那些患有糖尿病、高血压以及哮喘的人。[6]新冠肺炎疫情暴发的初期，一些患慢性疾病的老年人由于受到隔离、药物补给不到位等变化的影响，无法到医院随访，一旦病情出现波动，他们也面临断药缺药的风险，难以得到及时治疗。[61]

**2. 心理疾病**

一些研究发现，老年人在心理上不太能忍受灾害，会遭受焦虑、抑郁等症状，并在灾害后表现出较差的心理弹性。[9][23]例如，约瑟夫（Joseph）和贾斯瓦尔（Jaswal）研究了印度洋大海啸后 2 年老年人的心理健康状况，发现灾后寻求社会支持的挫折经历使老年人产生了悲伤、焦虑、愤怒，对生活缺乏兴趣，认为当前的生活不值得过，与其这样不如死了算了等负面情绪、行为以及思想。[21]贾（Jia）等发现，汶川地震后相比年轻的成年人，老年幸存者更有可能出现创伤后应激障碍（PTSD）和一般精神疾病。[25]尹银的研究也同样发现，地震后许多老年人会出现强烈的心理应激反应，产生恐惧感、孤独感和失落感，甚至引起焦虑症、PTSD、抑郁症等精神障碍，并且这种心理状况也有明显的性别差异，女性老年人的心理问题明显比男性老年人多。[60]格罗利（Grolli）等认为新冠肺炎疫情会打乱老年人的生活秩序，导致他们出现孤独感、愤怒感，并且这些负面情绪会严重影响那些正患有抑郁症、焦虑症的患者，加速他们的精神崩溃。[62]

**3. 生活困难**

研究表明，灾后老年群体的生活困难主要表现在住房不足、饮食艰难、经济受损这三个方面。①住房不足。研究发现，老年群体等社会弱势群体特别容易因灾害而流离失所。[63]例如，日本阪神大地震就导致许多穷人、老年人、儿童、残疾人等流离失所。[38]此外还发现，在因灾而失去住所后，绝大多数老年人根本没有能力重新修建或购买永久性住房。有调查显示，地震后约 80% 的老年人对未来房屋没有计划或是选择将希望寄托于政府援建。[60]②饮食艰难。老年人相比其他群体更容易行动不便，因此他们在灾后常常不能步行很远到达服务站点，或是排队领取救济物资。[9]此外，许多研究已经指出，目前正在流行的新冠肺炎疫情可能会使粮食不安全、饥饿和营养不良的情况变得更加糟糕。[8]③经济受损。老年人的生活来源主要集中于家庭成员供养、自己的劳动收入以及离退休金养老金这三个方面。[64]因此灾后如果子女遇难或遭受经济损失，老年人很难得到来自家庭的有效经济支持，再加上自身的收入来源也因灾而中断，更容易陷入经济困境，难以生存。[60]而对于主要依靠养老金生活的老年人来说，灾害期间物价上涨等导致的生活成本的增加也使原本就不多的养老金“缩水”，增加他们的生活负担。[61]

**4. 社会支持减弱与社会孤立**

研究发现，向年轻受灾者和老年受灾者提供的援助通常情况下不在同一水平，这表明灾后老年人往往缺乏社会支持并且被轻易“忽视”与“歧视”。[23]例如，基利亚内克（Kilijanek）和德拉贝克（Drabek）发现，灾后老年受害者接受援助的频率低于年轻受害者，并且有将近20%的遭受严重破坏的老年受害者没有从已知的救助来源中获得任何帮助。[65]刘远也同样认为，在类似新冠肺炎疫情这样的灾害中可能会出现将有限的医疗资源向年轻患者倾斜的情况。[59]比如就有报道称，有意大利医生曾明确表示，要把呼吸机留给存活可能性更大的年轻患者。[53]此外，研究还发现，新冠肺炎疫情给老年人带来了更大的社会孤立风险。[8]因为对于他们来说，唯一的社会接触是在家庭之外的一些特殊场所，如社区中心。[66]然而，疫情初期进行社会隔离的要求几乎切断了这种接触。此外，老年人社会地位的下降也导致他们逐渐被置于一个相对不重要的位置。[2]于是那些没有亲密家人的空巢老人，由于缺乏子女的悉心照顾，获得家庭情感的支持减少，最终也会在疫情期间陷入信息获取能力低逐渐与社会脱轨的糟糕境地。[61]

毫无疑问，由于各种因素的影响，相比其他群体，老年人往往面临着更大的脆弱性威胁，受到更大的挑战。然而，脆弱性是普遍的，但也是动态的、相对的，在不同情境中具有不同的表现形式。[53]因此，灾害冲击下老年群体可能不仅仅遭受健康恶化、心理疾病等方面的问题。例如，沙茨（Schatz）的研究就发现，对于因内战而逃离到南非的莫桑比克老年妇女难民来说，最真实、最发自内心的脆弱其实是害怕被驱逐出境。[41]但不管怎么说，面对灾害，老年群体是脆弱群体这一点毋庸置疑。

## 五　结论与展望

随着目前老龄化进程不断加快，自然灾害频率、强度越来越大，学术界在将研究目光转移到灾害和老年人的同时，也开始更多地从社会脆弱性视角关注老年人。目前的研究表明，面对灾害的强烈冲击，老年人是脆弱的，有越来越多的老年人会因自然因素（年龄、性别、健康状况、居住方式）与社会因素（收入、教育、文化）的交互影响而不成比例地遭受威胁，最终在身体、心理、生活等方面受到伤害。为了更好地与其他群体的脆弱性相区分，笔者认为，“老年人脆弱性”的内涵可以具体理解为：在发生灾害时，由于受到高龄、性别差异、慢性疾病、残疾、贫穷、受教育程度低、独居等灾前因素的影响，老年群体普遍缺乏应对、抵抗灾害并从中恢复的能力，最终在灾害的直接和长期影响下，老年群体会遭受健康恶化、心理疾病、生活困难、社会支持减弱等方面的问题。

然而，又一个关键性的问题产生：灾后老年群体仅会呈现出脆弱的一面吗？要想回答这个问题，我们必须将目光转移到“老年人韧性”上。与脆弱性一样，“韧性”也是一个颇有争议的概念。[67]但在某种程度上，能够肯定的是，当这一概念用于人类时，韧性更多强调的是一种人们从打击、疾病或苦难中快速恢复的能力。[68]因此从这一定义出发，可以认为老年人韧性主要指的是老年群体从灾害的冲击下快速恢复的能力。而目前的研究也的确发现，一些老年人能够不依赖或少依赖外界的援助，凭借自己的努力从灾害中恢复过来，并且相比年轻人，表现出更强的韧性。[69]尤其从心理层面来看，老年人丰富的生活经验与之前的灾害经历能够使他们拥有更加强大的心理恢复能力，[9][23][44]这与前述部分研究者的观点不同：切尔尼亚克（Cherniack）认为，过去的经历对老年人韧性具有重要影响，因此频繁接触灾害有可能使老年人适应创伤经历。[37]布罗基（Brockie）和米勒（Miller）发现，灾后大多数老年人会将自己视为"幸存者"而不是"受害者"，他们积极地评价灾害情况，选择坚持不懈地继续生活，而不是陷入绝望，[69]并提出"与其说是更大的脆弱性，不如说一生的经历可以提供一种面对逆境时的韧性"。[70]赫罗斯托夫斯基（Hrostowski）和雷纳（Rehner）的研究表明，卡特里娜飓风后一些老年幸存者能够有效利用他们一生中积累的知识、技能以及优势来应对这场灾害，"我身体强壮、健康，乐观，聪明，有能力解决问题……我有足够的韧性来处理我所遇到的任何事情"。[71]曼恩（Mann）等也同样发现，灾后老年人会选择"坚强地生活"，他们通常更加乐观，并且对未来充满动力与希望。[72]

基于这些研究以及前述对文化与灾害关系的探讨，可以清楚地发现文化因素在老年群体灾害应对与恢复过程中的重要性：老年人自身的文化信仰以及一生中积累的丰富认识、经验、知识或技能一方面能够帮助他们增强自身应对灾害的能力、降低脆弱性，另一方面又能够促使他们尽早地从灾后负面影响中恢复过来、提升韧性。由此不难预测，降低老年群体灾害脆弱性的关键之一在于，充分调动老年人的主观能动性，使他们发挥自身在文化维度上的韧性优势，提高脆弱性阈值，从而有能力抵御灾害，掌握自己的命运。但是，也正如本文所一再强调的，老年人脆弱性并不是同等的，灾害能够放大老年群体中已存在的年龄、性别、健康状况、收入、教育等因素的差异，进而使他们不同程度地承受灾害损失。因此，有效减少脆弱性的措施，即在关注老年人韧性优势的同时，还必须考虑到老年人之间的这些差异，这是未来有关研究所必须注意与重视的。

总之，本文通过对"社会脆弱性""老年人脆弱性"等相关文献的阅读、梳理与归纳，详细回答了"哪些因素会对老年人的脆弱性造成影响?"以及"老年人脆弱性又表现在哪?"这两个关键问题，并发现目前该研究领域仍存在一些不足：①多数社会脆弱性研究都是对某地区进行整体的脆弱性评价，这些研究仅将"老年人的数量或百分比"作为评价的指标之一，研究成果中虽有提及老年人，但多为泛泛而谈，重视程度明显不够；②在对老年人脆弱性分析过程中，绝大多数研究没有基于已有的社会脆弱性理论分析框架展开论述；③与多元社会脆弱性评价方法不同，现有老年人脆弱性评价的研究主要集中于利用综合指数法、图层叠置法来计算社会脆弱性指数，量化方法过于单一；④定性研究仅通过访谈法、焦点小组讨论等对老年人脆弱性表现进行挖掘，忽视了定量与定性研究互补的重要性；⑤忽视对降低老年人脆弱性对策的研究。

因此，希望未来研究在丰富社会脆弱性研究议题的同时，能够突破仅根据人口规模来描述老年群体的情况的局限，重视对老年群体灾害脆弱性的探讨。此外，还应更多地将社会脆弱性理论模型与老年人脆弱性分析相结合，并在掌握脆弱性影响因素的基础上，了解各因素间可能存在的相互关系，努力发展多元的量化评估方法。同时也应注意将定量与定性研究方法有效结合起来使用，在科学评价老年人脆弱性的前提下，深入挖掘其基本内涵与具体表现。最后，仍需结合自身研究结果，参考相关领域已有成果，提出更有价值、有针对性以及有操作性的政策建议。不过，尽管老年群体脆弱性研究还存在许多不完善的地方，但它依然为推动和完善风险治理提供了重要的方向和行动指南，也可为有效保障老年群体应对灾害提供借鉴与参考，从而实现老年群体与风险“和平共存”的战略目标。

## 参考文献

[1] 陈卫. 国际视野下的中国人口老龄化［J］. 北京大学学报（哲学社会科学版），2016，53（6）：84 - 94.

[2] S. S. Raju，S. Bammidi. Climate Change and Its Vulnerability for the Elderly in India［M］. Springer International Publishing，2016.

[3] S. E. Vollset，E. Goren，C. W. Yuan，et al. Fertility，Mortality，Migration，and Population Scenarios for 195 Countries and Territories from 2017 to 2100：A Forecasting Analysis for the Global Burden of Disease Study［J］. The Lancet，2020，396（10258）：1285 - 1306.

[4] S. Powell，L. Plouffe，P. Gorr. When Ageing and Disasters Collide：Lessons from 16

International Case Studies ［J］. Radiation Protection Dosimetry, 2009, 134 (3 - 4): 202 - 206.

［5］ B. H. Morrow. Identifying and Mapping Community Vulnerability ［J］. Disasters, 1999, 23 (1): 1 - 18.

［6］ V. Adams, S. R. Kaufman, T. Hattum, et al. Aging Disaster: Mortality, Vulnerability, and Long - Term Recovery Among Katrina Survivors ［J］. Med Anthropol, 2011, 30 (3): 247 - 270.

［7］ 苏幼坡，陈艳华，陈建伟，史国媛．老龄化社会重大地震灾害老年人的应急救援［J］．世界地震工程，2015，31 (4)：31 - 35.

［8］ A. Ranjan, V. R. Muraleedharan. Equity and Elderly Health in India: Reflections from 75th Round National Sample Survey, 2017 - 18, amidst the COVID - 19 Pandemic ［J］. Globalization and Health, 2020, 16 (1): 93.

［9］ C. Wang, B. Yarnal. The Vulnerability of the Elderly to Hurricane Hazards in Sarasota, Florida ［J］. Natural Hazards, 2012, 63 (2): 349 - 373.

［10］ L. S. Fernandez, D. Byard, C. Lin, et al. Frail Elderly as Disaster Victims: Emergency Management Strategies ［J］. Prehosp Disaster Med, 2002, 17 (2): 67 - 74.

［11］ 杨胜慧，赵勇，林杰．关于我国老年人口界定标准的一点思考［J］．西北人口，2017，38 (5)：77 - 83.

［12］ S. Saki. The Well - Being of Elderly Survivors after Natural Disasters: Measuring the Impact of the Great East Japan Earthquake ［J］. Discussion papers, 2016, 67 (2): 211 - 229.

［13］ L. Bai, A. Woodward, Cirendunzhu, et al. County - level Heat Vulnerability of Urban and Rural Residents in Tibet, China ［J］. Environmental Health, 2016, 15: 3.

［14］ M. Cohen. Acute Stress Disorder in Older, Middle - aged and Younger Adults in Reaction to the Second Lebanon War ［J］. Int J Geriatr Psychiatry, 2010, 23 (1): 34 - 40.

［15］ P. H. Chau, M. K. Gusmano, J. O. Y. Cheng, et al. Social Vulnerability Index for the Older People—Hong Kong and New York City as Examples ［J］. Journal of Urban Health, 2014, 91 (6): 1048 - 1064.

［16］ 黄晓军，黄馨，崔彩兰，杨新军．社会脆弱性概念、分析框架与评价方法［J］．地理科学进展，2014，33 (11)：1512 - 1525.

［17］ 周利敏．从自然脆弱性到社会脆弱性：灾害研究的范式转型［J］．思想战线，2012，38 (2)：11 - 15.

［18］ T. H. Siagian, P. Purhadi, S. Suhartono, et al. Social Vulnerability to Natural Hazards in Indonesia: Driving Factors and Policy Implications ［J］. Natural Hazards, 2014, 70 (2): 1603 - 1617.

［19］ 贺帅，杨赛霓，李双双，杜鹃．自然灾害社会脆弱性研究进展［J］．灾害学，2014，53 (9)：1689 - 1699.

［20］周利敏．社会脆弱性：灾害社会学研究的新范式［J］．南京师范大学学报（社会科学版），2012（4）：20－28.
［21］J. Joseph，S. Jaswal. Elderly and Disaster Mental Health：Understanding Older Persons' Vulnerability and Psychosocial Well－Being Two Years after Tsunami［J］. Ageing International，2020：235－252.
［22］B. Wisner，H. R. Luce. Disaster Vulnerability：Scale，Power and Daily Life［J］. GeoJournal，1993，30（2）：127－140.
［23］E. B. Ngo. When Disasters and Age Collide：Reviewing Vulnerability of the Elderly［J］. Natural Hazards Review，2001，2（2）：80－89.
［24］C. J. Gronlund，A. Zanobetti，G. A. Wellenius，et al. Vulnerability to Renal，Heat and Respiratory Hospitalizations during Extreme Heat among U. S. Elderly［J］. Climatic Change，2016，136（3）：631－645.
［25］Z. Jia，W. Tian，W. Liu，et al. Are the Elderly More Vulnerable to Psychological Impact of Natural Disaster? A Population－based Survey of Adult Survivors of the 2008 Sichuan Earthquake［J］. BMC Public Health，2010，10：172.
［26］J. W. Faber，J. W. Faber. Superstorm Sandy and the Demographics of Flood Risk in New York City［J］. Human Ecology，2015，43（3）：363－378.
［27］M. Fernández－Vigil，JB Echeverría－Trueba. Elderly at Home：A Case for the Systematic Collection and Analysis of Fire Statistics in Spain［J］. Fire Technology，2019（6）：2215－2244.
［28］L. C. Mcguire，E. S. Ford，C. A. Okoro. Natural Disasters and Older US Adults with Disabilities：Implications for Evacuation［J］. Disasters，2007，31（1）：49－56.
［29］A. Hansen，P. Bi，M. Nitschke，et al. The Effect of Heat Waves on Mental Health in A Temperate Australian City［J］. Environmental Health Perspectives，2008，116（10）：1369－1375.
［30］C. Wei，Y. Liu，Y. Liu，et al. Clinical Characteristics and Manifestations in Older Patients with COVID－19［J］. BMC Geriatrics，2020，20（1）：395.
［31］P. Ron. The Relationship Between Background Characteristics and Death Anxiety in Times of War：A Comparison Between Three Generations Arab and Jewish Families in Israel［J］. Community Mental Health Journal，2016，52（8）：1123－1132.
［32］Y. Cao，N. Kamel. The Role of Gender and Age in Fracture Distribution Following the 2008 Wenchuan Earthquake［J］. Natural Hazards，2011，59（3）：1357－1375.
［33］P. Schifano，G. Cappai，MD Sario，et al. Susceptibility to Heat Wave－related Mortality：A Follow－up Study of A Cohort of Elderly in Rome［J］. Environmental Health，2009，8：50.
［34］M. Tsubota－Utsugi，Y. Yonekura，K. Tanno，et al. Association between Health Risks and Frailty in Relation to the Degree of Housing Damage among Elderly Survivors of the Great

East Japan Earthquake [J]. Bmc Geriatrics, 2018, 18 (1): 133.

[35] P. Loebach, K. Korinek. Disaster Vulnerability, Displacement, and Infectious disease: Nicaragua and Hurricane Mitch [J]. Population and Environment, 2019, 40 (4): 434 - 455.

[36] Y. Sun, P. H. Chau, M. Wong, et al. Place - and Age - Responsive Disaster Risk Reduction for Hong Kong: Collaborative Place Audit and Social Vulnerability Index for Elders [J]. International Journal of Disaster Risk Science, 2017, 8 (2): 121 - 133.

[37] J. U. Almazan, J. P. Cruz, M. S. Alamri, et al. Coping Strategies of Older Adults Survivors Following a Disaster: Disaster - Related Resilience to Climate Change Adaptation [J]. Ageing International, 2019, 44 (2): 141 - 153.

[38] J. Takeda, K. Tamura, S. Tatsuki. Life Recovery of 1995 Kobe Earthquake Survivors in Nishinomiya City: A Total - Quality - Management - Based Assessment of Disadvantaged Populations [J]. Natural Hazards, 2003, 29 (3): 565 - 583.

[39] J. Chaitin, R. Sternberg, H. Arad, et al. "I May Look 75, but I'm Really a Pioneer": Concept of Self and Resilience Among Israeli Elder Adults Living in a War Zone [J]. Journal of Happiness Studies, 2013, 14 (5): 1601 - 1619.

[40] M. Khandlhela, J. May. Poverty, Vulnerability and the Impact of Flooding in the Limpopo Province, South Africa [J]. Natural Hazards, 2006, 39 (2): 275 - 287.

[41] E. J. Schatz. Reframing Vulnerability: Mozambican Refugees' Access to State - Funded Pensions in Rural South Africa [J]. Journal of Cross - Cultural Gerontology, 2009, 24 (3): 241 - 258.

[42] H. Mees, P. Driessen, H. Runhaar. "Cool" Governance of A "Hot" Climate Issue: Public and Private Responsibilities for the Protection of Vulnerable Citizens against Extreme Heat [J]. Regional Environmental Change, 2015, 15 (6): 1065 - 1079.

[43] 陶鹏，童星．分布与消减：灾害的群体脆弱性探析——兼论我国灾害社会管理的构建［J］．苏州大学学报（哲学社会科学版），2012，33（4）：35 - 41 + 191.

[44] 陶鹏．灾害与群体：基于社会脆弱性视角的国外研究述评［J］．风险灾害危机研究，2015（1）：116 - 128.

[45] N. Tanida. What Happened to Elderly People in the Great Hanshin Earthquake [J]. BMJ Clinical Research, 1996, 313 (7065): 1133 - 1135.

[46] E. P. Petkova, L. K. Dimitrova, F. Sera, et al. Mortality Attributable to Heat and Cold among the Elderly in Sofia, Bulgaria [J]. International Journal of Biometeorology, 2021, 65 (6): 865 - 872.

[47] P. K. Parida. The Social Construction of Gendered Vulnerability to Tsunami Disaster: the Case of Coastal Sri Lanka [J]. Journal of Social and Economic Development, 2016, 17 (2): 200 - 222.

[48] E. Frankenberg, T. Gillespie, S. Preston, et al.. Mortality, the Family and the Indian

Ocean Tsunami [J]. Economic Journal, 2011, 121 (554): F162 - F182.

[49] Y. V. Steen, A. M. Ntarladima, R. Grobbee, et al. Sex Differences in Mortality after Heat Waves: Are Elderly Women at Higher Risk? [J]. International Archives of Occupational and Environmental Health, 2019, 92 (1): 37 - 48.

[50] I. M. Otto, D. Reckien, C. P. O. Reyer, et al. Social Vulnerability to Climate Change: A Review of Concepts and Evidence [J]. Regional Environmental Change, 2017, 17 (6): 1651 - 1662.

[51] N. Aldrich, W. F. Benson. Disaster Preparedness and the Chronic Disease Needs of Vulnerable Older Adults [J]. Preventing Chronic Disease, 2008, 5 (1): A27.

[52] J. Handmer, S. J. O'Neill, D. Killalea. Review of Fatalities in the February 7, 2009, Bushfires [R]. Centre for Risk and Community Safety, RMIT University and Bushfire CRC, 2010.

[53] 李英桃. 新冠肺炎疫情全球大流行中的"脆弱性"与"脆弱群体"问题探析 [J]. 国际政治研究, 2020, 41 (3): 208 - 229 + 260.

[54] [美] 埃里克·克里纳伯格. 热浪: 芝加哥灾难的社会剖析 [M]. 徐家良, 孙龙, 王彦玮译. 北京: 商务印书馆, 2014.

[55] M. Stafoggia, F. Forastiere, D. Agostini, et al. Vulnerability to Heat - Related Mortality: A Multicity, Population - Based, Case - Crossover Analysis [J]. Epidemiology, 2006, 17 (3): 315 - 323.

[56] H. J. Kim, M. Zakour. Disaster Preparedness among Older Adults: Social Support, Community Participation, and Demographic Characteristics [J]. Journal of Social Service Research, 2017, 43 (4): 498 - 509.

[57] H. A. Morrow - Jones, C. R. Morrow - Jones. Mobility Due to Natural Disaster: Theoretical Considerations and Preliminary Analyses [J]. Disasters, 1991, 15 (2): 126 - 132.

[58] 陶鹏, 童星. 灾害社会脆弱性的文化维度探析 [J]. 学术论坛, 2012, 35 (12): 56 - 61.

[59] 刘远. 公共卫生危机中老年人权利的脆弱性视角分析——以新型冠状病毒肺炎疫情为背景 [J]. 人权, 2020 (3): 87 - 102.

[60] 尹银. 汶川地震对老年人的影响及对策 [J]. 中国老年学杂志, 2010, 30 (24): 3753 - 3756.

[61] 乐章, 田金卉. 疫情冲击下的城市空巢老人: 生计风险与生计重建 [J]. 新疆农垦经济, 2020 (8): 54 - 60.

[62] R. E. Grolli, M. E. D. Mingoti, A. G. Bertollo, et al. Impact of COVID - 19 in the Mental Health in Elderly: Psychological and Biological Updates [J]. Molecular Neurobiology, 2021, 58 (5): 1905 - 1916.

[63] C. A. Myers, T. Slack, J. Singelmann. Social Vulnerability and Migration in the Wake of

Disaster: The Case of Hurricanes Katrina and Rita [J]. Population and Environment, 2008, 29 (6): 271 - 291.

[64] 姜向群，郑研辉. 中国老年人的主要生活来源及其经济保障问题分析 [J]. 人口学刊, 2013, 35 (2): 42 - 48.

[65] T. S. Kilijanek, T. E. Drabek. Assessing Long - term Impacts of A Natural Disaster: A Focus on the Elderly [J]. Gerontologist, 1979, 19 (6): 555 - 566.

[66] R. Armitage, L. B. Nellums. COVID - 19 and the Consequences of Isolating the Elderly [J]. The Lancet Public Health, 2020, 5 (5): e256.

[67] 张明顺，李欢欢. 气候变化背景下城市韧性评估研究进展 [J]. 生态经济, 2018, 34 (10): 154 - 161.

[68] S. B. Manyena. The Concept of Resilience Revisited [J]. Disasters, 2006, 30 (4): 434 - 450.

[69] L. Brockie, E. Miller. Understanding Older Adults' Resilience during the Brisbane Floods: Social Capital, Life Experience, and Optimism [J]. Disaster Medicine and Public Health Preparedness, 2017, 11 (1): 72 - 79.

[70] C. Kwan, C. A. Walsh. Seniors' Disaster Resilience: A Scoping Review of the Literature [J]. International Journal of Disaster Risk Reduction, 2017, 25: 259 - 273.

[71] S. Hrostowski, T. Rehner. Five Years Later: Resiliency Among Older Adult Survivors of Hurricane Katrina [J]. Journal of Gerontological Social Work, 2012, 55 (4): 337 - 351.

[72] C. L. Mann, C. N. Gillezeau, A. Massazza, et al. Fukushima Triple Disaster and the Road to Recovery: a Qualitative Exploration of Resilience in Internally Displaced Residents [J]. Psychiatric Quarterly, 2018, 89 (2): 383 - 397.

# When Aging and Disasters Collide: A Review of the Vulnerability of the Elderly in Natural Disasters

Liang Sijia　Ge Yi

**Abstract:** The world has witnessed a tenfold increase in natural disasters since the 1960s, so we are living in a high-risk society. Disasters result in high numbers of deaths, injuries, and economic losses. Among the groups, the elderly people who are the most vulnerable to the negative impacts of natural disasters, may have a higher degree of fragility. In this direction, this article presents a systematic review on the vulnerability of the elderly in natural disasters. Research studies from medicine, sociology, psychology, geography and architecture form the basis for the differential vulnerability reviewed in this paper. Different topics of vulnerability of elderly people are summarized and discussed, such as the definition, the research methods, the factors influencing elderly's vulnerability, and the manifestations of the elderly's vulnerability. At last the writer concludes that the elderly populations are vulnerable in natural disasters. The health and living of these vulnerable populations are frequently worsened by disasters. However, they are also resilient after disasters. Therefore, effective policies and programs should specifically target the elderly population to ensure their vulnerabilities are being modified. Moreover, the issue of resilience of the elderly should be a focus of future research.

**Keywords**: Disaster; The Elderly; Vulnerability

# 社交媒体与危机沟通研究

风险灾害危机研究第十四辑
第215—238页


# 基于文献计量的风险与危机沟通研究*

周　磊　黄　麒**

**摘　要：** 随着经济社会的持续发展、风险环境的日益复杂以及信息需求的不断强化，探究风险与危机情境下的信息沟通具有重要的理论和实践意义。本文基于Web of Science数据库，检索出1900～2020年以风险沟通、危机沟通、灾害沟通与应急沟通为主题词的7552篇文献，通过Histcite与CiteSpace软件进行文献计量分析。本文分析了风险与危机沟通领域研究文献的发文数量、所属地域、研究机构、期刊与作者情况，通过引证关系识别出了风险与危机沟通领域的三条研究脉络，结合高突现值文章阐述了该领域近年来的研究前沿与转向，动态描述了不同时期的研究重点和热点。通过研究文献的计量分析，厘清了风险与危机沟通领域的研究脉络与前沿热点，可为该领域的后续研究提供经典文献、活跃作者的引证参考，以推动风险与危机沟通研究的进一步发展。

**关键词：** 文献计量；风险与危机沟通；研究脉络

* 基金项目：本文是安徽省哲学社会科学规划项目“重大疫情群防群控的社会参与机制与演化机理研究”（项目编号：AHSKQ2020D33）的阶段性研究成果。

** 作者简介：周磊，中国科学技术大学公共事务学院，博士，副教授，主要研究方向为应急管理、社会风险分析；黄麒，中国科学技术大学公共事务学院硕士研究生，主要研究方向为公共政策、应急管理。

## 一　引言

在新冠肺炎疫情席卷全球的风险环境中，中国凭借有力的管控和全民的动员在抗击疫情的斗争中取得了显著的成效。在疫情传播早期，疫情报告、预警和信息发布的疏漏导致公众、疾控机构、医疗机构以及政府部门没有第一时间重视病毒的传播危机并采取有效防控措施，造成了这一阶段病毒广泛传播、疫情防控不力[1]。但随着疫情防控的有序开展，以新闻发布会、新闻联播为代表的应急沟通机制的常态化以及政务新媒体等社交平台的高频高效使用，对科学防控、粉碎谣言、稳定社会情绪切实发挥了重要作用。[1-3]比如在疫情期间，中国互联网联合辟谣平台上线“新冠肺炎疫情防控辟谣专区”，发布权威辟谣信息，进行公共舆论治理，平台累计访问量过亿，在疫情期间的信息发布与传播中发挥了积极的社会作用。[4]权威部门与社会媒体的信息发布与新闻报道，聚焦疫情中公众关切的热点问题，以精准有序的信息传播高效助力疫情防控，进一步提高了政府公信力并有效地形成了公共治理新动能。[2][3]可以看出，做好风险与危机沟通，及时、准确地将风险属性、潜在危害、应对措施等相关信息传达给社会公众等利益相关者，已成为风险防控和危机管理工作的重要组成部分。[5]

随着社会的不断发展，自然灾害、公共卫生、环境污染、社会冲突等风险频发且相互交织，为人类的风险与危机管理带来了艰巨的挑战。[6-9]做好风险与危机应对，首先需要解决的就是信息不确定性问题，不确定性会使人们感到不适，人们通过交流沟通来减少自己与他人行为的不确定性。[10]公共部门需要信息来决策危机应对措施、恢复公共秩序、提升可见度和公信力[11]；对于那些已受影响或潜在受影响的社会公众，期待第一时间获得准确的信息并做出防护性行为决策[12]；陷入危机中的组织则需要通过有效的危机沟通试图减少对他们声誉的影响或财产的损失[13]。可见在危机情境下，政府机构、产业部门、社会公众以及其他不同领域的专家，都需要各种信息进行决策、做出响应。[8]风险与危机沟通的一个重要目标是减少和遏制损害，[14]这一目标也贯穿了危机发展的不同阶段。在危机发生之前，传递风险信息并进行预警；在危机开始发生时，要与公众和相关群体进行快速沟通以减少不确定性；在维护沟通过程中，要持续降低不确定性并让公众感到放心；在提出危机解决方案时，要及时更新解决方案并进行溯源与关注新风险；在最后进行危机评估时，要总结经验教训并达成对风险的共识。[9]此时，及时、充分的风险与危机沟通就凸显出重要价值。

风险与危机沟通贯穿于危机事件的不同发展阶段，对政府部门、社会组织、公众及其他利益相关者都有重要作用。尤其是随着社交媒体的爆发式增长，风险与危机沟通的渠道、方式、内容等方面都发生了明显的变化，[15]这些对公众如何接受危机信息、产生何种危机情绪以及如何应对危机等都产生了显著的影响。[16][17]社交媒体并不是同质化的，不同群体对不同媒体平台在风险与危机沟通中的使用和感知并不相同。[18]因此，梳理风险与危机沟通领域的研究脉络、整理研究发展成果不仅具有重要的理论意义，而且随着社会实践的发展、风险环境的复杂以及信息需求的强化，对研究发现的整理、提炼具有重要的实践价值。鉴于此，本文首先对比分析了风险与危机沟通领域的相关概念及其内涵，然后运用文献计量法系统分析了该领域研究文献的发表情况、引证图谱和主要研究概况，希望以此来梳理回顾风险与危机沟通领域的研究现状与发展脉络，并为未来的理论研究与实践发展提供相应启发与思考。

## 二 风险与危机沟通

当前学界对于风险情境下的信息沟通活动尚未有统一的概念术语，最常使用的主要有四个，即风险沟通（risk communication）、危机沟通（crisis communication）、灾害沟通（disaster communication）、应急沟通（emergency communication）。风险沟通与威胁感知和评估紧密相关，在实践中，风险沟通最常涉及的是健康风险和自然灾害的公共信息。风险沟通的一个基本假设是公众具有普遍了解危险和风险的权利，信息的可知性使公众可以就风险做出明智的选择，通过这种方式，风险沟通有助于决策和风险共享。[9]危机沟通旨在向特定的群体以诚实、完备、精确、及时的方式，解释特定的事件，识别有可能的后果，并提供特定的信息来减少损害。[9]灾害沟通是大型灾害事件中，在个体、组织和媒体之间的信息产生、搜寻和分享过程。[19]相较于风险与危机沟通，灾害沟通更强调信息通过大众媒介的传播，其在公众对灾害的知识、态度和行为方面的影响是强有力的。[20]应急沟通是应急管理中重要的沟通过程，包含及时、复杂的动态信息交互过程，包括紧急信息在机构与机构、公众，公众与机构、公众之间的传递。[21]

风险沟通解决的是尚未演变成危机的情况，传播者和寻求信息的公众有充足的时间来检验消息或寻找信息，以实现预期目标。[22]由此可见，风险沟通侧重于预防危害，危机沟通则侧重于危机活动中公共关系的沟通交流。[23]风险沟通与危机沟通都产生旨在引起公众特定回应的公共信息，二者都以大众传播渠道为中介。尽管风险沟通和危机沟通以不同的方式体现出来，但它们各自都将可信度作为说服公众的基本属性，二者的基本目标是一致的，那就是试图最大限度地减少公共伤害。[9]学界认为危机多以组织为中心，而灾难是基于社区和社会的，但是灾难处理不当也会引发组织危机。[19]风险沟通与危机沟通涉及的领域较为宽泛，而灾害沟通聚焦灾害管理，应急沟通集中于应急管理。风险、危机与应急管理都可能产生于灾害之中，因此灾害的发生是不同沟通方式的一个重要情境。[7][9][16][20]学者后来将对危机感知的范围扩展到实际事件之外，包括危机发生之前和之后的阶段，这样危机沟通与风险沟通产生了重叠。[9]

**表 1 不同沟通方式的主要特征**

| 英文术语 | 中文概念 | 内涵 | 重要领域 |
|---|---|---|---|
| risk communication | 风险沟通 | 威胁感知与风险评估，帮助风险决策与信息共享 | 健康、公共卫生、环境灾害 |
| crisis communication | 危机沟通 | 向特定的群体解释特定的事件，识别后果，提供特定信息以减少损害 | 公共关系、灾害管理、危机管理 |

续表

| 英文术语 | 中文概念 | 内涵 | 重要领域 |
| --- | --- | --- | --- |
| disaster communication | 灾害（灾难）沟通 | 灾害事件中的信息产生、搜寻和分享过程 | 灾害管理 |
| emergency communication | 应急沟通（应急通信） | 紧急信息在机构与公众间的及时、复杂的动态交互 | 应急管理 |

危机和紧急情况性质与波及范围的不断变化，公众面临威胁的程度和种类的变化以及无处不在的媒体报道的变化，要求更全面的沟通方式。[9][20][23]越来越多的学者认为，有效的灾害沟通需要考虑危机事件的全过程，将风险沟通与危机沟通过程进行整合，据此西格（Seeger）提出了著名的危机与应急风险沟通（crisis and emergency risk communication，CERC）模型，该模型表明风险无处不在，威胁公共卫生和安全的紧急情况和危机可能越来越普遍，因此建议将多种应急管理活动整合为更加全面的风险沟通系统。[9]总结来看，四种沟通虽有不同的侧重点，但都是基于灾害与危机情境的，旨在特定群体间交互信息，以预防风险、管理突发事件并减少损害。通过检索发现，风险沟通、危机沟通两个概念在文献中出现最多，而灾害沟通、应急沟通相对较少，因此本文以“风险与危机沟通”包含前述四个概念，泛指风险、灾害、危机情境下的与公共关系、应急管理相关并旨在减少损害的管理沟通。

## 三　研究设计与文献概况

### （一）研究方法和数据来源

本文以 Web of Science 数据库为文献来源，文献的检索策略为 TS =（“risk communication” OR “crisis communication” OR “emergency communication” OR “disaster communication”），时间跨度为 1900 ~ 2020 年，引用目录包括 SCI-EXPANDED、SSCI、A&HCI、CPCI-S、ESCI、CCR-EXPANDED 与 IC，检索

日期为 2021 年 1 月 8 日，共检索出 7552 条文献记录。

HistCite 引文分析软件可以根据 Web of Science 对主题、作者、机构或原始期刊的搜索生成引文的时间顺序图。通过 Web of Science 导出文件，可以捕获每个文献的所有引用参考。该软件可以生成按时间顺序排列的文献记录，突出显示检索到的引用最多的作品，此外还可以进行作者、期刊、机构或词汇的排名。LCS（Local Citation Score）为本地引用分数，指的是在被处理的文献集合范围之内的被引频次；GCS（Global Citation Score）代表全局引用分数，是基于 Web of Science 中的显示的总引用频率。[24] LCS 表示该文献被当前文献集合所属领域的同行关注度，对于评价某一领域文献重要性的可信度更高。[25]

CiteSpace 是 Citation Space 的简称，可译为“引文空间”。CiteSpace 是一款着眼于分析科学文献中蕴含的潜在知识，并在科学计量学、数据和信息可视化背景下逐渐发展起来的多元、分时、动态的引文可视化分析软件，得到的可视化图形称为“科学知识图谱”。本文基于 CiteSpace V 软件进行名词性术语的共现网络分析，并以时区图（Timezone View）的形式呈现。

## （二）研究文献总体分布分析

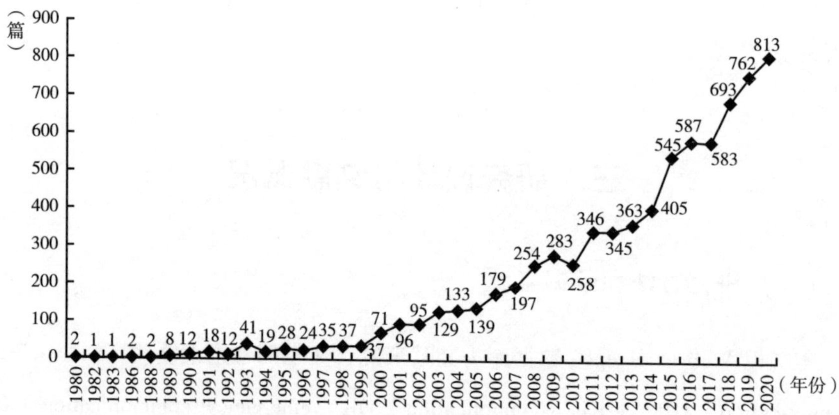


**图 1　发文数量的年度分布情况（1980～2020 年）**

Web of Science 上相关主题研究文献自 1980 年发表 2 篇以来，总体上呈现逐年增加的趋势。2000 年之前的文献数量较少，且增加趋势较为平缓。2000 年之后文献数量走势呈现快速上扬趋势，从 2008 年起每年发表的文献数量超过 250 篇，从 2015 年起每年发表数量超过 500 篇，2020 年发表的文献数量超过了 800 篇（见图 1）。根据年度文献发表数量走势，可见风险与危机沟通成为一个愈发重要且热度持续上升的研究领域。

**表 2　相关文献的地域和研究机构分布**

| 国家 | 数量(篇) | 占比(%) | 发表机构 | 所属国家 | 数量(篇) | 占比(%) |
|---|---|---|---|---|---|---|
| 美国 | 3197 | 42.33 | 马里兰大学 | 美国 | 102 | 1.35 |
| 英国 | 803 | 10.63 | 伦敦国王学院 | 英国 | 97 | 1.28 |
| 德国 | 547 | 7.24 | 康纳尔大学 | 美国 | 85 | 1.13 |
| 中国 | 503 | 6.66 | 哈佛大学 | 美国 | 84 | 1.11 |
| 荷兰 | 420 | 5.56 | 密歇根大学 | 美国 | 82 | 1.09 |
| 加拿大 | 413 | 5.47 | 华盛顿大学 | 美国 | 79 | 1.05 |
| 澳大利亚 | 391 | 5.18 | 悉尼大学 | 澳大利亚 | 74 | 0.98 |
| 日本 | 332 | 4.40 | 肯塔基大学 | 美国 | 68 | 0.90 |
| 意大利 | 242 | 3.20 | 宾夕法尼亚大学 | 美国 | 63 | 0.83 |
| 瑞典 | 186 | 2.46 | 卡迪夫大学 | 英国 | 61 | 0.81 |
| 小计 | 7034 | 93.14 | 小计 | — | 795 | 10.53 |

基于 Web of Science 的结果分析，本文对文献的分布地域和研究机构进行了统计，表 2 展示了排名前 10 的地域和机构。可以看出排名前 10 的国家贡献了该领域的绝大部分文献，占比达到 93.14%。发表文献数量最多的是美国，共有 3197 篇，占到文献总量的 42.33%，与排名第二的英国（803 篇，占比 10.63%）拉开了明显的差距；中国排名第四，发表了 503 篇，占比 6.66%。发文机构的统计结果表明，各机构之间未形成显著的数量差异，前十个机构贡献了该领域 10.53% 的文献数量，中国暂没有研究机构进入前十。另外，发文数量排名前十的研究机构均为各个国家的大学，前十之外，美国疾病预防控制中心（Centers for Disease Control and Prevention，CDC）位列第 11，马克斯·普朗克人类发展研究所（Max Planck Institute for Human

Development）位列第 13，这两个是数量排名前 20 的发文单位中仅有的两个非高校的研究机构，可见在风险与危机沟通领域的研究中，高校仍然占据主导地位。

**表 3　相关文献的期刊分布**

| # | Journal | 数量(篇) | TLCS(次) | TGCS(次) |
|---|---|---|---|---|
| 1 | *Risk Analysis* | 245 | 2057 | 9721 |
| 2 | *Journal of Risk Research* | 243 | 671 | 2655 |
| 3 | *Public Relations Review* | 229 | 2081 | 5001 |
| 4 | *Patient Education and Counseling* | 100 | 483 | 3454 |
| 5 | *Medical Decision Making* | 93 | 850 | 3461 |
| 6 | *International Journal of Environmental Research and Public Health* | 92 | 13 | 516 |
| 7 | *Health Risk & Society* | 82 | 207 | 1355 |
| 8 | *Health Physics* | 78 | 131 | 432 |
| 9 | *International Journal of Disaster Risk Reduction* | 77 | 130 | 739 |
| 10 | *Journal of Contingencies and Crisis Management* | 74 | 373 | 779 |

表 3 列出了本领域发文数量最多的 10 本期刊，其中 TLCS（Total Local Citation Score）为本地引用数量加总，TGCS（Total Global Citation Score）为全局引用数量加总。以排名第一的期刊 *Risk Analysis* 为例，其相关主题词的文章共计 245 篇，这 245 篇文章本地引用总量（单篇引用量加总）为 2057 次，全局引用总量为 9721 次。通过表 3，我们不仅可以发现该领域发文数量较为集中的期刊，还可以通过引用情况来识别期刊在该领域的影响力。风险与危机沟通领域的研究文献主要发表在 *Risk Analysis*、*Journal of Risk Research*、*Public Relations Review* 三本期刊上，共有 717 篇文献，占样本总量的 9.5%。*Risk Analysis* 期刊不仅在发文数量上排名第一，其 TLCS、TGCS 都具有较为显著的领先优势。但也有部分期刊虽发文量较多，但引用数量较少，如发文数量排名第二的 *Journal of Risk Research*，其发文数量比第三名多 14 篇，但其 TLCS、TGCS 都明显较低；还有 *International Journal of Environmental Research and Public Health* 期刊在该领域贡献了 92 篇文献，但其 TLCS 仅有 13 次、TGCS 仅有 516 次。

**表 4 相关文献的作者情况**

| 排名 | 全球范围作者发文情况 | | | | 中国区域作者发文情况 | | | |
|---|---|---|---|---|---|---|---|---|
| | 作者 | 文献数 | TLCS | TGCS | 作者 | 文献数 | TLCS | TGCS |
| 1 | Michael Siegrist | 41 | 316 | 1661 | 魏玖长(Jiuchang Wei) | 10 | 4 | 49 |
| 2 | Rocio Garcia-Retamero | 38 | 235 | 1520 | 吴舫(Fang Wu) | 8 | 5 | 43 |
| 3 | Brooke Fisher Liu | 36 | 522 | 1078 | 金素罗(Sora Kim) | 7 | 1 | 24 |
| 4 | Glyn Elwyn | 34 | 380 | 2732 | 赵定涛(Dingtao Zhao) | 7 | 4 | 45 |
| 5 | Danielle R. M. Timmermans | 32 | 77 | 414 | 谢晓非(Xiaofei Xie) | 6 | 7 | 93 |
| 6 | Adrian Gwyn Edwards | 31 | 439 | 2428 | 傅景华(King-wa Fu) | 6 | 1 | 78 |

表 4 分别对全球范围和中国区域在风险与危机沟通领域发文数量较多的作者进行了统计分析。从表 4 左列可看出，全球范围的风险与危机沟通领域最高产的作者为苏黎世联邦理工学院西格里斯特（Siegrist）教授，其发表相关文献 41 篇，主要关注风险感知、风险沟通、不确定性下的决策及对新技术的接受。加西亚 - 雷塔梅罗（Garcia-Retamero）为西班牙格拉纳达大学实验心理学系的副教授，她是风险感知和健康决策心理学方面的专家。刘（Liu）为美国北卡罗来纳大学教授，是社会中介危机沟通模型（Social-Mediated Crisis Communication，SMCC）的重要贡献者，她关注政府信息、媒体和人际交流如何激励人们成功地应对灾害并从灾害中恢复，她曾任美国食品药品管理局风险沟通咨询委员会和美国国家科学院委员会的成员，负责研究预警系统和有效风险沟通。

表 4 右列列出了发文数在 5 篇以上的中国区域的作者情况，考虑到部分中国作者的英文名简写一样导致软件自动标记为一人的问题，笔者手工区分了不同单位的不同作者。中国区域内发文数量最多的是中国科学技术大学的魏玖长教授（Jiuchang Wei），他长期致力于突发公共事件、组织声誉危机、应急管理沟通等领域的研究，取得了较为丰硕的成果。吴舫（Fang Wu）为上海交通大学新闻与传播系副教授，研究方向为新媒体环境下的公共传播与青年文化，具体包括危机传播理论、媒介技术对危机传播及风险传播效果的影响。金素罗（Sora Kim）是香港中文大学新闻与传播学院副教授，其研究兴趣主要在企业社会责任传播、企业传播及危机管理。随着风险与危机沟通

研究的不断发展，部分中国学者也在逐步关注该领域的前沿热点问题，但总体而言其相关文献较国外学者仍有差距。由于国外高产学者对风险与危机沟通研究较早，很多文章发表在 2000 ~ 2010 年，相对来说被引量较高，而国内学者文章的发表时间集中在 2015 年之后，所以相对来说被引数不多。

## 四　研究结果分析

### （一）基于引证关系的研究脉络分析

本文重点对 LCS 排名前 40 的研究文献进行了引证关系分析，本文根据 Histcite 生成高被引文献引证关系图并重新绘制了如图 2 所示的引文网络。图中每个圆圈代表一篇文献，圆圈大小与被引量成正比，圆圈越大代表被引次数越多，节点数字为被引次数排名。各节点之间产生连线表明二者之间存在引证关系，连线箭头指向引文。圆圈中以作者标记文章信息，图中左边年份为文章发表时间。

从图 2 可以看出，LCS 排名前 40 的高频被引文献均发表于 2000 ~ 2015 年的十五年间，其中在 2006 ~ 2011 年期间的相关研究尤为活跃，有影响力的文献数量明显增加。在 40 篇高频被引文献中，除了孤立的节点 10 为 Lindell 提出的防护性行为决策模型（Protective Action Decision Model，PADM）[12] 外，其他 39 篇都形成了连通的引文关系，并且较为显著地呈现出三大发展脉络。

研究脉络一（左侧浅灰色），聚焦于医疗健康领域的风险感知与沟通，主要研究了风险信息形式、个体数字计算能力等方面的差异对医患之间风险沟通、风险感知的影响。医疗护理中风险、不确定性和复杂性更高，每位与患者互动的医生都必须传达有关风险的信息，但风险概率和数据形式、图形等视觉方式这些不同风险信息的表达形式对医护人员与患者之间的风险评估和风险沟通都有着不同的影响。斯洛维奇（Slovic）（节点 20）研究了风险概率和数据的不同形式对医疗风险评估和风险沟通的影响。[26] 沙毕哈

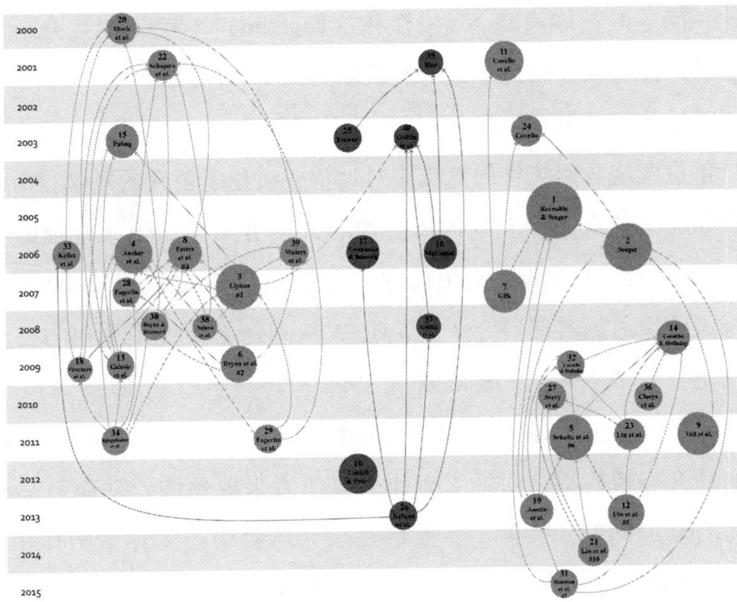


**图 2　高被引文章引证图谱**

(Schapira)（节点 22）研究了健康风险沟通中图形显示的效果。[27] 安克(Ancker)（节点 4）系统地回顾了医疗健康领域关于使用图形沟通的研究，发现不是所有图形都比文字直观，患者对图形的理解取决于专业知识或指导。[28] 沃特世（Waters）（节点 39）探究了信息的不同呈现形式如何影响患者对治疗方案的理解。[29] 斯比格尔特（Spiegelhalter）（节点 34）对当前以视觉方式传达不确定性的沟通实践进行了回顾。[30] 个体的数字计算能力、情感和思考方式在风险感知中也影响着风险判断与决策。节点 28、30、38、6 都是关于个体计算能力（numeracy）如何影响风险感知的研究[31-34]，计算能力（处理基本概率和数字概率的能力）的不同也会造成明显的风险感知差异。皮特斯（Peters）（节点 8）探究了概率数字的理解能力与决策判断的关系，发现了情感和思考方式对决策的影响机制[35]，凯勒（Keller）（节点 33）通过实验研究表明，情感（affect）对风险沟通至关重要，负面情感(如恐惧）会导致更为强烈的风险感知[36]。学者也提出了一些有效的风险沟通措施，如帕林（Paling）（节点 15）针对医生风险沟通培训的不足提出了解决这一问题的具体策略。[37]法格林（Fagerlin）（节点 29）介绍了可以提高患者对风险和收益信息理解与决策能力的 10 种方法。[38]

研究脉络二（中间深灰色），以风险沟通研究的文献综述与理论模型探讨为主，重点围绕自然灾害的危机应对过程，讨论了公众的风险行为的内在机制以及如何与公众进行有效的风险沟通，具有典型的公共管理的学科背景。节点 35 作为一篇早期的研究综述，比尔（Bier）回顾了 2000 年之前与公众进行风险沟通的实证研究。[39]节点 25 从理论上探究了如何与公众进行有效的沟通。[40]节点 16 系统回顾了 1996 ~ 2005 年十年间的风险沟通研究。[8]节点 17 建立了基于保护动机理论（Protection Motivation Theory, PMT）的社会心理模型，回答了为什么有些人采取预防行动而另一些人不采取预防行动的问题，探索了该模型在公共风险沟通工作中的作用。[41]节点 40、37 的主要作者格里芬（Griffin）聚焦于公众的风险信息搜寻行为研究，提出信息充分性作为一个新的变量，是人们的信息搜寻行为的一个重要组成部分，[42]并使用风险信息搜寻处理模型（Risk Information Seeking and Processing Model，RISP 模型）探究了促使人们关注洪水风险信息的动机。[43]节点 26 系统回顾了 57 篇有关洪水风险感知和交流的实验研究，发现大多数研究具有探索性的特征，没有应用社会科学研究中可用的理论框架。[44]

研究脉络三（右侧浅灰色），主要关注危机情境下组织与利益相关者的风险沟通与应急管理，提出了风险沟通与声誉风险管理的重要理论框架与分析模型，同时围绕着近年来快速发展的社交媒体在风险与危机沟通中的重要作用进行了丰富的研究。节点 11 与节点 24 的主要作者科维洛（Covello）简要介绍了风险沟通的理论观点和基本模型，并通过纽约市的突发事件应对实践[45]，提出了七项公共健康风险与危机沟通的最佳实践[46]。节点 1 为本地引用最多的文章，雷诺兹（Reynolds）和赛格（Seeger）提出了危机与应急风险沟通模型（CERC）[9]，接着 Sceger（节点 2）提出为了提高危机沟通的有效性，应将危机沟通的“最佳实践”（best practices）发展为一种基础理论方法，并提出了一个包含 10 个实践措施的整合模型[14]。节点 7 从多个研究领域追溯了危机风险沟通的起源，并提出了应急准备和风险沟通的基本原则。[7]2008 年之后的文章引证关系比较集中。库姆斯（Coombs）围绕情境危机沟通理论（Situational Crisis Communication Theory，SCCT）（节点 14）检验了组织与利益相关者进行危机沟通时，道歉和其他响应策略在危机应对中的不同效果。[13]引证该文的几篇文章也是基于 SCCT 理论进行了拓展研究（节点 32、36）。社交媒体的兴起使得风险与危机沟通发生了重大变化，学者围绕社交媒体开展了丰富的研究。舒尔茨（Schultz）等（节点 5）用实验研究分析传统媒体和社交媒体对信息接受者的影响，深化和重新定位风险沟通的理论基础，一个重要的研究结论是媒体比消息更重要。[47]刘（Liu）和奥斯汀（Austin）等学者（节点 23、19）提出了社会中介危机沟通模型（SMCC），探讨了受众如何从社交和传统媒体中寻求信息，以及在危机期间哪些因素会影响媒体的使用。[15,48]节点 21 应用 SMCC 模型探究了危机来源、信息形式、信息来源对公众风险感知和情绪的影响。[17]乌兹（Utz）等（节点 12）以福岛核泄漏事件为情景，通过在线实验对比了 Facebook、Twitter 和在线报纸三种媒介和不同危机类型对危机沟通的影响。[49]节点 9 概述了将社交媒体纳入风险和危机沟通中的最新见解，总结了如何使用社交媒体工具更好地管理风险和危机。[50]休斯顿（Houston）（节点 31）提出了一个灾害社交媒体框架，用于促进灾害社交媒体的工具创建、实施流程制定及其效果的科学研究。[20]

### （二）突现文章分析

利用 CiteSpace 软件可以计算研究文献的突现值，突现反映了该文章在短时间内被引次数的显著增加。因此，即使没有吸引足够多的引用，通过突现值也可以将该领域中新兴的研究前沿体现出来。[51]这一类文献通常代表某一研究的转变，反映出近 20 年来该领域研究的转向与前沿。[52]本文利用 CiteSpace 计算了突现值最大的 10 篇文献，如表 5 所示，其中突现值排名第 3、8、9 位的三篇文献的 LCS 排名未能进入前 40，其余 7 篇的 LCS 在前 40 范围内，在图 2 中通过标号（#，数字为突现排名）的方式标注了突现文章在高频被引文章引证关系中的位置。从图 2 中可以发现，7 篇突现值较高的文献主要分布在研究脉络一和三中，也即属于医疗健康领域和危机情境下组织与利益相关者的风险沟通研究，另外 3 篇未出现在引证关系图中的文献也可分为这两类。

**表 5　突现文章**

| 排名 | 突现值 | 作者及发表时间 | 文章标题 |
|---|---|---|---|
| 1 | 28.51 | Lipkus, 2007 | Numeric, Verbal, and Visual Formats of Conveying Health Risks: Suggested Best Practices and Future Recommendations |
| 2 | 22.64 | Reyna et al., 2009 | How Numeracy Influences Risk Comprehension and Medical Decision Making |
| 3 | 22.41 | Gigerenzer et al., 2007 | Helping Doctors and Patients Make Sense of Health Statistics |
| 4 | 21.55 | Peters et al., 2006 | Numeracy and Decision Making |
| 5 | 21.28 | Utz et al., 2013 | Crisis Communication Online: How Medium, Crisis Type and Emotions Affected Public Reactions in the Fukushima Daiichi Nuclear Disaster |
| 6 | 20.93 | Schultz et al., 2011 | Is the Medium the Message? Perceptions of and Reactions to Crisis Communication via Twitter, Blogs and Traditional Media |
| 7 | 19.75 | Houston et al., 2015 | Social Media and Disasters: A Functional Framework for Social Media Use in Disaster Planning, Response, and Research |
| 8 | 19.58 | Wachinger et al., 2013 | The Risk Perception Paradox—Implications for Governance and Communication of Natural Hazards |
| 9 | 19.53 | Slovic et al., 2004 | Risk as Analysis and Risk as Feelings: Some Thoughts about Affect, Reason, Risk, and Rationality |
| 10 | 19.38 | Jin et al., 2014 | Examining the Role of Social Media in Effective Crisis Management: The Effects of Crisis Origin, Information Form, and Source on Publics' Crisis Responses |

突现排名第 1、2、3、4、9 的文献聚焦于医疗健康领域的风险与危机沟通研究。利普库斯（Lipkus）首次系统提出了以数字、语言和视觉方式传达健康风险的最佳措施，以期帮助公众理解概率信息并形成风险沟通方式的共识。[53]雷纳（Reyna）、吉格伦策（Gigerenzer）和皮得斯（Peters）等学者重点关注健康计算（health numeracy）的研究，发现在患者、医生和记者中广泛存在"数据文盲"的问题（缺乏理解数据的能力）[54]，并尝试探究数字

计算能力与风险感知、健康行为、医疗决策之间的关系[31]和作用机制[35]。这三篇文献分别从发现问题、探索关系、作用机理层面对健康计算进行了相对系统的研究，填补了该领域的研究空白。斯洛维克等从认知心理学和神经科学的角度，基于分析系统和经验系统，分析了人们情感与理性的相互作用以及对管理风险行为的影响[55]，体现了交叉学科在风险与危机沟通研究中的重要启发意义。

突现排名第5、6、7、8、10的文献则重点关注公共危机情境下基于不同媒体的风险与危机沟通研究。随着社交媒体的快速发展，其在风险与危机沟通中发挥的作用日益凸显，乌兹和舒尔茨等学者通过实验对比分析了危机情境下不同媒体、不同危机类型对危机沟通的影响，发现媒体的影响要强于危机类型的影响[49]，对信息接受者而言社交媒体比信息本身具有更重要的作用[47]。这两篇文献紧跟社会发展趋势，探究了新兴的社交媒体在风险与危机沟通领域的差异化影响，预示着基于社交媒体的风险与危机沟通研究的兴起。所以在2015年，休斯顿等学者通过文献综述，提出了一个基于社交媒体使用的灾害管理功能框架，确定灾难社交媒体由谁使用以及如何使用。[20]瓦辛格（Wachinger）和金（Jin）等学者则从公众风险感知的视角对危机情境下的信息来源、风险感知、行动意愿等方面开展了研究。瓦辛格回顾了自然灾害有关的风险感知文献，提炼出一些影响风险感知与备灾行动之间关系的因素。[56]金等人基于社会中介危机沟通模型（SMCC）探究了危机信息形式、危机信息来源对公众风险感知和危机情绪的影响。[17]他们的研究引发了后来学者对危机情境下公众风险感知研究的热潮。

### （三）主题共现分析

本文样本文献的筛选标准是基于Web of Science的主题词，即标题、摘要、作者关键词和补充关键词四个部分的主题词，根据此信息提取路径，在CiteSpace中进行包括前述四部分主题词的名词性术语（Noun Phrase）的共现分析，结果如图3所示。通过共现分析可以分析研究领域的热点内容、主题分布以及学科结构等问题。[57]研究文献的引用历史以引用年轮图的形式呈现，引证环的颜色表示相应引证的时间，环的厚度与给定时间段内的引用次数成正比。[51]以 socia lmedia 为例，其落在 2011～2012 时间区域是指该词所属文献首次发表在该时间范围内；年轮环厚度较大，表明该词所属文献在最近十年内的引用相对较多。

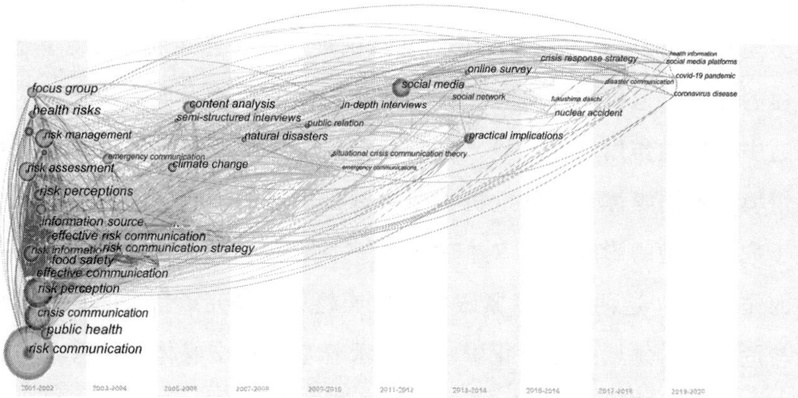


图 3　主题词共现时区图

本文研究危机情境下的风险沟通，因此尽可能地纳入相关主题词。通过时区图中年轮图大小和位置可以观察出不同主题词具有显著的差别，风险沟通（risk communication）与危机沟通（crisis communication）出现最早，在 2001～2002 年即已出现；风险沟通（risk communication）一词年轮最大，表明其所在文献的被引频次是最高的；而应急沟通（emergency communication）出现在 2003 年前后，灾害沟通（disaster communication）出现在 2017 年前后，这两个主题词所在的文献被引频次相对来说较低。

通过共现时区图也可以观察出风险与危机沟通领域研究方法的转变。焦点小组（focus group）方法出现较早，如利用焦点小组进行了定性研究，以评估妇女对各种形式的乳腺癌风险沟通的反应。[27]到 2005 年左右内容分析法（content analysis）开始成为热点研究方法，如黄（Huang）使用该法分析了 1220 篇新闻报道，探究危机情况、危机应对策略和媒体报道之间的关系[58]，内容分析法在近年来也是分析社交媒体上风险信息的一个重要方法，如拉克兰（Lachlan）认为危机发生时应该使用 Twitter 来通知和动员公众[59]，吉德里（Guidry）发现 Twitter 和 Instagram 两个平台在风险沟通中作用不同[60]。深度访谈（in-depth interviews）是 2009～2010 年开始高被引文章中出现较多的方法，奥斯汀等在 SMCC 模型的研究中，结合了访谈和实验的方法[15]。随着互联网的广泛应用，网络调查（online survey）在 2013 年前后开始成为热点研究方法。近两年的研究热点为新冠肺炎疫情有关的风险沟通，研究热点有新冠肺炎疫情（Covid－19 pandemic，coronavirus disease）、健康信息（health information），而且由于社交媒体在风险信息传播中扮演着重要媒介角色，社交媒体平台（social media platforms）成为疫情期间风险与危机沟通领域的一个研究热点。

## 五　总结与展望

本文采用文献计量法对风险与危机沟通领域的研究文献进行了分析。首先基于 Web of Science 数据库的统计分析与 Histcite 的引用统计，本文总结了风险与危机沟通领域研究文献的发表情况，包括发文数量、地域分布、机构情况、主要期刊等，简要介绍了高被引作者的研究领域和贡献。接着基于 Histcite 的引证图谱分析，对风险与危机沟通领域近 20 年 40 篇高被引文章进行了研究路径梳理与分析，识别了三个主要研究发展脉络。然后基于 CiteSpace 的突现值计算，分析了突现值较高的 10 篇文章，识别了本领域近年来新兴的研究热点、研究前沿与转向。最后基于 CiteSpace 的文献主题词的共现分析，通过时区图的展示，动态描述了风险危机沟通不同时间的研究内容和研究热点。

总体来看，风险与危机沟通是一个跨学科、多主题的研究领域，涉及包括管理学、传播学、心理学、医学等多学科以及健康沟通、认知心理、应急管理、组织行为、公共关系等多个具体方向。经济社会发展与科学研究的复杂性以及风险社会的不确定性，决定了风险与危机沟通逐渐发展成为一个涉及多学科的交叉研究领域。但从经典文献的计量分析中可以发现，风险与危机沟通的交叉研究又呈现出相对清晰的三条发展脉络：一是医疗健康领域，学者主要基于实验研究的方法，探究不同的风险因素对个体之间的风险认知与沟通的影响，比如数字表达形式、图形、概率、语言、视觉方式等不同沟通方式对风险感知者理解信息并进行决策的影响。目前该领域的研究较为分散且结论各异，未来学者可以提出一个适用于该领域的风险沟通整合框架模型，或者基于元分析的方法系统回顾本领域的量化研究，对各研究的效应量进行统计分析。二是公共危机管理领域，尚未形成统一或主流的研究范式，该领域的风险与危机沟通与其他两个领域的研究有交叉融合的趋势，研究方法多元。宏观层面，聚焦于政府和其他组织如何向公众有效地传达风险与灾害信息；微观层面，探究公众在风险信息前的风险感知与风险行为的内在机制。三是组织管理与利益相关者行为领域，提出了一些经典的理论模型，如危机与应急风险沟通模型（CERC）、情境危机沟通理论（SCCT）、社会中介危机沟通模型（SMCC）、保护动机理论（PMT）、防护行为决策模型（PADM）等。随着社交媒体的兴起，出现了众多围绕社交媒体在风险与危机沟通中传播效果的探索性研究。

风险与危机沟通领域的学者通过多种研究方法来开展研究，涉及质性研究和定量研究。深度访谈、焦点小组、问卷调查作为管理学传统的研究范式也是本领域的重要研究方法。随着对社交媒体在风险与危机沟通领域中作用的研究，内容分析法作为分析不同媒体上的风险信息的有效工具得到广泛应用。SMCC 和 SCCT 理论主要使用实验研究法来研究不同形式的信息、不同的危机类型等情境中风险沟通的效果。医疗健康领域、认知心理学领域的风险认知、风险沟通也主要采用实验研究的方法。而前述广泛的量化研究也成为元分析方法（Meta-analysis）得以运用的基础，本领域也有学者通过元分析方法系统回顾了某一方向的量化研究。

气候变化、恐怖主义、传染病、重大自然灾害与事故灾难等跨域突发事件的不断发生，为现代社会进行跨区域、跨组织、跨人群的风险与危机沟通带来了更多的挑战，但这种复杂、新兴风险也为本领域研究提供了深入探索的空间和契机。例如，全球新冠肺炎疫情的持续蔓延为风险与危机沟通带来了巨大压力，但这也为该领域的深入研究提供了重要情境。一方面健康信息的传递、公众行为的引导对有效防控疫情至关重要；另一方面，学会在风险情境下保持与公众的有效沟通是各地政府机构和市场部门保证持续发展的重要技能。当然，未来基于文献计量的风险与危机沟通可以开展更加深入的研究，一是 CiteSpace 功能丰富，本文只进行了主题词共现分析，下一步可以进行更详尽的科学知识图谱挖掘；二是本文只使用了 Histcite 和 CiteSpace 两个软件进行信息挖掘，未来学者可以充分结合多种引文分析软件的优势，进行更紧密的研究；三是本文只基于 Web of Science 的文献进行检索分析，未来的研究可以纳入其他数据库，并对中文文献进行分析，以更加全面的视角来分析国内外风险与危机沟通领域的研究进展。

## 参考文献

[1] 周晓英．新冠肺炎疫情防控中的应急信息管理问题与对策研究［J］．图书与情报，2020（1）：51－57.

[2] 郭致杰，王灿发．重大突发公共卫生事件中我国新闻发布会的传播效力提升策略——以新冠肺炎疫情事件为例［J］．新闻爱好者，2020（8）：30－33.

[3] 朱天，唐婵，张诚．重大公共危机事件中主流媒体的责任与担当——基于《新闻联播》抗击新冠肺炎疫情报道的观察分析［J］．电视研究，2020（6）：10－13.

[4] 人民网．中国互联网联合辟谣平台上线运行两周年权威辟谣再添新阵地［EB/OL］．http：//gs. people. com. cn/n2/2020/0830/c183342－34259814. html，2020－8－30.

[5] Å. Boholm. Risk Communication as Government Agency Organizational Practice［J］. Risk Analysis，2019，39（8）：1695－1707.

[6] E. J. Avery，R. W. Lariscy，S. Kim，et al. A Quantitative Review of Crisis Communication Research in Public Relations from 1991 to 2009［J］. Public Relations Review，2010，36（2）：190－192.

[7] D. C. Glik. Risk Communication for Public Health Emergencies［J］. Annual Review of Public Health，2007，28：33－54.

[8] K. A. Mccomas. Defining Moments in Risk Communication Research：1996－2005［J］.

Journal of Health Communication, 2006, 11 (1): 75 – 91.

[9] B. Reynolds, M. W. Seeger. Crisis and Emergency Risk Communication as An Integrative Model [J]. Journal of Health Communication, 2005, 10 (1): 43 – 55.

[10] J. Son, J. Lee, K. R. Larsen, et al. Understanding the Uncertainty of Disaster Tweets and Its Effect on Retweeting: The Perspectives of Uncertainty Reduction Theory and Information Entropy [J]. Journal of the Association for Information Science and Technology, 2020, 71 (10): 1145 – 1161.

[11] Y. Lu, J. Pan. Capturing Clicks: How the Chinese Government Uses Clickbait to Compete for Visibility [J]. Political Communication, 2021, 38: 1 – 2, 23 – 54.

[12] M. K. Lindell, R. W. Perry. The Protective Action Decision Model: Theoretical Modifications and Additional Evidence [J]. Risk Analysis, 2012, 32 (4): 616 – 632.

[13] W. T. Coombs, S. J. Holladay. Comparing Apology to Equivalent Crisis Response Strategies: Clarifying Apology's Role and Value in Crisis Communication [J]. Public Relations Review, 2008, 34 (3): 252 – 257.

[14] M. W. Seeger. Best Practices in Crisis Communication: An Expert Panel Process [J]. Journal of Applied Communication Research, 2006, 34 (3): 232 – 244.

[15] L. Austin, B. F. Liu, Y. Jin. How Audiences Seek Out Crisis Information: Exploring the Social – Mediated Crisis Communication Model [J]. Journal of Applied Communication Research, 2012, 40 (2): 188 – 207.

[16] B. F. Liu, J. D. Fraustino, Y. Jin. How Disaster Information Form, Source, Type, and Prior Disaster Exposure Affect Public Outcomes: Jumping on the Social Media Bandwagon? [J]. Journal of Applied Communication Research, 2015, 43 (1): 44 – 65.

[17] Y. Jin, B. F. Liu, L. L. Austin. Examining the Role of Social Media in Effective Crisis Management: The Effects of Crisis Origin, Information Form, and Source on Publics' Crisis Responses [J]. Communication Research, 2014, 41 (1): 74 – 94.

[18] M. Eriksson, E. K. Olsson. Facebook and Twitter in Crisis Communication: A Comparative Study of Crisis Communication Professionals and Citizens [J]. Journal of Contingencies and Crisis Management, 2016, 24 (4): 198 – 208.

[19] B. F. Liu, J. D. Fraustino, Y. Jin. Social Media Use During Disasters: How Information Form and Source Influence Intended Behavioral Responses [J]. Communication Research, 2016, 43 (5): 626 – 646.

[20] J. B. Houston, J. Hawthorne, M. F. Perreault, et al. Social Media and Disasters: A Functional Framework for Social Media Use in Disaster Planning, Response, and Research [J]. Disasters, 2015, 39 (1): 1 – 22.

[21] L. E. Pechta, D. C. Brandenburg, M. W. Seeger. Understanding the Dynamics of Emergency Communication: Propositions for a Four – Channel Model [J]. Journal of Homeland Security and Emergency Management, 2010, 7 (1): https://doi.org/

10. 2202/1547 - 7355. 1671.

[22] P. R. Spence, K. A. Lachlan, X. Lin, et al. Variability in Twitter Content Across the Stages of a Natural Disaster: Implications for Crisis Communication [J]. Communication Quarterly, 2015, 63 (2): 171 - 186.

[23] T. A. Steelman, S. Mccaffrey. Best Practices in Risk and Crisis Communication: Implications for Natural Hazards Management [J]. Natural Hazards, 2013, 65 (1): 683 - 705.

[24] E. Garfield. From the Science of Science to Scientometrics Visualizing the History of Science with HistCite Software [J]. Journal of Informetrics, 2009, 3 (3): 173 - 179.

[25] 刘丽. 基于 HistCite 的图书馆服务领域引文脉络分析 [J]. 情报科学, 2014, 32 (5): 91 - 96, 101.

[26] P. Slovic, J. Monahan, D. G. Macgregor. Violence Risk Assessment and Risk Communication: The Effects of Using Actual Cases, Providing Instruction, and Employing Probability Versus Frequency Formats [J]. Law and Human Behavior, 2000, 24 (3): 271 - 296.

[27] M. M. Schapira, A. B. Nattinger, C. A. Mchorney. Frequency or Probability? A Qualitative Study of Risk Communication Formats Used in Health Care [J]. Medical Decision Making, 2001, 21 (6): 459 - 467.

[28] J. S. Ancker, Y. Senathirajah, R. Kukafka, et al. Design Features of Graphs in Health Risk Communication: A Systematic Review [J]. Journal of the American Medical Informatics Association, 2006, 13 (6): 608 - 618.

[29] E. A. Waters, N. D. Weinstein, G. A. Colditz, et al. Formats for Improving Risk Communication in Medical Tradeoff Decisions [J]. Journal of Health Communication, 2006, 11 (2): 167 - 182.

[30] D. Spiegelhalter, M. Pearson, I. Short. Visualizing Uncertainty about the Future [J]. Science, 2011, 333 (6048): 1393 - 1400.

[31] V. F. Reyna, W. L. Nelson, P. K. Han, et al. How Numeracy Influences Risk Comprehension and Medical Decision Making [J]. Psychological Bulletin, 2009, 135 (6): 943 - 973.

[32] V. F. Reyna, C. J. Brainerd. Numeracy, Ratio Bias, and Denominator Neglect in Judgments of Risk and Probability [J]. Learning and Individual Differences, 2008, 18 (1): 89 - 107.

[33] W. Nelson, V. F. Reyna, A. Fagerlin, et al. Clinical Implications of Numeracy: Theory and Practice [J]. Annals of Behavioral Medicine, 2008, 35 (3): 261 - 274.

[34] A. Fagerlin, P. A. Ubel, D. M. Smith, et al. Making Numbers Matter: Present and Future Research in Risk Communication [J]. American Journal of Health Behavior, 2007, 31 (SUPPL. 1): S47 - 56. doi: 10. 5555/ajhb. 2007. 31. supp. S47.

[35] E. Peters, D. Västfjäll, P. Slovic, et al. Numeracy and Decision Making [J].

Psychological Science, 2006, 17 (5): 407 - 413.

[36] C. Keller, M. Siegrist, H. Gutscher. The Role of the Affect and Availability Heuristics in Risk Communication [J] . Risk Analysis, 2006, 26 (3): 631 - 639.

[37] J. Paling. Strategies to Help Patients Understand Risks [J] . BMJ, 2003, 327 (7417): 745.

[38] A. Fagerlin, B. J. Zikmund - Fisher, P. A. Ubel. Helping Patients Decide: Ten Steps to Better Risk Communication [J] . Journal of the National Cancer Institute, 2011, 103 (19): 1436 - 1443.

[39] V. M. Bier. On the State of the Art: Risk Communication to the Public [J] . Reliability Engineering and System Safety, 2001, 71 (2): 139 - 150.

[40] L. Frewer. The Public and Effective Risk Communication [J] . Toxicology Letters, 2004, 149 (1 - 3): 391 - 397.

[41] T. Grothmann, F. Reusswig. People at Risk of Flooding: Why Some Residents Take Precautionary Action While Others do not [J] . Natural Hazards, 2006, 38 (1 - 2): 101 - 120.

[42] R. J. Griffin, K. Neuwirth, S. Dunwoody, et al. Information Sufficiency and Risk Communication [J] . 2004, 3269 (June): 92 - 98.

[43] R. J. Griffin, Z. Yang, E. Ter Huurne, et al. After the flood: Anger, Attribution, and the Seeking of Information [J] . Science Communication, 2008, 29 (3): 285 - 315.

[44] W. Kellens, T. Terpstra, P. De Maeyer. Perception and Communication of Flood Risks: A Systematic Review of Empirical Research [J] . Risk Analysis, 2013, 33 (1): 24 - 49.

[45] V. T. Covello, R. G. Peters, J. G. Wojtecki, et al. Risk Communication, the West Nile Virus Epidemic, and Bioterrorism: Responding to the Communication Challenges Posed by the Intentional or Unintentional Release of A Pathogen in An Urban Setting [J]. Journal of Urban Health, 2001, 78 (2): 382 - 391.

[46] V. T. Covello. Best Practices in Public Health Risk and Crisis Communication [J]. Journal of Health Communication, 2003, 8 (July 2014): 5 - 8.

[47] F. Schultz, S. Utz, A. Göritz. Is the Medium the Message? Perceptions of and Reactions to Crisis Communication via Twitter, Blogs and Traditional Media [J] . Public Relations Review, 2011, 37 (1): 20 - 27.

[48] B. F. Liu, L. Austin, Y. Jin. How Publics Respond to Crisis Communication Strategies: The Interplay of Information Form and Source [J] . Public Relations Review, 2011, 37 (4): 345 - 353.

[49] S. Utz, F. Schultz, S. Glocka. Crisis Communication Online: How Medium, Crisis Type and Emotions Affected Public Reactions in the Fukushima Daiichi Nuclear Disaster [J] . Public Relations Review, 2013, 39 (1): 40 - 46.

[50] S. R. Veil, T. Buehner, M. J. Palenchar. A Work - In - Process Literature Review:

Incorporating Social Media in Risk and Crisis Communication [J] . Journal of Contingencies and Crisis Management, 2011, 19 (2): 110 - 122.

[51] C. Chen. CiteSpace II: Detecting and Visualizing Emerging Trends and Transient Patterns in Scientific Literature [J] . Journal of the American Society for Information Science and Technology, 2006, 57 (3): 359 - 377.

[52] 艾育红，彭迪云. 国际产业集群研究的前沿趋势——基于文献计量学的分析 [J]. 企业经济，2020 (7): 73 - 82.

[53] I. M. Lipkus. Numeric, Verbal, and Visual Formats of Conveying Health Risks: Suggested Best Practices and Future Recommendations [J] . Medical Decision Making, 2007, 27 (5): 696 - 713.

[54] G. Gigerenzer, W. Gaissmaier, E. Kurz - Milcke, et al. Helping Doctors and Patients Make Sense of Health Statistics [J] . Psychological Science in the Public Interest, Supplement, 2007, 8 (2): 53 - 96.

[55] P. Slovic, M. L. Finucane, E. Peters, et al. Risk as Analysis and Risk as Feelings: Some Thoughts about Affect, Reason, Risk, and Rationality [J] . Risk Analysis, 2004, 24 (2): 311 - 322.

[56] G. Wachinger, O. Renn, C. Begg, et al. The Risk Perception Paradox—implications for Governance and Communication of Natural Hazards [J] . Risk Analysis, 2013, 33 (6): 1049 - 1065.

[57] 李杰，陈超美. CiteSpace：科技本文挖掘及可视化 [M] . 第二版. 北京：首都经济贸易大学出版社，2017：204.

[58] Y. Huang. Communication Strategies, and Media Coverage—A Multicase Study Revisiting the Communication Roponse Model [J] . Communication Research, 2006, 33 (3): 180 - 205.

[59] K. A. Lachlan, P. R. Spence, X. Lin, et al. Social Media and Crisis management: CERC, Search Strategies, and Twitter Content [J] . Computers in Human Behavior, 2016, 54: 647 - 652.

[60] J. P. D. Guidry, Y. Jin, C. A. Orr, et al. Ebola on Instagram and Twitter: How Health Organizations Address the Health Crisis in their Social Media Engagement [J] . Public Relations Review, 2017, 43 (3): 477 - 486.

# Research on Risk and Crisis Communication: A Bibliometric Analysis

Zhou Lei　Huang Qi

**Abstract**: With the development of economy and society, the complexity of the risk environment, and the strengthening of information requirements, it is of great theoretical and practical significance to explore information communication under risk and crisis situations. This paper retrieved 7552 documents with the topic of risk communication, crisis communication, disaster communication, and emergency communication from the Web of Science database from 1900 to 2020, and carried out a bibliometric analysis through Histcite and CiteSpace. This article analyzed the regions, institutions, journals, and authors of the research literature in the field of risk and crisis communication, sorted out and identified three research path of risk and crisis communication through citation relationships, elaborated the research frontiers and changes in recent years through burst-detection, and described the research priorities and hot spots in different periods. Through the bibliometric analysis, the research path in the field of risk and crisis communication has been clarified, which can provide references to classic literature and active authors and promote the development of risk and crisis communication research.

**Keywords**: Bibliometric Analysis; Risk and Crisis Communication; Research Path

图书在版编目(CIP)数据

风险灾害危机研究. 第十四辑 / 童星，张海波主编
. -- 北京：社会科学文献出版社，2022. 3
ISBN 978 - 7 - 5201 - 9766 - 3

Ⅰ. ①风… Ⅱ. ①童… ②张… Ⅲ. ①社会管理 - 风险管理 - 中国 - 文集②突发事件 - 公共管理 - 中国 - 文集 Ⅳ. ①D63 - 53

中国版本图书馆 CIP 数据核字（2022）第 042773 号

风险灾害危机研究（第十四辑）

主　　编 / 童　星　张海波

出 版 人 / 王利民
责任编辑 / 周雪林
责任印制 / 王京美

出　　版 / 社会科学文献出版社
地址：北京市北三环中路甲 29 号院华龙大厦　邮编：100029
网址：www. ssap. com. cn
发　　行 / 社会科学文献出版社（010）59367028
印　　装 / 三河市龙林印务有限公司

规　　格 / 开 本：787mm × 1092mm　1/16
印 张：15. 75　字 数：234 千字
版　　次 / 2022 年 3 月第 1 版　2022 年 3 月第 1 次印刷
书　　号 / ISBN 978 - 7 - 5201 - 9766 - 3
定　　价 / 59. 00 元

读者服务电话：4008918866